ONE
WAY

ONE
WAY

ONE WAY

ONE
WAY

如何從網路生活尋找意義及歸屬感？
一個千禧世代作家探索自我與未知的旅程

數位世紀的真實告白

克里斯・史特曼（Chris Stedman）——著 鄭淑芬——譯

IRL

Finding Realness, Meaning,
and Belonging in Our Digital Lives

給我媽：

每次我問她是否介意我把我們的合照貼上網，

她都回我：「我沒差啊，我又沒 Twitter。」

也獻給查理（Charlie），還有哈爾登（Halden）、

亨里克（Henrik）和海索（Hazel），

他們也都沒有 Twitter 帳號。

獻給我親愛的亞歷克斯·斯莫（Alex Small）：

他生前有 Twitter 帳號卻總是被禁，

因爲他這一生幾乎從不遵守任何規則。

關於眞實，你教導我甚多。

我是如此地想念你（和你的迷因）。

最後，獻給我的狗，圖娜（Tuna）：

她根本不知道 Twitter 是什麼。

目錄

2
焦慮推文
網路上的濾鏡界限何在？ 039

這些與他人連結、表達自我的新方法，很可能讓我們之前存在的焦慮更加嚴重，也可能有些全新的行為模式因此出現。但在使用社群媒體之前，我也常感覺自己一分為二，一個是內在的「真實」自我，一個是外顯的「展演」自我。我還是會拿自己的生活跟別人比較，想要讓世人看到一個更完美的我。這些都不是網路的產物。

3
群星之中
當我們逃避現實，對網路上癮——網路能代替宗教和占星學嗎？ 055

打從有記憶以來，我就很喜歡星座。星座展現了我們人類的一大特性：無中生有的能力。將小碎片連結起來，看到更宏大的故事。這也是我喜歡網路的一大原因。我喜歡在事物、想法和人之間建立連結。找到或創造出把事物連在一起的線，或者從中創造出意義，是我很喜歡的一項練習，尤其是這種連結令人吃驚或意外時。

4

繪製領土

如何在虛擬與真實間，定義世界與自己？ 113

所有人都想要以某種方式被看見、被記錄。地圖給我們一種連貫性，不僅感覺周遭的世界看得見我們，而且這個世界是有秩序、有道理的。數位時代鼓勵我們成為某種自我製圖師，用新的數位工具來繪製自己的生命——賦予生命秩序、使他人看見我們、幫助我們了解周遭的世界，讓別人更容易理解我們。

5

勾勒距離

強連結與弱連結的意義何在？和網路世界又該如何保持安全距離？ 159

儘管網路的設計初衷是要縮短距離（我們與資訊間以及彼此間的距離）但我們並非總是這樣使用網路的。雖然數位工具有時可以幫忙建立連結並拉近距離，但也可以是讓我們和恐懼或彼此之間保持距離的一種手段。在網路上，我們可以看到和被看到，但也可以藏起來，隱匿自己和他人。我們可以現身，也可以逃走。

6
留下印記
當數位足跡即成永恆，真實人生能夠編輯幾次？
211

這些年來，紋身為我的個人發展提供了影像記錄，同樣地，社群媒體也可以幫助許多人為人生、為先前的那個自己留下記錄。我們以永久的方式（在皮膚或在網路）公開分享一切，也因此與那一刻的我們，建立了永久的連結。

7
我們扮演的角色
虛擬世界和真實人生的身分認同
259

人可以假裝成線上的角色，就跟遊戲中的某個角色一樣。但是如果我們願意更進一步研究數位遊戲，那麼數位遊戲也可以教我們一些跟真實有關的道理。網路基本上就是一個身分實驗室，提供了前所未有的機會，讓我們進一步了解身為人、合作，以及歸屬的真意。

8 不確定的推文
擁抱未知，一起來做心靈體操 309
避免不確定性並尋求安全感是人的天性，但是，當我們不知道數位生活的隱藏結構，也沒有注意到它們帶我們往哪個方向去時，就很容易適應不良。不知道如何使用數位工具來試圖消除不確定性帶來的不安時，就會失去以健康的方式掌握這種衝動的能力。

尾聲／絨毛兔習慣
所有的連結與分離，讓我們成為現在的自己 365
如果我們想感覺到真實，就需要有耐心。我們需要誠實面對當下的狀況，還有自己真正想要什麼。當「誠實面對自己和他人」成為我們的數位習慣時，我們就會離感覺真實更近一點。

謝辭 397
注釋 402

各界讚譽

就算沒有疫情，《數位世紀的真實告白》也是一本必讀的書。書中詳細檢視了我們永遠「登入」的習慣，也對塑造我們在線上時間的社群制度提出審慎批評。

——影音俱樂部（AV Club）

我們比以往任何時候都更需要史特曼這種幽默又發人深省的指南，引導我們重新在線上世界展現人的特質。

——《美國雜誌》（*America Magazine*）

在網路時代，「真的」是什麼意思？這是史特曼在這本新書裡探討的其中一個問題。史特曼以自身的分手、搬家以及染上疥瘡為出發點，透過許多相關故事討論他試圖尋找真實性的過程。他深入探討自己的宗教信仰（或者該說無宗教信仰）、性傾向，甚至是他自己的線上品牌。他主張變裝皇后不是賣弄虛假，而是誇大了真實，就像張貼在社群媒體上的自拍照一樣。他也認為，雖然很多人用社群媒體來尋找群體與親密感，但由於過度簡化了自己的生活，人與人之間的距離反而因此增加，而非縮短。雖然這本書的大部分內容都使用第一人稱敘述，但史特曼也引用了很多研究「真實」概念的科學家及記者的觀點，提出他們的研究結果並以其呼應自身經驗。史特曼把自己的經歷放進這個充滿科技味但沒有艱深術語的敘述中，讓內容平易近人。想要更進一步了解數位文化及其對社會有何影響的人，都能夠順利跟上作者的思維。

——《圖書館期刊》（*Library Journal*）

史特曼（Chris Stedman）在《數位世紀的真實告白》這本書裡試圖回答「數位化意味什麼，並重新建構令人崩潰沮喪卻也沉醉其中的數位生活，把它當作一個可以不斷反思『何以為人』的新機會」……面對存在問題，史特曼在數位及真實生活中都安逸自在。本書在這個至關重要的對話中提出精采的觀點。

——《前言書評》（*FOREWORD REVIEWS*）

現在正是最適合《數位世紀的真實告白》這樣一本書出現的時代。這本書用簡單直接的語言處理人類的基本衝動，從頭到尾充滿許多生動的比喻。從本質上來說，《數位世紀的真實告白》是呼籲以看似最奇怪的方式——真誠——來打破循環。「要先讓我們自己變得脆弱，對周遭世界產生感情與依賴，而非認為數位生活就是我們可以因為不安而優化、設計自己的空間。」在可預見的未來裡，我們很可能都要活在線上了。史特曼在這方面得來不易的智慧，非常值得關注。

——《公開信評論》（*OPEN LETTERS REVIEW*）

雖然《數位世紀的真實告白》裡處處是史特曼人生的精采比喻與感人片段，不過這本書最有意思、或許也是最重要的敘述，是作者染上疥瘡的經歷……史特曼在書中從頭到尾提醒我們，數位生活雖然跟線下生活不一樣，但完全沒有比較不真實，所以一定要謹慎以對。

——浪達文學（LAMBDA LITERARY）

疫情讓很多人的「真實生活」活動都轉移到網路，而這本書剛好就探討了在虛擬空間何謂真實的問題……史特曼謹慎地引用學術資料來支持他的論點，但是他舉個人生活為例，把學術理論跟經驗結合在一起。本書將能讓你擁有一個充滿意義與連結的線上生活。

——《科克斯書評》（*KIRKUS*）

我很感謝《數位世紀的真實告白》。克里斯．史特曼以殷切的心對數位媒體提出批評，而我希望在往後數年，這本書仍然能引領大家討論我們的生活，不管是數位還是非數位。

——哈尼夫．阿卜杜拉奇布（Hanif Abdurraqib）／《除非殺死我們，否則殺不了我們》（*They Can't Kill Us Until They Kill Us*，暫譯）及《雨中前行》（*Go Ahead in the Rain*，暫譯）作者

就在我們進入一個需要在數位世界更真實的時代，克里斯．史特曼的最新著作就奇妙地描繪了這個現象，並及時引導我們在線上變得更真實。他認為數位生活就像一種變裝，完全改變了我對於在線上呈現自我的看法，而這本傑作的影響並不只是這樣。他時而幽默，時而睿智，讓我們能以全新角度更清楚地看待自己和他人。

——亞歷山大．奇（Alexander Chee）／

《如何寫自傳體小說》（*How to Write an Autobiographical Novel*，暫譯）及《夜后》（*The Queen of the Night*，暫譯）作者

剛開始，我對這本書的前提——在數位人生中找到真實、意義與歸屬——一點興趣也沒有，因為我太膚淺又太沒有道德觀，所以不會去讀任何書名有**歸屬**及**意義**這類字眼的書。然而克里斯．史特曼對於線上和線下的真實性精采又奇妙的見解，卻出乎意外地吸引了我，他坦露的脆弱尤其讓我感動。我認為很多人都會對這本兼顧文化評論的回憶錄產生共鳴，尤其是像我這種自恃過高又挑剔的人。

——歐各思坦．柏洛斯（Augusten Burroughs）／《一刀未剪的童年》（*Running with Scissors*）作者

《數位世紀的真實告白》對數位時代身分的複雜性提出了精采動人的反思。克里斯．史特曼以特別細膩的觀點，敘述數位空間如何既滿足人類天生對於群體與認可的需要，又讓情況變得更加複雜——特別是對已經不能再從宗教或其他傳統空間滿足這方面需求的世代來說。《數位世紀的真實告白》質疑傳統的二分法——真實／虛假、短暫／持久，並鼓勵我們

把線上生活想成是一個充滿各種可能性的邊疆。

——梅根・歐吉布林（Meghan O'Gieblyn）／《內地州》（*Interior States*，暫譯）作者

克里斯・史特曼的《數位世紀的真實告白》言詞坦率、充滿洞見，不過最大的成就仍在於讓我們對真實有進一步的理解。《數位世紀的真實告白》提出了很多評論文章忽略的一面：對很多人來說，數位生活是我們最初能學習盡情活著的地方。

——賈若德・康里（Garrard Conley），《被消除的男孩》（*Boy Erased*）作者

克里斯・史特曼的《數位世紀的真實告白》巧妙地探究了愈來愈數位化的生活如何重新塑造我們對真實的認知，不管是對自己還是對周遭一切。史特曼引用大量研究資料，也進行深度反思，探索並激發我們對於這個不斷變動的世界的期望，並討論如何融入這樣一個世界。

——山姆・蘭斯基（Sam Lansky）／《鍍金剃刀》（*The Gilded Razor*，暫譯）及《破碎之人》（*Broken People*，暫譯）作者

《數位世紀的真實告白》讓我們不再認為依賴網路是可恥的事，並幫助我們想像在一個破碎而有時孤獨的世界裡，建立新的社群，得到新的安慰。

——布里亞倫・哈波（Briallen Hopper）／《難以去愛》（*Hard to Love*，暫譯）作者

克里斯・史特曼接納（而非抗拒）塑造線上社交生活的種種對立衝動是可並存的：理性參與與暴民心態並存，奇特的親密關係與演算法同溫層並存，虛榮的自拍與心靈探索的自拍並存。閱讀這本書讓我更深入思考我在線上的人生，更意識到它的道德層面，還有——相對來說，我現在理解了——「人」是什麼。

——湯馬斯・佩吉・麥克比（Thomas Page McBee）／《業餘者》（*Amateur*，暫譯）作者

克里斯・史特曼意識到自己與社群媒體的複雜關係，細細思索社群、友誼、傷心的概念，更重要的是，如何活出有意義的生活。本書充滿慈悲為懷的坦率與條理分明的文字，針對當前最棘手的一些問題提出高明的見解。

——尼克・懷特（Nick White）／《如何活過此夏》（*How to Survive a Summer*，暫譯）
及《微甜》（*Sweet and Low*，暫譯）作者

克里斯・史特曼在這本研究虛擬空間之內與之外何謂「真實」的書中，將親密、脆弱、諷刺和直率結合在一起，條理分明、令人信服。他的論證打開了一個空間，讓所有人都停止盲目追求規範與虛假的一致性，更深入探索不確定性與連結的那一面。

——安娜・瑪麗・考克斯（Ana Marie Cox）／
文化評論家、《朋友如此》（*With Friends Like These*，暫譯）主持人

克里斯・史特曼在這部作品裡發揮積極社運人士與前衛思想家的特質，為所有人照亮了一條前進的道路。他讓我們看到，網路如何提供我們一個機會，以新的方式去面對最重要的人生問題。要了解在數位世界裡何以為人，一定要讀這本書。

——薇拉瑞・考爾（Valarie Kaur）／
《舉目之處，沒有陌生人》（*See No Stranger*，暫譯）作者

我們很容易就被動地讓社群媒體主宰了我們的生活（很多人醒來的第一件事就是滑社群媒體）。要有足夠的智慧，才能有意識地思考、看到社群媒體的優點，以對自己有益的方式使用社群媒體。克里斯．史特曼就是這樣一個有智慧的人，而我們很幸運能在這種惡意四伏的時代聽到他理性的聲音。

——戴夫．福爾摩斯（Dave Holmes）／《一個人的派對》（*Party of One*，暫譯）作者

在《數位世紀的真實告白》裡，克里斯．史特曼想探究真正的問題何在，慶幸的是，他並沒有替我們回答，而是鼓勵我們也提出同樣的疑問。他是一名繪製無形道路、把數位與實體世界連接起來的製圖師。

——迪倫．馬龍（Dylan Marron）／《如何與討厭你的人交談》（*Conversations with People Who Hate Me*，暫譯）主持人、《一字一句》（*Every Single Word*，暫譯）創作者

我跟許多千禧年代的同胞一樣，花很多時間掛在網路上。很少有人能像克里斯．史特曼這樣，把這個主題寫得這麼透澈，清楚呈現「永遠掛在網路上的世代」往往混亂不堪的

生活方式。我非常推薦這本書，我認為這本書會扮演重要的角色，影響我們日後討論線上互動的方向。

——約翰・保羅・布拉姆（John Paul Bramme）／專欄作家、《你好，爸爸！》（*¡Hola Papi!*，暫譯）作者

克里斯・史特曼對人性的觀點如此睿智、脆弱又透澈。雖然網路讓我們聚在一起，讓我們以為自己認識陌生人，但真正的親密其實是罕見而神奇的事。這本奇妙的書掌握了那種魔力，並慷慨地提供給讀者。

——R・艾瑞克・湯瑪斯（R. Eric Thomas）／《為此存在》（*Here for It*）作者

每個人都擁有多種面向。看到這麼多面向在一本綜合回憶錄與學術性質的書裡攪和在一起，讓我一頁又一頁看得停不下來。最後，克里斯・史特曼把他面對無神論的態度應用在數位世界上，鼓勵我們超越非黑即白、非善即惡的二分法，了解我們所有人……都是真的。

——諾拉・麥肯納利（Nora McInerny）／《面對人生，我們都是毫無準備的大人》（It's Okay to Laugh）作者、

podcast 節目《很恐怖，多謝關心》（*Terrible, Thanks for Asking*，暫譯）主持人

這是一本探討何以為人的書，既溫暖又充滿智慧。它將擴展你的眼界、安慰你的心靈。我很喜歡。

——埃布・帕特爾（Eboo Patel）／《信仰行為》（*Acts of Faith*，暫譯）作者

克里斯・史特曼的文字從非常個人、富有同理心的角度出發，充滿了真正的好奇心，促使我反思自己的線上生活。

——科爾・埃斯科拉（Cole Escola）／演員、藝人

推薦序

親愛的，我把真實變大了！

作家／褚士瑩

在一場科技對話力的哲學工作坊上，我請在座大多是家長或是教師的參加者，回答這個問題：「電競如果納入正式體育項目，會不會改變我作為大人，對於孩子熱衷打網路遊戲的看法？」

大多數的人都說他們不會改變對線上遊戲的看法，典型的答案是「電競是否納入正式運動項目，並不是孩子沉迷在虛擬世界裡的藉口。」換言之，雖然大人不了解電競遊戲的本質，卻可以毫不在意站在堅定的反對立場。

只有少數人說他們的想法會有所鬆動，鬆動立場的原因，通常是很膚淺的，像是可以賺錢，可以保送好的大學等等，只有一位自省能力比較強的家長，說他之所以會改變立場，是因為自己向來是一個總在追求社會認可的人，所以一旦社會認可電競，應該就會去支持社會價值觀認為是好的、有用的事。

這場討論，讓我意識到人們對待網路的看法，其實比想像中更加傳統。其實不只網路，很多人對於所有時代的進步，都會輕易貼上「不真實」的標籤。

但這是真的嗎？將近一百年前，當時也有人批評美國當時所謂的創新科技，包括耕種用的鋼製犁具、縫紉機，還有較為精巧的自行車，認為這些科技進步會損害人的「靈性」，把人變成機器，跟今天家長對網路遊戲或是社群團體的批評如出一轍，當時有一位美國律師提摩西．沃克（Timothy Walker）則為科技進步辯護說：「機器讓身體免於繁瑣的勞動，進而解放心靈。」沃克認為，我們因此解放之後，所有人都可以成為藝術家、哲學家和詩人。

當然，這兩種說法在今天來看都流於誇張，真正的事實是自動縫紉機或許從來無法帶給人類幸福，但也不會帶來不幸。社會學者做出這樣的結論：科技與幸福感之間的負面關係其實很小，小到可以忽略不計。網路也是。

時代的進步，觀念的翻轉，科技的創新，並不會讓新的真實變得虛偽，我想到臺灣布農族的「變裝皇后」（Drag Queen）飛利冰，身為臺灣原住民，卻主動在自己的表演、服裝中塞入很多傳統布農族的元素，試著和變裝皇后這個來自歐美，顛覆傳統的文化概念融合並存。這樣說來，族名「飛利安」的他，在以「飛利冰」的身分站在臺上表演，跟在學校時不得不以漢名「金冠智」寫考卷時候的他，哪一個更真實？

克里斯・史特曼（Chris Stedman）在《數位世紀的真實告白》這本書中也說：「儘管網路是這麼一個複雜、令人不安的空間，我還是一直不離不棄，想到這一點，我不禁疑惑，問題是不是真的出在社群媒體。我現在懷疑，與其說社群媒體絕對或絕大部分是一股破壞力量，不如說是我們展現自我、與他人建立連結的新工具，只是跟任何其他工具一樣，很容易被濫用或誤用。沒錯，它帶來了巨大的新挑戰。但也提供了豐富的新機會，讓我們看到自己：在我們笨手笨腳嘗試在網路上成為人時，讓我們有機會去了解自己的衝動——想要傳播一個經過編輯的自我形象。審視我們使用網路的方式，讓我們可以更了解自己。」

變裝皇后飛利冰，學生金智冠，或許都只是飛利安「擴增（augment）」的實境，就像線上遊戲一樣。藉由向外界展示，飛利冰想要向自己證明，我很好，我的生活中有快樂的事，但重點其實不是外界，重點是自己，所有表演都是給飛利安自己看的。臺下、線下的，不一定就不真實。就像社會學家奈森・喬根森（Nathan Jurgenson）所建議的，不需要把生活劃分為「數位二元論」的線上和線下，覺得線上生活和線下生活本質不同。而且線下生活比線上生活更加真實，其實是一種誤解，現代版的真實是新的，跟以前不一樣，仍然是真實，只是有些變動，無論是一九三〇年或一百年後的二〇三〇年。

或許我們真正應該反思的是：在台上的飛利冰、或線上的我們，為什麼需要看起來如此冷靜、全知，一切都在控制之中？為什麼不允許自己跟線下的自己一樣，偶爾失控抓狂？網路上的我們，在社群媒體找到歸屬感、自我認知與人生意義，甚至珍貴的「信任」，我們不會去閱讀網站或是應用程式的使用者條款，並不是我們不想看，而是我們相信不用看，證明了我們具備信任的能力，線下的我們，是否也能夠有歸屬感、高度自我覺察，有這充滿意義的各種小目標，並且具備信任陌生人善意的能力？

真實從來沒有因為科技而變小、消失，真實只是轉移到了別的地方，變得更大了——就像我說得彷彿我認識飛利冰一樣。

「現實生活跟莎士比亞的世界不一樣，

玫瑰是否芳香和它的名字很有關係。

事物的表象和本質，都是事物的一部分。」

——*美國政治家休伯特·韓福瑞（Hubert H. Humphrey*[1]*）*

「我們的虛擬生活與實體生活相互交織、不可分離，

同樣『真實』。」

——*作家雅絲卓·泰勒（Astra Taylor*[2]*）*

1 1911年5月27日～1978年1月13日，曾於1965年至1969年擔任美國第38任副總統。

2 出生於1979年9月30日，加拿大裔美國人，記錄片製片人、作家、活動家和音樂家。積極參與占領運動，及債務集體組織，為取消債務而奮鬥。

業 餘 者

你天生赤裸，其餘皆是變裝

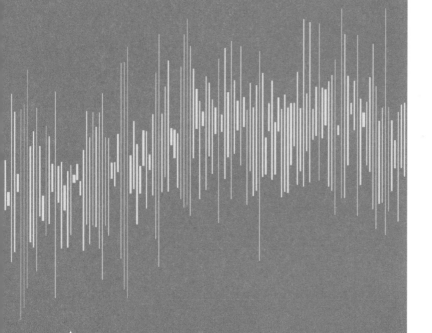

Amateurs

1

「真的」到底是什麼意思？

「真實」一直是個很微妙的概念，這個概念龐大而複雜，一直以來就是佛教和基督教科學派等宗教傳統的重要問題。但是現代人的生活愈來愈數位化，而我們日益倚賴來連結、表達自我、尋找資料的網路平台又往往被說成是「假的」，現在這個概念感覺更是特別沉重。「真實」這個本來就很難解的問題——**我如何能真正知道自己是誰？**——這下子好像幾乎不可能有答案了。

既然問題深不可測，那就可以從很多地方開始。而我選擇從變裝秀開始。

那是一個同志酒吧的業餘者之夜，表演者都是剛起步的變裝皇后，來這裡試水溫。我剛剛恢復單身，勉強聽從朋友的建議，再度出來認識新朋友。我跟那天晚上登場的很多變裝皇后一樣，深感自己是個菜鳥。因為太久沒練習調情技巧了，我多半時間都自己默默待著。每次我從手機上抬眼，就幾乎只注意那些勇氣可嘉、渾身閃亮的藝人。

這些業餘變裝皇后才剛上臺、還掌握不住觀眾的喜惡，好幾個都厚著臉皮、理直氣壯地胡亂表演一通。有些人則比較像我，渾身散發著遲疑，就跟我從手機螢幕偷偷往外瞄時一模一樣。他們就算躲在濃妝面具後也藏不住緊張（提醒一下菜鳥：臉上的妝要跟脖子配合一下）。這些變裝皇后有的過於自信，有的極度沒安全感，可說呈現眾生百態。

可是在這個混亂的業餘者之夜裡，有一種魔力，混合著莽撞與赤裸裸的脆弱，讓我震撼不已。也許是那時我的生活剛好一團亂——交往將近五年的男友剛搬離同住的公寓、工作上諸事不順，我身邊的一切都顯得很不確定。不管原因是什麼，那場表演的氛圍打動了我。我感覺，那場表演比我看過任何更精心排練的變裝表演都更**真實**。

我看得出來那些皇后在冒險、在實驗；我看得出來他們的緊張、激動與勇氣。很顯然，在他們的自信與遲疑中，他們想的是自己要**表達**什麼，而不是什麼樣的表演能替他們賺到演出費。他們沒有一個表現出那種社群媒體動態中讓人疲憊的完美。那些數位誇耀與放閃——工作成就、訂婚照、新房子、假期，只讓我感覺自己那似乎打定主意不照計畫走的人生更悲慘了。而這些菜鳥，他們象徵了我心裡不斷增長的想法：也許現在正是撕掉劇本、擺脫所有規則的時候（不要管我是否應該做什麼，是否應該重視什麼），擺脫那些原本讓我的人生有意義、讓我的人生更真實的事，然後來點新的嘗試。

在變裝界，「真實」的概念未必跟你想的一樣。對許多變裝藝人來說，真實不是盡量「悄悄通過」——融入群體，不引人注目——而是凸顯自己、獨立於眾人之外。變裝的真實破除了我們既定的觀念，讓我們能更清楚地看到，真實，其實是介於兩者之間，是模稜兩可，是撕破性別劇本。變裝的真實在於它使用加強、誇張、偏差的手法來揭開真相——它把鏡子放在我們面前，讓我們看到自己承襲的性別包袱，鼓勵我們丟棄慣例。

這也是我們生活中的數位部分能辦到的。如果我們能誠實地看著它們，它們也可以是一面鏡子，讓我們看到自己依賴什麼、照什麼劇本走，以及這些事情透露我們是如何理解自己。數位變裝也會讓我們看到，我們的文化認為什麼是完美——完美的外表、完美的關係、完美的人生——然後拋出問題，問我們想不想把這些事情丟棄。那是一個實驗室，一個我們可以實驗的空間。在這個空間裡，我們可以嘗試可能不會成功的事、還不擅長的事，然後看看可以從中學到什麼。

關於變裝，最有名的一句話可能是藝人魯保羅（RuPaul）①說的這句：「你天生赤裸，其餘皆是變裝。」我們出生時是塊白板，然後花一輩子的時間給自己加上一層又一層的服裝、面具、裝備。所有的人最後都要面對抉擇：要照我們繼承的劇本來活，還是要自己開出一條路來。最好的情況是，變裝讓我們看到那些劇本有多不堪一擊，而周遭的世界，對我們的自我意識又有多大的影響。只有如實看到那種影響（正如看出變裝的超現實、誇張、裝模作樣與幽默），我們才能嘗試別的方式。

網路也讓我們看到自己的劇本有多不堪一擊——未必跟性別有關（不過有時是的！），而是牽涉到我們覺得什麼讓自己變得真實、什麼讓我們活得像人。「鯰魚」（catfish，線上與線下呈現出不同身分的人）、濾鏡（改變照片的亮度或顏色來美化照片，或者更進一步，讓人可以大幅改變外貌的軟體）、深度偽造（deepfake，用人工智慧來創造以假亂真的影片）、我們精心創造的數位自我……這些事情都將我們一直以為構成真實的事物連根拔起，並證明那種理解有多麼不完整。這樣的連根拔起，給了我們想像另一種方式的機會。如果我們允許，網路可以向我們揭露我們自己，揭開所有的裝模作樣與隱藏，給我們一個機會，問自己真正是誰、如何看待自己，而這其中又有多少是受到我們已經內化的劇本所影響。這樣一來，我們也會有機會寫下新的準則。

禪宗大師鈴木俊隆②寫道：「初學者的心充滿各種可能性，但老手的心卻沒有多少可能性。」生而為人，永遠是個新手——在黑暗裡磕磕絆絆，努力理解自己是誰，而驅動我們生命的又是什麼。只有承認我們沒有答案，才能問出真正重要的問題。

不管是在線上還是線下，我們都在打造自己。可是在數位領域裡，沒有一個人知道自己做得怎麼樣、在別人眼裡是什麼樣子。就好像我們以為自己已經可以當頭牌了，實際上卻只是在業餘者之夜表演：在過程中實驗、在臺上出醜、暴露自己的人性。正是因為這樣，才讓網路成為有史以來探索「真實」最好的場域。在我們手忙腳亂搬演一場表演時，社群媒體給了我們一個機會去發現，在成為「人」這件事上，我們全都是業餘者。

我絕非科技專家——我還是不太懂虛擬私人網路（VPN）是怎麼回事，就算有心也沒辦法把各種位元單位從小排到大——但我至少有一個很好的理由，可以寫一本在數位世界中尋找真實的書：我是靠網路打下一片天的。我跟現在很多寫手一樣，在線上建立了自己的平台、找到自己的聲音，並與一群觀眾、評論家與同儕建立了初步連結。

我從來沒有想過自己會因為社群媒體出人頭地。這件事發生時，我是名研究生，在一所小型的神學院研讀宗教。後來我開了一個部落格，專門推廣非反宗教的無神論者的故事及觀點，之後我的事業就出乎意料一飛沖天了。我原本只是一個無名小卒，卻在短短不到三年內登上了有線新聞網、簽了一本書，還得到一份哈佛大學的工作。

我提出的是弱勢族群的觀點，但情況也很清楚，要不是藉由數位工具之力，我的意見絕對不會受到這般重視。沒有網路，我不會在線上跟無神論的暢銷書作者山姆・哈里斯（Sam

Harris）針鋒相對、跟受歡迎的無神論部落客ＰＺ・邁爾斯（PZ Myers）③辯論，或是有好幾年的時間，醒來時心底惶惑不安，不知道是不是又有一個無神論寫手，在近乎每天不斷的攻訐中把我罵得體無完膚——這一切都發生在我滿二十四歲之前。

隨著我的部落格意外爆紅而來的一切——我那本討論從基督教基要派到包容性無神論的書，《尊重信仰的無神論者》（*Faitheist*，暫譯）；來自公共電視網（ＰＢＳ）、有線電視新聞網（ＣＮＮ）及ＭＳＮＢＣ等各新聞臺的邀請，甚至連現在已經停播的福斯新聞網節目《歐萊利實情》（*O'Reilly Factor*）都邀請我登場。這些多半都是因為，提供我這些機會的人偶然在網路上看到了我的作品。

我的故事，聽起來就像是網路擁護者列舉網路功能的範例：讓缺少廣泛討論的觀點有個發聲的舞臺。身為順性別④的白人男性，處在一個不斷看重並獎賞這類觀點的世界，我當然是受益者，但身為一個無神論的年輕酷兒，正職是與穆斯林、基督徒和印度教徒一起促進跨宗教的合作，我的學術訓練並無法與我的對談來賓相提並論。我的氣勢與發言，一點都不像盤踞在暢銷書排行榜的那些無神論者。我當時連生活費都賺不到，能跟他們相比才怪。寫《尊重信仰的無神論者》時，我白天長時間工作，晚上在一間公寓客廳隔間的床墊上徹夜打字。可是，在網路上，這些都不重要。我繞過防火牆，在通常把我這種人阻隔在外的討論中注入新觀點。

而在工作之外，我擁有很多事物，甚至可以說是更重要的事，都要感謝網路。我在 Twitter 上結交了好幾位知己，在 Instagram 上認識了幾位交往對象。但我最要感謝網路的一件事，可能是它改變了我的人生。

身為同性戀少年，我在網路上找到空間，可以吐露我的酷兒身分，並找到支持。我不僅能藉此練習在非數位生活領域出櫃的狀況，還與世界各地的酷兒建立了真實而意義重大的友誼，讓我覺得沒那麼孤單。

網路在我的青春期成為我的救生索，後來，在我快三十歲時，一連串的不順遂顛覆了我的自我認知，網路又意外救了我一次。在多年來支撐自身認同的一切——許多我張貼在社群媒體上、認為賦予自我人生意義的事——幾乎消失或結束後，我再次轉向網路尋求安心與支持。然而，在這麼做的同時，我注意到，儘管生活上的動盪讓我痛苦掙扎，我還是努力在網路上營造出自信、冷靜的形象。我想要了解自己為什麼會想在網路上尋求安心，而且張貼的內容顯得一切如常。我感覺自己分成了兩半。雖然在二十歲出頭時，網路幫助我建立了一份事業，但，到了二十來歲的盡頭，我卻感覺對自己的數位人生很陌生。

就像我剛成年時，第一次脫離基督教、想徹底撇清關係一樣——剛開始探索數位人生的各個層面時，我也想不管好壞，把它全都丟掉。我看了一些反對網路的言論，說網路讓人更虛假、更疏離。但那些說法無法讓我滿意。我持續發問、請教他人的意見，想更深入了解。網路就跟宗教一樣，讓人感覺複雜而煩躁不安，我很難判斷自己對它真正的想法，也就放任自己的好奇心，探索對於數位生活的不安感受。而往往就是那些不容易釐清的想法、那些複雜而煩躁不安的感覺，教會我身為人的真諦。

我第一次懂得這一點，是在中學時，我媽叫我多參加運動活動。剛開始我很抗拒，因為我通常都只做天生擅長的事。最後我放棄反抗，加入田徑隊。我完全沒有運動細胞，要訓練身體去跑以前想都沒想過的距離，真是我這輩子做過最困難的挑戰。但我堅持了下來，最後連續兩年獲得最佳進步獎（我的情況剛開始**真的**很慘）。不過，我有兩點最大的收穫：一是發現自己愛上了跑步，另一點則是學到，嘗試做自己不擅長的事，會對自己有新的認識。

嘗試不熟悉、不擅長的事，就有機會弄清楚自己是誰。在冒險與跳躍時的脆弱之中，存在著一些什麼。以新的角度看到自己的機會。把你一直以來告訴自己是誰或不是誰的說法打碎。不再受限於自我的限制。

不管「品牌專家」怎麼說，我們都還不怎麼會用社群媒體。它太新了。在我們使用社群媒體的過程中，我們經常顯得笨手笨腳，證明我們有很多事做得很不好，像是了解自己、誠實面對自己這方面。這也讓社群媒體成為審視自我的完美鏡頭。因為它新、它有風險，而我們笨手笨腳地透過它來試圖了解自己、分享自我，也因此揭露了自己。揭露的這些事，給予我們更了解自己的機會，知道為什麼自己會做出某些事。在發現自我的過程中，可能自己也會嚇一跳。我就嚇了一跳。

宣布要出版這本書後不久，有天晚上，我跟父親及他的女友一起吃飯。他們看了網上的公告，想知道「IRL」[5]是什麼意思。

有那麼一刻，我以為他們是在開玩笑。我從來沒想到會有人不知道這個縮寫的意思，尤其是像他們這種有 Facebook 和 Twitter 帳號的人。

「意思是『在真實生活中』（in real life）。」我邊吃披薩邊解釋。「大家通常用這個縮寫來指離線的生活。譬如你在那種應用程式上認識了某個人，後來你想跟他們見面，就會說：要不要在現實生活中碰個面？（Wanna meet up IRL?）」

看他們一臉茫然的樣子，我知道這個解釋有說跟沒說一樣。事實證明，我釐清疑惑的努力只引發了更多問題。他們不知道我說的「那種應用程式」是指什麼，而這個詞是一些酷兒（搞不好某些非酷兒也這麼用）用來指 Grindr 或 Scruff 這類約會和約砲的應用程式。我開始解釋，但不確定要怎麼說，或者要說到什麼程度。於是我們換了話題，我用好玩的濾鏡幫他們拍了幾張照片，然後就道別了。

走出餐廳時，我一直在想，雖然比起社群媒體存在之前，我們更常聯絡，但我還是有很大部分的生活，是他們毫無所知的，而在這部分的生活裡，有各式各樣的事情，讓我感覺自己是個完整、真實的人。

但，我的生活與自我——尤其是在數位空間裡——還是有很大一部分是連**我自己**也不了解的。媒體、老師和朋友明示暗示告訴我，我不必了解那些，那些都不是真的。不過，幾年前我也發現，不了解那些事反而無法讓我安心。時至今日，在這個有太多重要人生事件都發生在網路上的時代，我需要更了解「在真實生活中」是什麼意思。

在我們仍屬稚嫩的數位生活中，大多數時候，我們都習慣不去質疑自己正在做的事，只是一直點、一直滑。我也跟大家一樣。但如果從無神論者的角度去研究宗教這件事教會了我什麼，那就是懂得提問。如果從小到大的酷兒身分教會了我什麼，那就是懂得提問。如果我現在知道自己在所有領域裡都是個半調子業餘者這件事教會我什麼，那就是懂得提問。本書正是試圖針對數位化的意義提問，並將令人挫敗不安卻也沉迷其中的數位生活視為重新建構的機會，不斷提出棘手的問題：身而為人的意義是什麼。

「真的」到底是什麼意思？

這些關於意義、歸屬及身分——也就是讓我們感覺活著的事——的古老問題，如何體現在愈來愈數位化的生活裡？目的、連結、群體，這些都經常被視為人類經驗的核心，而我們這些會利用數位平台來尋找這些事物的人，一定要自問，科技是讓我們更容易或更難找到這些東西，或者只是改變我們找到它們的方式。

這本書就是我想要探究是什麼構成「真實的生活」、又如何在線上及線下尋找答案的故事。我就像在業餘者之夜表演的某些人，也像我剛開始參加田徑隊的時候一樣，不是很確定自己在做什麼，但我希望我的手忙腳亂、我想要搞清楚狀況的努力，還是有益處。

資深跑者和變裝皇后往往會守護菜鳥，為他們指引正確的方向，同樣地，在這條更進一步理解如何在數位世界裡當個人的路上，我也很少獨行。在努力尋找答案的過程中，有很多人指引我方向，或者陪我走一段。現在我也要邀請你，跟我一起踏出試探的腳步，冒一點險，好讓我們對真實有更深的了解。

焦慮推文

網路上的濾鏡界限何在？

Anxietweets

2

二〇一七年六月，一個晴朗的星期一下午，我一個人在明尼亞波利斯（Minneapolis）走了好幾個鐘頭之後，在我住的那棟公寓大樓外面來回踱步。我不想回屋裡去，又沒有別的地方可去，只好從那段街區的路口走到路尾，再回到原來的地方，酷熱讓我本就曝晒許久的皮膚更難受了。

我不記得有多久沒感覺這麼孤單了，但我也不想跟任何人說話，於是掏出放在口袋裡的手機，開始滑 Twitter。

當時離我交往最久的一段感情結束已經超過一年，而分手後的那一年，可以說是一場「痛苦馬拉松」：原本應該是事業顛峰的工作意外結束；遇到臭蟲飽受折磨；討厭的二〇一六美國總統大選期；獨自一人辛苦搬到另一岸，不知道靠什麼在那邊活下去；還有令人心力交瘁的搔癢，考倒好幾位醫師，經過幾個月的失眠、痛苦的檢查、一無所獲的活體組織切片——終於證實是嚴重疥瘡感染。

為運氣好不必靠親身經驗認識疥瘡的人說明一下：疥瘡是微小的蟎蟲，躲在皮膚下面，會讓人奇癢無比，所以這種蟎蟲的名字拉丁文字根意思就是「癢」。幾個月之後，一個在醫院當牧師的前任情人跟我說，他聽說在以前疥瘡還沒那麼容易治療時，很多人因為受不了痛苦而自殺。我並不覺得意外；過去那一年是我記憶中最痛苦的一年，但確診後那三天，可以說是低點中的低點。我感覺被擊垮了，毫無希望可言。

面對分崩離析的生活，我狂滑 Twitter，想找點東西來讓自己分心。我焦躁地滑過一串貼文：一場泳池派對上，一群男同志坐在充氣火鶴上擺姿勢；幾則針對最近一篇想爆紅而嘩眾取寵的文章發表的議論；還有那個月超流行的「地板是……」迷因（某人扭曲身體不碰地的圖片）的幾個變化版本。可是沒有一個迷因好笑到把我從痛苦深淵中解救出來。

我就這樣在公寓大樓外面走來走去、心煩氣躁地滑了好一陣子手機，最後沮喪地把手機收起來。然後，我停下腳步，又把手機從口袋裡拿出來。我不知道自己是著了什麼魔，會做接下來那件事；那感覺像是一種不經思索的肌肉記憶。我把拿在右手裡的手機翻轉幾次之後，打開相機，對著自己拍了六、七張照片。

拍好之後，我把手機放下，看拍得怎麼樣。我幾乎不認得螢幕中的那張臉。我好幾天沒刮鬍子，抿緊的嘴角要笑不笑，比哭還難看，頭髮凌亂，而且絕不是帥氣的那種亂。我的眼神滿是疲憊與悲傷。這個陌生人讓我大為震撼。我平常貼給為數不多的Instagram粉絲（說真的，我又不是名模克莉絲・泰根（Chrissy Teigen））看的自拍照裡，總會以習慣的角度露出得意的笑容，可是那樣的我不見了。取而代之的是一個看起來不想活下去的男人。

對於要放在網路上分享的照片，我是極為挑剔的。我不覺得這值得自豪，但也不覺得丟臉。這個充滿濾鏡與修圖軟體的時代就是這樣，你可以消除斑點、去除眼袋、製造誇張的效果，例如沒有笑容也可以疊加出笑容來，甚至完全改變臉型，所以我在線上關注的那些人，有大半看起來就像養了一名貼身服務的專業攝影師。有時我拍了十幾張照片才拍到一張滿意的去張貼，而且我幾乎每次都要求朋友，在上傳合照前先讓我看一下。

在正常情況下，那天拍的照片絕不可能通過我的審美標準。那些照片不只沒有呈現出更好的我，反而如實拍出我的邋遢落魄。我嘗試了幾個濾鏡還是掩不住狼狽。在那幾張照片裡，我看到了那一整年發生的事。

但就跟我一開始拍那些照片的理由一樣，不知道為什麼，我還是決定把其中一張上傳。上傳這張照片，違反我多年來對社群媒體抱持的態度：我一向在這個空間分享經過挑選的事業亮點、個人成就、度過難關之後經過深思熟慮的自我反省、修圖過的自拍照，還有偶爾自嘲但無傷大雅的玩笑。

我打開 Instagram，開始打草稿。「我永遠不會忘記這一段經歷，也不會忘記它帶給我的領悟。」我這樣寫，不確定這些文字是在求救，還是勝利宣言。其實都不是。我把這張照片當作生命的證據，是從我狂亂的痛苦中發出的火光。

我已經心力交瘁到無法假裝沒事，無暇去顧及要讓別人佩服或者獲取同情。無力去考慮別人會怎麼看這則貼文。那只是站在災難邊緣、孤注一擲而已。經過多年謹慎、刻意的狀態更新與自拍，此刻，這則貼文的不假思索與直接，感覺更真實一點。

聽著不遠處的明尼亞波利斯高速公路傳來的車輛呼嘯聲，數百條生命像短暫的推文⑥一樣從我身邊經過，我按下「發布」。我一動也不動地站在那裡，看著照片上傳的格數逐漸填滿，陽光照在我赤裸的皮膚上。我心想，**我還在這裡。我還在這裡。我還活著**。

二十多歲的我，大多數時候可以說是「Very Online」的那種人，隨時掛在網路上、處於登入狀態。可是跟我同年齡層的人相比，我的社群媒體貼文量只能算一般，有時甚至低於平均值。

二十五、六歲時，我幾乎已經停用 Facebook，註冊 Snapchat（一個號稱圖片和影片會在二十四小時內消失的平台，所以很多人用來分享情色內容）後沒多久就棄用，也不知道該怎麼用 Tumblr（連對悲傷歌詞深遠的愛都不足以讓我學會怎麼使用這個微網誌網站）。但即使有這麼多的空白，二十幾歲時的我也幾乎不曾超過二十四小時沒在網路留下記錄。

這樣大規模的數位化程度，使得我的生命中若有一大片未留下記錄或未與人分享的時光（重大的難關與恐懼、特別計畫與值得慶祝的時刻），反而十分奇怪。顯得那些事情幾乎就像從未發生過。

有一段時間，Instagram 是我隨時掛網生活中的一個空白。如果單單從 Instagram 的足跡來看我的生命，我應該只有幾歲大。我抗拒加入 Instagram 好幾年，認為這樣就代表我並沒有黏在社群媒體上，但是分手後幾個月，我終於註冊了帳號。在 Instagram 上貼文很快成為跟別人說**我很好**的方式，就算我顯然一點也不好；動態全都是我微笑的照片、精挑細選的美食照（為什麼有這麼多人貼這種照片？），還有我的狗圖娜的可愛照片。藉由向外界展示這些照片，我想要向自己證明，我很好，我的生活中還有快樂的事。但重點其實不是外界；重點是我，那些照片是貼給我自己看的。

從青春期開始，社交網路一直是我分享希望與害怕、尋求幫助與安慰、得到資訊並整理思緒的空間。它本來只是在我的人生邊緣活動，時間久了，就慢慢移到中心。最後它不再只是一個我偶爾會分享某些生活點滴的地方。它成了生活發生的地方。

但整體而言，我們在「真實世界」的行為規範，並未與我們在社群媒體上的行為同步。有些人會在推文中寫些無法跟父母分享的事，或者有「分身」帳號，在上面吐露一些甚至不敢跟心理治療師說的祕密。反過來說，正如每年男同志回應彼此的情人節貼文時，很多人會留下「什麼？你有男朋友？」這樣的留言，證明我們往往不會把人生中的重大事件放在網路上跟他人分享。

這並不是全新的現象。我們在很多人生領域裡，都害怕別人以為我們沒有能力、不成功、不善良，總是努力呈現一個更光鮮亮麗的自己。這一點會表現在很多形式上，像是不跟同事提你有季節性憂鬱，因為不想讓他們藉此評斷你；或是跟第一次約會的對象提起在田徑場上得到的獎盃，但絕口不提你的學生貸款。

但就算這不是網路上獨有的現象，必須努力表現與調校（讓生活看起來更吸引人或更出色）的壓力，在網路上也可能感覺特別強烈。因為編輯太容易了，社群媒體有時看起來就像集結了各種極端生活，端看那天誰出現在動態消息的頂端：精挑細選且過度安全的「個人品牌」，純粹到就像無菌一樣；專門貼冷嘲熱諷的迷因和挖苦內容的笑話和反諷帳號；還有近乎強迫表現、過度分享的人，隨時都在尋求認同。很多人逐漸認為，這些類型的貼文都很假，也因此，社群媒體經常被指責為扼殺真實的凶手。

於是，我們往往想要證實自己的懷疑：我們樂見有人的線上假面具被揭發，證明他們欺世盜名、虛偽不實；同時又活得戰戰兢兢，害怕下一個失足的就是自己。換句話說，我們在等每一個人露出真面目。正是因為這樣，感覺似乎被逼到極限後，我決定是時候停止擔心了，乾脆主動揭露我的些許不堪吧。

▁▂▃▄▅▆▇

在貼出那張自拍照前幾週，有天晚上我突然驚醒。當時，再過幾天，我就要把所有家當塞進一輛橘色的福特手排小車，帶著圖娜開始橫越國土的三天路程了。當時我正在整理在康乃狄克的人生；我的工作結束了，也同時結束了將近十年的東岸生活。我即將搬回家鄉明尼蘇達州，並面對一個極度不確定的未來。但那不是我失眠的原因。

在黑暗中躺了好幾個鐘頭之後，好不容易累到睡著，可是後來又醒了。我把手伸向地板，在一堆搬家箱子中間的灰塵裡摸索我的手機。終於找到手機時，螢幕顯示我才睡不到一個鐘頭。我沒辦法再度入睡，於是點開 Twitter，滑了起來。

最近很多天晚上都這樣。我會躺在床上痛苦扭動，非常希望能直接昏過去。但不安穩地睡了一、兩個小時後，我的手會扭到背後深入皮肉去抓癢，抓到短短的指甲上都是血，又猛然驚醒。那時我還不知道肇禍的是蟎蟲，一直飽受不明原因的疾病折磨。但我知道，那種痛苦正慢慢把我逼瘋，而且害怕自己永遠無法恢復正常。

那種難以忍受的搔癢是從我的右小腿開始、慢慢向外擴張。很快我就全身冒出宛如蜂巢般的紅腫水泡。等到我把家當都搬上車，準備出發時，我從耳尖到腳底縫隙已經都布滿了水泡，斑疹與紅色抓痕交錯，再惡化成遍地開花的紫色瘀青。

橫越國土的這段路程，只有我跟圖娜相伴。能在歷經不順遂的一年之後好好整理思緒，本來感覺很有趣，結果卻奇慘無比。天氣濕熱，車椅黏答答的。我在車上一待就是九個鐘頭，從頭癢到腳，身邊只有一條緊張的狗。我的指甲死死掐進方向盤，忍著不去抓癢，而為了專心看路，我也不能用 Twitter 來讓自己分心。

到了明尼蘇達，我整個人幾乎都廢了。我已經很久沒有一夜好眠。最後，在六月底，為莫名的搔癢看了四個醫師、歷經好幾個月後，醫師終於告訴我，我感染了疥瘡。

我開始進行四輪治療（為了隔離，我必須把剛剛拆箱拿出來的所有衣物丟進垃圾袋、徹底清潔公寓，並全身噴一遍殺蟲劑）中的第一輪時，長期缺乏睡眠已經讓我無法正常思考了。我分不清什麼是理性的想法，什麼又是不必要的擔憂（幾個月前在一個有臭蟲的地方過夜，我的心裡為此留下了陰影，讓情況更嚴重）。搬家後不久，我還沒有機會順利建立起支持網絡，又覺得住所受到了汙染，並不安全，於是每天都會一個人在明尼亞波利斯走來走去，想讓自己走到筋疲力盡。

我本來想像的生活是，搬到新城市後就會立刻忙起來，吸引到新朋友，然後在Instagram上張貼人生新篇章的動態。而實際上，我是忙著治療疥瘡，回到明尼亞波利斯的頭幾個月，只有滿滿的焦慮。每次跟陌生帥哥交談（「嗨！你可能不會想跟我握手，因為我得了疥瘡，才治療了兩輪」），每次自我介紹，甚至是每次上網（譬如我確診幾天後貼的那張自拍照），我都不得不誠實以對。我赤裸裸地敞開在朋友和陌生人之前。

即使是最討厭的人，我也不會希望他得疥瘡。不過說來諷刺，疥瘡還是帶給我某種甚至可稱得上因禍得福的後果。當時的我，經過辛苦的一年，正站在人生新篇章的起點，興致勃勃要開始新的生活，而疥瘡就在這個關鍵時刻出現了。諸事不順時，我總是有很強烈的衝動想要換個身分、重新開始（這也是社群媒體的極大魅力所在）。這是我很久以前養成的習慣，因為這樣我就可以逃離比較醜陋混亂的自己。二十多歲的我每次搬家——新環境的人不認識以前的我，我可以重新開始——以及每次新加入一個社群媒體，都加強了這個習慣。那是感覺自己有魅力、煥然一新的方法。但得到疥瘡讓我沒辦法這麼做。不管是在線上還是線下，我都不能光鮮亮麗地重新踏入世界。我必須以真實的身分出現，如實呈現那個變得憔悴、有缺陷的人。

確診之後，剛開始我都沒發文。我在社群媒體上突然無聲無息，立刻讓那些了解我的人擔心了；確診後兩天，我醒來時，看到我姊姊傳來的簡訊：「你還在睡嗎？你在做什麼？我很擔心。你都沒發文。」

我沒發文，是因為我不知道要說什麼。而前面這一年的許多經驗給了我教訓，我害怕發布動態會讓我受傷。可是確診疥瘡三天後，我再也無法保持沉默了。我不知道要用什麼文字來形容自己當時的狀況或歷經的感受，但看著那張自拍照，我發現自己不需要文字，痛苦全寫在臉上。而且我可以即時分享出去，而不是隔著安全距離，等事過境遷後當成教訓來說。

▁▂▃▄▅▆▇█

現在我熬過了辛苦的那些年，來到三十多歲，還活躍在網路上。當然，還有一些代溝存在：我不太清楚 WhatsApp 發展成什麼樣子了，而歌手凱莎（Kesha）是我唯一會看的抖音（TikTok）——事實上，我要收回這句話。在寫這本書的過程中，我們一致認同，有些抖音真的很好笑。但大多數日子我還是繼續發 Twitter，我那通知用戶 Instagram 上有限時動態

（放在那裡的照片和影片只會儲存二十四小時，所以基本上就是一種 Snapchat，只是內嵌在 Instagram 上）的粉紅色圈圈通常都是亮著的，放了圖娜伸懶腰的影片，還有我在音樂程式 Spotify 上正在聽的歌曲截圖——當然都是一些放得上檯面的。我青少年時期很喜歡、現在也還偷偷聽的「K 勢力樂團」（Relient K）就不會貼上去。

但我在網路上並不一樣，至少在某些重要方面不一樣。很多我以為代表自己、常在 Twitter 上吹噓的事消失之後，讓我重新評估起自己和社群媒體的關係——不只是使用社群媒體的頻率，還有使用的方式。我並不是從來沒有懷疑過這件事，但我總是覺得只能全心投入，或者徹底拒絕往來，必須二選一才行。但事實證明這兩種方法對我來說都不可行。我喜歡社群媒體，捨不得完全退出，但又討厭讓它主宰我的生活。只是，如果我要像現在一樣這麼常在網路上活動，我想要感覺線上的那個我更像我自己。

反省過去這幾年，儘管網路是這麼一個複雜、令人不安的空間，我還是一直不離不棄，想到這一點，我不禁疑惑，問題是不是真的出在社群媒體上。我現在懷疑，與其說社群媒體絕對或絕大部分是一股破壞力量，不如說它是我們展現自我、與他人建立連結的新工具，只是跟任何其他工具一樣，很容易被濫用或誤用。

沒錯，它帶來了巨大的新挑戰。但它也提供了豐富的新機會，讓我們看到自己：在我們笨手笨腳嘗試在網路上學著當人時，它讓我們有機會去了解自己的衝動——想要傳播一個經過編輯的自我形象。審視我們使用網路的方式，讓我們可以更了解自己。

如果持續掛網感覺困難，那是因為**存在**本身本來就不太容易。畢竟，如果不是本來就存在我們心裡，之前以其他、線下方式表達的東西，也未必就能展現在社群媒體上。當然，這些與他人連結、表達自我的新方法，很可能讓我們之前存在的焦慮更加嚴重，也可能有些全新的行為模式因此出現。但我不認為很多存在於社群媒體上的習慣是反映了全新的衝動。

在使用社群媒體之前，我也常感覺自己一分為二，一個是內在的「真實」自我，一個是外顯的「展演」自我。我還是會拿自己的生活跟別人比較，想要讓世人看到一個更完美的我。我還是覺得有必要呈現光鮮亮麗、才華洋溢的形象。這些都不是網路的產物。真要說的話，我使用社群媒體的習慣，凸顯了這些現象，幫助我意識到人前與人後的我是分裂的，以及造成並加強這種分裂的恐懼與習性。

正如應用人類學家蘇菲．古德曼（Sophie Goodman）在為《智人》雜誌（*SAPIENS*）⑦寫的一篇文章裡說的：「在面對面的情境中，我們往往對自己的身分有更大的掌控權，因為我們可以依據當時的社交情況展現特定的自我形象。」但是在網路上，我們會失去一些掌控權，譬如某個大學同學在 Facebook 貼了一張我參加聚會的照片，還標記我，讓這張照片出現在我好幾個家人的動態消息上。在社群媒體出現之前，我們絕不會看到這樣一張照片，因為不管是我還是那個同學，都不會把這張照片拿給他們看。但我們失去掌控權的那些片刻，可以讓我們注意到自己是怎麼切割生活的。古德曼說：「在數位世界裡『說溜嘴』，就像我念大學時，一個死黨把我未成年喝酒的事說給我堂弟妹聽一樣，很容易也很常見。而這種被寫下來並在一個交錯的網路裡到處傳播的型態，不太可能悄無聲息。」

在那個酷熱的夏日，肌肉記憶啟動、要我張貼一張照片時，我開始面對線上自我與線下自我壁壘分明的事實。在那張表情猙獰的自拍中（拍照的那一刻我是如此痛苦，連多年來總是能讓我從艱辛中分心的社群媒體，都失去作用），我看到的不是展演的自我，而是我當時悲慘心情的如實呈現。

回想起來，讓我震撼的不是那時的痛苦，而是跟其他精挑細選的貼文擺在一起，那張照片顯得如此怪異、如此格格不入。但那是我自己的數位說溜嘴。

如果我要像現在一樣花那麼多時間在網路上——很多人正是這樣，花愈來愈多時間在我們認為「真實」的事情上——我不想繼續感覺如此分裂了。我不太確定要怎麼活得更表裡如一、更完整，但我確實知道，隨著網路愈來愈融入我們各層面的生活，更有必要在用來記錄生活、表達自我、多方學習、與彼此建立連結的場域裡，開拓出更多屬於真實的空間。

看著那張在我確診疥瘡三天後拍的照片，讓我想起自己當時感覺是多麼孤單，一切又顯得多麼可怕與無望。那段時間就像我不願回想的幽靈。但，同時也伴隨著我不想忘記的教訓。這證明我所有的努力都白費力氣：小心翼翼維護我在網路上的身分，沒能阻止我的生活分崩離析。那張照片就像某種入口或標籤，一個時間戳記，把我直接帶往在那段時間領悟到的道理。

在某種程度上，我知道如果沒有貼出那張照片，最終會變得像是什麼也沒發生過。我不想在幾個月後回顧我的 Instagram 歷史動態，發現在精采片段之間有個看不見的裂縫。

這本書試圖探討是什麼掉進了這種裂縫裡。我不會深入分析線上行為，而是想進一步了解原因——我們的社群媒體習慣、我們做與不做的事證明了什麼，透露出何種身為人的意義，還有跟別人建立關係又意味著什麼。從我們在線上發表的內容，如何看出對自己和別人的看法，而我們以數位方式表述的生活，又如何反映早在社群媒體出現之前就存在的古老習慣，並表達更深刻的人性衝動與掙扎。因為，雖然對於自己的事會挑著說不是現在才有的現象，但從我們現在說故事的方式，可以更進一步了解何謂真實。

搬家前幾天，因為尚未查出病因的疥瘡而痛苦難眠時，我在滑 Twitter 動態的空檔，拿起《絨毛兔》（*The Velveteen Rabbit*）來看。這是我小時候最喜歡的故事，每次睡不著時，我媽都會唸給我聽。分手後的那年，在我以為熟悉的生活（我一度以為這樣的生活就算不奢望永恆，也能持續很久）崩潰之際，我發現自己又拾起那本書。

我最喜歡的片段是，兔子問一隻玩具馬，什麼是真的。

馬回答：「真的跟你是怎麼做出來的沒關係，而是發生在你身上的事。」

兔子接著問，變成真的會不會痛或不舒服。馬說有時候會，不過「等你成為真的，就不會介意痛不痛了。」

要在線上變得更加真實——變得陳舊破爛，但也像絨布一樣柔軟——我們或許必須放掉以強大的形象示人、縫補完好的欲望，讓裡面的填充物露出來。不只分享生活光鮮亮麗或者平淡的部分，也要分享傷疤。持續進化、去受傷，然後成為真實。有時這麼做會讓人痛苦、不舒服，但是，在今天，這一點感覺非常重要。

但要怎麼做到呢？在這個「虛假的」線上人生與「真實的」線下人生往往涇渭分明的世界，我拿起手機，開始尋找答案。

3

群星之中

當我們逃避現實，對網路上癮——

網路能代替宗教和占星學嗎？

In the Stars

在那個諸事不順、至少三分之二的人生分崩離析的夏天，我在某個晴朗的日子走進俄亥俄州一個「精神資源中心」。我是去那裡算塔羅牌的，而這件事從好幾個方面來說，都不像是我會做的事。

理由一：我不相信塔羅牌。理由二：那個週末，我是去俄亥俄擔任一場無神論研討會的講者。理由三：帶我去算塔羅牌的朋友，是我以前在一間無神論非營利組織工作時的同事。如果要腦力激盪列出最可能一起去算塔羅牌的朋友，「以專業無神論者身分認識的朋友」，或許會敬陪末座，跟「去創世博物館度假的已婚基要派（fundamentalist）⑧」不相上下。要是我跟來參加無神論研討會的人說我們要去算塔羅牌，一定會引來不安的笑聲，也許還有噓聲。

不過我們還是去了。在一個盡被線香圍繞的環境裡，牆上掛毯看起來跟以前大學同學和我用來掛在宿舍牆壁上的一模一樣。我們兩個無神論者站在那裡，想找「淨化」的東西來燒，並請人為我解牌。來此的路上，我們自嘲這件事的諷刺之處——美國寥寥無幾的專業無神論者（抱歉，只是這個詞真的很好笑），其中兩個正在去算塔羅牌的路上。

但是看著塔羅師洗牌，然後抽出第一張牌時，我實在是笑不出來。整間店很安靜，朋友在外面等，我單獨面對塔羅師，這時我突然想到，我不是算好玩的。要是她攤開在桌子上的是壞牌，我不可能一笑置之。來之前，我跟自己說一切就當開開玩笑，可是她開始發牌時，我就知道事實了：我之所以去，是因為我需要聽到「一切都會否極泰來」這種話。

我需要有人幫助我了解，現在的這個我、這個生活剛剛陷入支離破碎的新人，是誰。我想要有人告訴我怎麼找到前進的路，給我一點希望。

同一個月，另一個悲慘的夏日豔陽天，滑過一大堆自拍和廢文（充滿反諷、挖苦、層層遮掩的笑話，不是一天到晚掛在網路上的人往往看不懂），我打開網路瀏覽器，輸入一個問題：**真實是什麼意思**？我不敢相信我做了一件這麼明顯、這麼蠢的事，但事實是，自從成年以後，遇到問題，我多半習慣上網找答案。

那年夏天，感覺什麼事都不對勁，我開始八方求援。很多時候，不只是那個夏天，還有之前那些年，網路似乎就是我尋找意義或連結最簡單、最好的地方，有時可以說是唯一的地方。甚至，就算去算了塔羅牌，我還是會懷疑塔羅牌不能給我想要的答案。

我把搜尋結果往下拉，略過保守的基督教部落格文章、一個人生教練的目錄，還有一連串天馬行空的市井詞典（Urban Dictionary）定義。這甚至算不上開始。如果我想要解開疑惑、了解真實在數位時代裡的含義，只憑衝動去算塔羅牌或上網搜尋是不夠的。

每次遇到問題，我的第一個直覺幾乎都是去拿手機。手臂怎麼會莫名其妙發痛？問一下Google大神吧（這通常都是餿主意）。我七年級時很喜歡的那首歌叫什麼名字？網路一定知道（它真的知道，但我不打算告訴你，因為很丟臉）。我的狗咳成這樣，正常嗎？我相信網路上一定有實用的資訊（才怪，只看到論壇上一群陌生人眾說紛紜，有人說那沒什麼，有人說她快死了）！

我第一次上網為不懂的問題尋找答案，是在青春期。在我的人生裡，這段時間比那個悽慘的夏天更混亂，而我應付混亂的能力更不足。我的父母剛離婚，我媽為了養活我們，兼了好幾份差，而我是躲在櫃中的酷兒，深以自己為恥。我渴望安穩與答案，而我平常不能上網。遺憾的是，跟許多美國青少年一樣，尋求答案此舉把我帶進了基督教基要派教會。

我會在重生信仰的篤定與安全感裡尋求庇護，並不是太令人意外。在我改變信仰前的那一整年，我一直在看各種重大苦難的故事，就像亞歷克斯·哈利（Alex Haley）[9]的《根源》

（*Roots*，暫譯》、約翰・赫西（John Hersey）[10]的《記原子彈下的廣島》（*Hiroshima*），以及安妮・法蘭克（Anne Frank）[11]的《安妮日記》（*The Diary of a Young Girl*）這些書。雖然那時學校正在教這些書裡記述的事件，但主要是以史實的角度來探討，這些事件只是發生過的事而已。身為在一個強調白人優越主義的社會裡長大的白人，我一直對這種價值觀的許多後果一無所知。但是這些故事讓我多多少少了解到，遭遇這些慘絕人寰待遇的人，承受了何等的痛苦，而這有限的理解就足以讓我充滿憤怒與絕望。如果人性中有如此無人性的特質，那實在是太沒道理了（那時的我當然不可能這麼清楚表達自己的意思，畢竟我才十歲）。

快要進入青春期的孩子總是會有很多道德、哲學及玄學上的疑問，我也不例外。我到處尋找答案。基要派教會說，神可以幫助我理解那些問題。所以我決定給神一次機會。

對我來說，信神不是最自然的選擇，這一點並不奇怪，因為帶我進入教會的其實並不是神。我當時並不是在尋找神，而是在尋找更像個人的方法。教會吸引我，是因為那裡有很多計畫試圖理解這個不公義的世界，而這樣的環境剛好很適合我。**我對他人的責任是什麼？對於人類同胞的苦痛，我能做什麼嗎？**

今天，當我更了解教會為何吸引我，以及它在我的人生中扮演何種功能後，很難說青春期的我是否**真的**相信神。但我在教會裡找到一個團體，給予許多我一直在尋找的事物——在父母離婚之後的動盪中給我安穩、在資源有限的年代裡給我食物、在與社會疏離的時期接納我（除了同志的部分，但那我本來就不會透露），還有回答我關於不公義與身分認同的重大疑問。教會裡的人都說這些是神的管區——在匱乏時提供富足的資源、群體、接納與答案。是神讓我們凝聚在一起，讓我有辦法理解困擾自己的那些事。所以我跟其他人一樣，接受了教會提供的那些資源，同時也接受了神的存在，彷彿這兩者是不可切割的。

幾年後，在一所路德學院念宗教時，基督教研究教授挑戰我的信仰，追根究柢質問我為什麼相信那些事。教授鼓勵我問自己敏感的問題，並要我放心誠實地回答，這時我再也無法否認，我其實沒有信神的理由。脫離教會以後，我就把人生的許多時間拿來進行一連串嘗試，在宗教之外創造意義、尋找群體。

從在宗教傳統中尋找意義與歸屬感，到冒險越過宗教的界線，進入非團體的領域，這個行為在今天一點也不算什麼。美國人正大量離開宗教團體，而所謂的「nones」，即沒有宗教信仰的人，包括無神論者、不可知論者，以及「沒有特別信什麼」的人（可想而知，就是那些被問到信仰什麼宗教時，會這樣回答的人），現在是美國宗教概況中人數成長最快的類別。根據紐約大學（New York University）教授麥可・豪特（Michael Hout）和加州大學柏克萊分校（University of California, Berkeley's）教授克勞德・費希爾（Claude S. Fischer）

做的一項研究顯示，一九八七年，也就是我出生的那一年，美國有百分之七的人口無宗教信仰。但是到了二〇一八年所做的「社會概況調查」，無宗教信仰的人占總人口的兩成三，占三十歲以下人口的三成四。這個比例跟福音派差不多，多於天主教徒。在美國的某些地區，現在無宗教信仰的人屬最大多數，超越任何宗教。

大部分無宗教信仰的人都不是我這種無神論者。根據美國民調機構皮尤研究中心（Pew Research Center）的調查，大多數人還是說他們相信某個神或是某種存在於天地間的靈——只不過沒人知道這是什麼意思。公共宗教研究所（Public Religion Research Institute）發現，有三分之二無宗教信仰的人說，神是某個人，不然就是一種無人格的力量，這種說法其實也很含糊。所以很多人可能正在脫離宗教，但這並不表示就因此不信仰某種理念。

持續信仰某種神並堅持進行禱告等行為，再加上塔羅牌和占星術之類的靈性活動重新受到歡迎，顯示這種人口結構上的大量轉移，背後的原因更多是來自實際面而非神學。大家脫離宗教組織，不一定（或完全）是因為對神失去信心，而是因為對組織本身有疑慮。

我在這方面的體會，不只是從人口結構趨勢來看，而是從在哈佛大學及耶魯大學為無宗教信仰人士擔任牧師將近十年的經驗而來。我接觸的學生很多是無神論者或是不可知論者，但是有更多學生似乎完全不把自己放在有神論或無神論的範疇內。他們不確定自己到底信仰什麼，但他們知道自己並不虔誠。此外，調查顯示，即使是那些**自認**虔誠的人，現在去宗教場所的頻率也大幅減少。整體而言，問題似乎是出在態度，而不是內容。

我認識的許多無神論者，將無宗教信仰人士數量增加，歸因於「新無神論」（New Atheism），也就是理查．道金斯（Richard Dawkins）[12]、山姆．哈里斯及已故的克里斯多福．希鈞斯（Christopher Hitchens）[13]等人推廣的反宗教無神論運動。不過，如果真是這樣，那麼脫離宗教的人數遽增的轉捩點應該會是二〇〇〇年代，因為新無神論者的相關著作是在九一一恐怖攻擊事件之後出版的。但實際上這個現象並不是出現在二〇〇一、二〇〇二，甚至也不是二〇〇七，這時道金斯、哈里斯和希鈞斯的反宗教暢銷書都已經出版了。轉捩點並不是新無神論，而是在更早之前的一九九〇年。

果然，有些研究顯示，美國的宗教信仰人口大幅下降，至少有一部分跟九〇年代初期網路使用率增加有關。或許是因為，現在大家可以自行接觸到以前幾乎被宗教獨占的領域，也因此感覺沒那麼需要屬於某個宗教團體，尤其是這樣的群體並無助於感覺真實。

對於很多在美國生活的人來說，在某些時刻，宗教場所是與他人建立連結、學習為人處世及反思人生的**地方**。我成長的美國上中西部（Upper Midwest）[14]有很多小城鎮，在這種小地方，宗教場所是居民尋求人際關係與反省的唯一選擇。如果不去宗教場所，就會轉向其他政治、公民或社會機構來找到團體，並更進一步學習如何待人處事。可是，今天只要你有一支智慧型手機，連床都不用下就能完成所有這些事。隨時可以登入，何必在週日一大早起床呢？

而且，不是只有一種選擇——像是我們鎮上的教會，有個人氣頗高的課後青少年小組，當然管得也比較嚴——你可以找到各式各樣的選擇。或許這也是讓我們不太情願接受單一選擇的原因，不管是宗教、政治，還是別的領域。二〇一六年，林奇堡大學（University of Lynchburg）教授保羅．麥克盧爾（Paul McClure）在學術期刊《社會學觀點》（*Sociological Perspectives*）上發表的一篇論文裡寫到，使用社交網站的年輕人更可能對宗教採取兼容並蓄的態度，或者「認為可以挑選自己的宗教信仰，並且多種宗教並行，不受限於宗教傳統的教規。」在線上，手指動一動就有各式各樣的選擇，這也讓單一觀念在我們尋找真實的過程中變得沒那麼吸引人了。

人際群體也是同樣的道理。今天，我們可以不受環境或地理因素限制，不透過傳統機構，使用數位工具建立努力的方向與歸屬感，基於共同興趣找到歸屬。非宗教學者賈姬．佛斯特（Jacqui Frost）在社會科學網站「社會版」（The Society Pages）上針對麥克盧爾的研究寫到：「很多年輕人看待自己的宗教信仰，就像在社群媒體上按讚或偏好的其他事物一樣。年輕人藉由宗教表達他們的性格、道德與靈性，但對他們來說，這是一種具有彈性且往往前後矛盾的表達工具。」

即使社群媒體讓年輕人的信仰變得兼容並蓄，融合各種宗教的觀念，但對於他人的信仰，佛斯特說：「使用社群媒體並沒有增長或減弱年輕人的多元意識。」這種「既多元又排外」的能力，或許是因為社群媒體讓我們更容易選擇自己的群體，不必跟原生群體一路折衝才找到自己的路。

有了這種融合性的排他主義，導致現在很多沒有宗教信仰的美國人轉向網路，尋找以前許多人從宗教中得來的東西——不只是人際群體，還有意義、目的與真實感。今天，不管有沒有宗教信仰，都可以上網去滿足以往藉由宗教空間滿足的需求：建立人際關係、吐露祕密、尋找資訊、療傷止痛，以及追求一個更公義的世界——也就是所有讓人感覺真實的東西。如果傳統的體制不符合需求，我們可以在線上拼湊出屬於自己的意義和群體。而就算傳統組織可以滿足需求，我們可能還是比較喜歡到線上去。

社群媒體是否已經成了我們的新教會——讓人尋找歸屬感、自我認知與人生意義的地方？感覺確是如此。正如作家布莉艾倫·霍伯（Briallen Hopper）在與線上雜誌《啟示者》（*The Revealer*）[15]的一場對談中說的，有無數種方式「讓媒體變成宗教：瘋狂消費、集體文本研究、可消耗或不可消耗的文化規範，讓人只能下意識地緊抓著口袋裡的手機，彷彿那是一把念珠。」現在很多人遇到問題時不是數著念珠禱告、念佛號，而是滑過一個又一個應用程式來尋求安慰。我在那個宛如惡夢的夏天就時常這麼做。

有時感覺網路就要求這種近乎獨斷的信念，就像我青少年時期常去的那個福音派教會以及那種不容質疑的信仰一樣。這個信仰要求我們不去質疑所見所為，只要採納我們在網路上看到的做法和觀念就好（迷因、指控貼文，還有最糟糕的，#ThrowbackThursday[16]）就像我青少年時期為了宗教帶給我的好處而接受的信仰和儀式。

但我們大有理由去質疑。宗教儀式與團體提供了規律、條理分明且往往有效的機會，反省自己的人生與他人的需求。沒錯，有些人會把塔羅牌或宗教視為天條，但這些了解自我的架構可以擴展人的視野，促使他們以新的角度去看事情。

我十幾歲時，我媽發現一本日記（換成今天，也許就是個假身分或祕密的 Instagram 帳號，而不是筆記本），我在裡面詳細吐露了自己飽受基要派信仰與性傾向衝突的折磨。由於她本身不是基督徒，不知道怎麼做對我最好，於是就拿起電話簿，打電話給當地教會。她找到一間路德教會，發現那裡有認可性少數族群（LGBTQ）[17]的牧師，第二天就帶我過去。

這位牧師做了一件前所未有的事。雖然他對自己的觀點直言不諱，但更重要的是，他提供了一些資源，鼓勵我自己判斷。他並沒有告訴我只有一條路可走，而是介紹幾本書，讓我知道基督教也有各種理解性和性別的方式，並建議我試試禱告與反省這種訴諸靈性的行為，去聆聽自己的心意，而不是去聽快要把心溺斃的各種聲音。

他的這些引導，幫助我更進一步了解自己，也讓我知道，如果我要的話，我可以既是基督徒，又是酷兒。後來我就換到了觀念比較進步的路德教會，在那裡找到一個團體，讓我養成了反思的習慣，也給了我歸屬感，才有勇氣在一個排斥同性戀的公立高中裡出櫃。那些路德派團體展現了宗教最崇高的特質，舉辦能夠給予支持的討論會，給我空間、鼓勵我從內而外更進一步了解，是什麼讓我變得真實。

網路可以提供同樣深刻的觀點嗎？如果不行，或許就能解釋為什麼無宗教信仰的人數快速成長，會讓某些社會科學家擔憂。

東伊利諾大學（Eastern Illinois University）教授萊恩·博吉（Ryan Burge）在宗教新聞社（Religion News Service）[18]發表的一篇文章中指出，無宗教信仰的人，其教育水準與公民參與度是所有宗教類別中最低的。連無神論者和不可知論者參與政治、社會、教育等活動的程度都跟其他宗教一樣，反而是「沒有特別信什麼」的人——也就是未明確表達特定身分認同或標籤的那些人——獨落人後。博吉認為，「沒有特別信什麼的那些人，是從社會上『抽身』、而且人數逐漸增長的一群人。」

因為他們選擇退出教育、政治活動及多種型態的群體，他認為「他們在現代社會中漂泊，拒絕被某個宗教團體或政黨貼上標籤」。這種冷漠可能會傷害我們所有人，而不只是無宗教信仰的人。不只是因為這個世界需要反省人生與價值觀的人，也因為宗教傳統早已建立起堅固的支持網絡，協助遇到危機與困境的人，就像我十幾歲時，路德會的人在我退縮、孤立多年之後，幫助我重新與世界接軌。隨著這些宗教傳統式微，除非無宗教信仰的人再度回歸，否則許多原有的宗教資源都可能消失。

當然，儘管宗教資源和儀式通常有其效用，並不代表宗教體制不會讓人失望。檢視許多人拒絕宗教信仰的原因——認為宗教體制深受金錢與政治的束縛、覺得宗教虛偽、認定宗教導致世人的分裂與疏遠——我看到了一種普遍反應在社會中的現象。大家之所以脫離諸如政黨或公民團體之類的體制，是因為比起誠信，他們更關心如何保存自我；比起混亂，也更傾向於簡單的答案。

作家梅根・歐吉布林（Meghan O'Gieblyn）（她本人無宗教信仰）在其散文集《內地州》（*Interior States*，暫譯）中提醒說，我們不應該只看為什麼無宗教信仰的人要離開舊體制，還必須考慮他們脫離之後發生了什麼事。她說：「即使一個人公開拋棄某種存在已久的信仰，但那種觀念的架構還是會繼續存在，並且可能換成其他事物依附在該架構上。」檢視我自己的人生，我發現，尋找意義、渴望連結與群體、追求真實感，所有這些讓我靠近宗教的事物，並沒有在我脫離基督教時消失無蹤。它們找到了新家。當我花愈多時間在網路上，網路也更進一步成為安置這些需求的地方。

但是，如果現在有很多人轉向社群媒體，尋求曾經從我們正在脫離的體制獲取的東西——意義、歸屬、一種真正連結的感覺——那就需要信任某種在很大程度上未經過考驗的新事物。北卡羅來納大學查普希爾分校（University of North Carolina at Chapel Hill'）教授日娜・涂費其（Zeynep Tufekci）在《Twitter與催淚瓦斯》（*Twitter and Tear Gas*，暫譯）一書中寫到，存在已久的體制正在式微，不只是因為我們有了新的選擇，也是因為「對菁英與把關者缺乏信任」。

網路研究員及藝術家安・蕭・米納（An Xiao Mina）在《從迷因到運動》（*Memes to Movements*，暫譯）中補充說：「對體制的信任雖然下降，但並不會完全消失。信任只是移到其他地方。」大部分的信任移到了網路上。一個明顯的例子是，我們從來不看所有應用程式、社群媒體平台及線上服務的隱私權政策和使用條款。我們只是點擊「接受」，理所當然認為不會有什麼問題。你可以說這是懶惰或者冷漠，但實際上是信任。為了盡情享受這個滿足我們需求與期望的新家，我們相信其中不會有**太**糟的東西，不會有我們不能接受的東西。正如媒體設計教授大衛・卡羅（David Carroll）在Netflix記錄片《個資風暴：劍橋分析事件》（*The Great Hack*）開頭時所說的：

> 這始於一個串連世界的夢想。一個人人都可以分享彼此的經驗、感覺沒那麼孤獨的空間。不久後，這個世界就會成為我們的媒人、即時的事實查核站、個人娛樂員、記憶守護者，甚至心理治療師……我們深深愛上了這份免費串連的禮物，沒有人想過要去閱讀這些條款。

其實不是我們不想看，而是我們相信不必看。

我們信任網路，是因為我們需要把信任放在**某處**才能順利運作。但是，當我們選擇信任網路而非傳統體制，選擇退出經過精心設計與修正、引導定期反省、激勵個人發展的空間，嘗試在地雷遍布的網路裡獨自尋找意義、歸屬和真實時，會發生什麼事呢？

當我問 Google 何謂真實時，我絕不是第一個求助網際網路尋找答案的人。因為現在有很多人，不管有沒有宗教信仰，都在網路上尋找意義，所以網路有很大一部分的功能是提供建議。尤其是社群媒體上充滿了心靈雞湯部落客、人生教練、星座迷因圖、動不動就標示主題標籤的身心健康帳號、勵志的 Instagram 標題，多半只引來白眼，還有一大堆 #SelfCare（自我守護）的貼文。

還有一種現象，至少在某些社群媒體圈子中，有愈來愈多人追求「真實性」（authenticity），也就是一種要活得「更真實」的方式。除了以勵志和身心健康為主題的帳號外，線上普遍興起追求真實性的文化。正如網路文化作家泰勒・洛倫茨（Taylor Lorenz）為《大西洋》（*Atlantic*）雜誌寫的文章〈Instagram 美學結束了〉（The Instagram Aesthetic Is Over）裡說的，現在連 Instagram 的網紅——長久以來被視為網路上最不真實的一群人——都試著把重心轉向讓他們看起來更真實的內容。

賓州大學（the University of Pennsylvania）教授克莉斯汀・加德西（Kristen R. Ghodsee）在《雅各賓》（*Jacobin*）[19]雜誌的一篇文章表示，現今許多人渴望「在一個虛假氾濫的世界中活得真實」，真實性就這樣具備文化價值了。因為這樣，真實性也成了商品。但是有時拚命追求真實性是要付出代價的。加德西寫道：「因為現在的年輕人了解到真實具有經濟價值，於是花很多時間把真實性的表演修練到完美的境界，以至於我們很可能會培養出一個無法區分虛假情感與真實情感的美國世代。」

如果這一點讓你擔心，你並不孤單。大部分稱頌真實性的部落格、文章和自拍都很讓人失望，充滿了乍看之下似乎真實的語句，但仔細看就會發現，那些**空泛模糊**的字句其實**沒有**任何意義——這就是哲學家丹尼爾・丹尼特（Daniel Dennett）[20]所謂的「deepity」（假深奧）。

說到底，這就是數位真實文化的諷刺之處：有太多內容感覺是那麼，呃，虛假。就好像被刻意集中、凸顯，以盡可能吸引最多的人。如果真實性能賣，那麼它的擁護者正在努力增加它的可賣性。或許這就是為什麼，儘管許多線上真實性文化內容經常故意含糊不清，但感覺也非常狹隘僵硬，甚至有點挑釁，彷彿某個樣子才是真的，其他多數樣子都是錯的。彷彿透過十個簡單的步驟就可以揭曉奧祕，成為真正的自己（按讚並訂閱即可獲得步驟四到步驟十！）。好似其他人都錯得離譜，但是皇天不負苦心人，這裡提供了正確的做法。

當然，這並不表示社群媒體**永遠**不可能成為真實性的載具。也許只要我們不再一直刻意勉強。舉例來說，我有一次在寫 Instagram 的配圖文字時，經歷了真正的個人突破。

那時是四月下旬，也就是我跟前男友艾力克斯（Alex）感情破裂後一年，我開始慢吞吞地收拾公寓，準備打包搬回明尼蘇達。我還沒有完全接受分手的事實，也幾乎沒有在網路上提過這件事。但是有一天，就在把書本裝箱裝到一半時，我拍了一張客廳壁爐的照片。我坐在地板上，將照片上傳到 Instagram，然後開始草擬配字：

我們當時好高興能搬進有壁爐的公寓。它讓我們感覺像個大人。第一個冬天我們經常使用，一直到四月，然後事情就開始走向結束。第二個冬天，我一個人住在這裡，好幾次想點燃壁爐，可是沒有一次成功（不是因為壁爐壞了；我找人來檢查過。是因為這動作要很小心，而以前都是他點火的，我就是抓不住訣竅）。又到了四月，下個月我就要搬家了，搬到一個確定不會有壁爐的地方，現在我不確定成為大人是什麼意思了。我很確定不是擁有壁爐，甚至也不是知道如何使用壁爐，但剩下的，我還在摸索中。我知道的是，自己永遠不會再使用這個壁爐了。雖然我很希望自己能點燃壁爐，但我將永遠記得那第一個冬天，它給了我那麼多溫暖。

寫完這段話時，我哭了。我跟自己說，那只是一張壁爐的蠢照片而已。但是，我為了跟全世界說我很好，那花了一年時間試圖隱藏的巨大失落感，就因為必須為照片寫段說明而出乎意料地冒出來了。

那則貼文顯得如此突出，比我**試圖**在網路上表現真實自我的大多數貼文都還要真實。它讓我以一顆初學者的心，看到自己身上需要更了解的部分。

━━━━━━

青少年時期促使我加入教會的問題——**我是誰？我要怎麼活出有意義、有目的的人生？我對世界負有什麼責任？**——現在是我和很多人在網上討論的問題。在那種線上對話中，偏激好辯者往往勝出。最簡單、最容易、最不複雜的答案通常感覺最安全（且最容易推銷）。

所以，很多我們在社群媒體上發表的想法與言論，尤其是**關於**社群媒體本身的，都很兩極化。在有關社群媒體對社會有何影響的大多數討論中，自詡為專家的人以強烈的意見帶風向。而跟激烈擁護真實性的人一樣，在更全面理解數位生活這一點上，這些專家的意見往往空泛而極端。

大多數人都看得出來這些專家分成哪兩個極端：啦啦隊和末日先知。擁護社群媒體的人認為，網路正以各種最好的方式使彼此更緊密相連，讓我們的世界同時變得更貼近也更廣闊。這些科技烏托邦主義者認為，網路正在提升我們的生活品質，達到前所未有的水準，為真正的自我表達和資訊傳播開啟了無窮的可能性。

這方以太空人驚奇的眼光、詩人的情懷，有時甚至是先知的狂熱講述社群媒體，很難讓人不受到他們影響，相信這些數位平台正在讓我們更有效率、更緊密相連，且更能夠以新穎的方式表達想法。相信這些建立關係的新途徑，正在幫助我們成為更完滿、更好的自己。也更真實。

看到社群媒體幫助鼓吹和整合諸如「阿拉伯之春」（Arab Spring）[21]這類社會運動，或者幫助跨性別人士和身心障礙人士擁有比以往更活躍的生活和身分，就很容易了解為什麼大家會很期待社群媒體有可能改變世界。它幫助眾人連結、學習和促進改變的力量非常驚人。

但也有人不以為然。他們認為社群媒體讓我們變得更加疏離、孤獨，變成超級自戀的世代，還有，或許這一點最令人擔憂，讓我們變得極度虛假。他們眼中的數位時代，每個人都愈來愈會算計，重視積極參與、按讚數與影響力更甚一切，而虛偽得到獎勵、真實得到處罰，這樣的世界令人深感憂心。對他們來說，這是一個讓人變得愈來愈不像人的世界。

查看現有的一些研究，就很容易理解他們的觀點為何如此灰暗。每天，我的 Twitter 上都會出現令人不安的推文，內容就像全國公共廣播電台（NPR）的這則：「最近的一項研究發現，一直點閱社群媒體的人，與較少點閱者相比，前者患憂鬱症的風險幾乎是後者的三倍。」當然，僅僅因為兩件事相關，並不代表彼此之間有因果關係，但這絕非唯一一份認為過度使用社群媒體與幸福負相關的研究（換句話說，增加使用社群媒體會傷害我們）。

看著NPR那則推文前後的其他推文，再想想要知道相信哪些內容有多困難時，就會感覺那個研究結論是真的。看到 Instagram 上那些純潔無暇的照片，很難看穿看似完美人生背後的真相，而看到 Reddit[22]上對某人的敘述，也很難真正解讀字裡行間的層層諷刺。大家習慣隱藏失敗、大肆宣揚成功，網路也鼓勵我們嘗試不同的特效、美術設計與身分，彷彿那些都是戲服。

結果，在社群媒體上，我們既事事存疑，又輕率相信。我們不知道該信任誰。面對真假難辨的情況，我們進退失據，於是既不信任任何人，又信任所有人，包括我們自己。我們在啦啦隊的樂觀主義與末日先知的失敗主義之間擺盪，有時甚至兩者並存。

伊利諾大學厄巴納香檳分校（University of Illinois at Urbana-Champaign）傳播系教授羅伯・麥欽尼（Robert W. McChesney）在《數位斷線》（*Digital Disconnect*，暫譯）中寫到這種舉棋不定的心態：「感覺自己像是一隻腳踩在冰桶裡、另一隻腳踩在滾水裡的人。」他說，讚揚社群媒體的人提供了我們需要的樂觀態度，但往往讓我們付出代價，無法誠實評估數位生活帶來的挑戰。批評社群媒體的人則帶來現實感，並指出令人擔憂的警訊。但是，麥欽尼補充說：「就像古希臘的懷疑論者一樣」——我想可以加上批評現代運動無神論的懷疑論者——「他們沒有清楚的價值觀，通常也不提供可靠的替代方法。」

但是也許我們需要一方的疑問加上另一方的樂觀。因為儘管社群媒體有太多新奇的地方，我們用它來滿足的大多不是新的衝動。早在網路出現之前，我們就會想辦法記錄生活、表達自我、建立關係、尋找歸屬群體，以及取得並與他人共享資訊。改變的不一定是我們做的事情，而是我們做那些事的方式（以及頻率）。正如涂費其在《Twitter 與催淚瓦斯》上所寫的，「數位網路化公共領域的出現，未必帶來新的基本社會機制，人類依然像人類一樣行事。」但是，她繼續說，它**確實**「大幅改變了這些機制運作的條件。」她指出，無論我們是否上網，這一點對所有人都有影響。舉例來說，二〇一一年一月，由網路發起的埃及革命於那個月開始之際，只有兩成五的埃及人上網，「只需要一部分人口有數位連線，就可以影響大環境。」我們需要對這些新條件進行評估。

如果必須在對網路極度樂觀和極度恐慌兩者間做個選擇，我往往會比較同情後者，只不過我覺得他們對前數位化時代的懷舊情懷，有一部分來自改寫過的歷史，掩蓋了網路帶來的美好變化。我傾向那一邊，是因為我認為應該將這種質疑的本能應用在生活的各個方面，特別是對於我們投入研究尚短的部分，而數位工具就是其一。尤其我們還用數位工具來進行愈來愈重要的功能，像是「何以為人」這種核心問題。

但是，對科技抱持警戒態度並不是現在才有的事。就像許多人指出的，這是老掉牙的事了。在柏拉圖（Plato）的《費德魯斯篇》（*Phaedrus*）中，蘇格拉底（Socrates）批評寫作的技術，而我的祖母告訴七歲的我，電視真的會讓人的大腦爛掉；一直以來，永遠有人提倡技術，也有人批評技術。雅絲卓・泰勒在她的《人民的平台》（*The People's Platform*，暫譯）一書的前面部分，引用了提摩西・沃克（Timothy Walker）在一八三一年為科技進步辯護的文字。當時有人批評科技進步——十九世紀三〇年代的科技進步，包括耕種用的鋼製犁具、某種縫紉機，還有較為精巧的自行車——會損害人的「靈性」，把人變成機器，而泰勒寫到，沃克的回應是，「機器讓身體免於繁瑣的勞動，進而解放心靈。」沃克認為，我們因此解放之後，所有人都可以成為藝術家、哲學家和詩人（我相信我爺爺會很高興）。

今天，這種情境還在上演，科技烏托邦主義者主張科技將使我們騰出精力去做真正重要的事。理論上應該是這樣沒錯。耶魯大學教授馬丁・海格隆德（Martin Hägglund）在《今生》（*This Life*，暫譯）中解釋，藉由技術創新，我們應該能夠「減少必要領域（維持生存所需的時間）並增加自由領域（這些時間可以用來做我們認為本身即是目的的活動，這包括思考什麼事情對我們很重要，以及思考我們**應該**認為哪些活動本身即是目的）」。

所以，為什麼有時會感覺科技進步沒有讓我們全都變成哲學家，或者至少讓我們變得更加真實，反而讓很多人感覺思想較淺薄、較沒效率，沒擺脫瑣事反而被瑣事淹沒？

我確定科技可以讓某些人變得多產、思想有深度且身心平衡；只是我不認識那些人。正如我提到的，許多研究似乎認為科技與幸福之間的關係是負面的。但是，事實證明，那可能只是看我認不認識那些人而已。研究學者艾美・奧本（Amy Orben）和安德魯・普什比爾斯基（Andrew K. Przybylski）在科學期刊《自然人類行為》（*Nature Human Behavior*）上發表了一篇文章〈青少年幸福感與數位科技使用之間的關聯〉，文章中指出，科技與幸福感之間的關係，實際上視如何建立統計模型而存在很大的差異。他們測試各種不同的方法並得出結論：科技與幸福感之間的負面關係其實很小，小到可以忽略不計。

是的，數位工具讓一些人不高興，但是說他們一直不高興，或者**必須**不高興，並不正確。

這表示問題不在於工具本身，而在於人性的某種特性。這感覺讓人畏懼——要是能發現科技中的問題並直接解決，就簡單多了——所以我能理解那些強硬好辯的人為什麼會選擇簡單的答案，因為面對數位生活直接說「這個好」或「這個不好」，就不必糾結了。

但話說回來，在一個經常聽到「假」一詞的時代（假新聞、假貨、假粉絲），我們確實應該抱持懷疑的態度。完全信任網路是不明智的。那個悽慘的夏天過後不久，發生一件事提醒了我這一點。

當時有人透過社群媒體與我聯繫，說我的工作引起了他的興趣。我們開始聊天，而雖然我們的對話沒什麼營養，但我發現他很有魅力。實際上，他太有魅力了，要是我們在現實生活中見面，我會懷疑這個人為什麼要找**我**講話（我並不是覺得自己不配。呃，也許有一點吧。但這部分我會留在心理治療時說）？

事後看來，有一些我忽略的警訊；他的某些照片怪怪的、他對於個人資訊說得很含糊，而他有一次提議要視訊，結果又說他的手機壞了。我對於自己不想看的東西視而不見——我當時很無聊、孤獨，並且正積極接受心理治療，想要改變自己的想法（覺得哪種人會被我吸引而哪種人不會）。我的治療師（他很棒，不要因為我的後知後覺而怪他！）鼓勵我把這件事視為一個機會，讓我更進一步了解誰可能覺得我很有魅力或很有趣。也因此，有一天，我用他提供的個人資料去搜尋，發現有人留言說他是鯰魚，那時我真是大受震撼。我們的互動很簡短，也不頻繁，我從沒給他錢或任何東西，但我仍然感覺被他利用，覺得很丟臉。

一部分的我，即使是無意識的，也知道不能相信我看到的一切。剛認識某人時，我會比平常更保留。這種態度凸顯了在當前條件下，以數位方式尋找真實的局限性。因為即使我是想利用彼此間的互動來練習擺脫舊習（並試圖忽略警訊），但在某種程度上，我仍然不確定能不能信任這個人。而我認為很多人在網路上都保持這種警戒。每次爆發新的網路欺詐行為——好像每隔一、兩天，就會有知名的 Twitter 帳號被人發現是由具種族歧視的某人經營，又或者內容是抄襲而來，於是當事人就刪除帳號，之後又設立新帳號捲土重來，希望大家不會發現——就會覺得我們的信任顯然放錯了地方，所以應該繼續有所保留。更重要的是，這似乎證明了線上生活和離線生活之間的分歧；我們在網路上的身分是假的，至少不可能像我們的離線生活那麼真實，所以我們應該繼續以懷疑的態度看待數位生活中的每一個部分。

但是，社會學家奈森．喬根森（Nathan Jurgenson）在社會科學網站「社會版」上經營了一個部落格 Cyborgology，他在其中一篇文章指出，我們還可以用另一種方式看待數位自我。他建議，不要把生活劃分為線上和線下，或稱「數位二元論」——也就是覺得線上生活和線下生活的本質有所不同，而且線下生活比線上生活更真實——他認為可以把生活中的數位和非數位部分視為「雙雙融入到**擴增實境**（**augmented reality**）中」。也就是說，現代版的真實是新的，跟以前不一樣；仍然是真實，只是有些變動。但擴增對我們來說並不陌生。是的，有時新版的真實會有所扭曲或加強，但是它仍然是真的，就像我們以前離線的生活也會有所扭曲或加強一樣，譬如製作一本只展示精采片段的剪貼簿、寫一封耶誕節家書但隻字不提爸爸酒後駕車，或是在第一次約會前去買新衣服。

在這種「認為我們的生活並不是現在才擴增，只是用不同的方式擴增」的觀點下，我們的線上生活和線下生活並不是分開的，而是比以前更加糾結。畢竟我們創造了網路；網路中的一切都是人類創造的產物。喬根森寫道：「實體世界的政治、組織架構和不平等現象都是數位領域本質的一部分；而建立這個領域的，是具有歷史、立場、利益、道德和偏見的人類。」當然，它也反過來塑造了我們，而我們改變，它也會跟著改變。

儘管如此，無論我們是否接受在線上比在線下更容易沒那麼真實（至少在某些方面是如此）這種觀念，很多人確實都有這種感覺。

過去幾年，為了更進一步了解無宗教信仰的人，我一直在與一群研究人員合作，包括麻薩諸塞大學波士頓分校（University of Massachusets Boston）社會學教授兼研究員艾文．史都華（Evan Stewart）、前面提過的賈姬．佛斯特，加上明尼蘇達大學（University of

Minnesota）社會學教授潘妮・埃傑爾（Penny Edgell）和一群志工的支援。其中一項合作，是在二〇一九年針對有宗教信仰與無宗教信仰的個人做了一次問卷調查。

在問卷最後，我們詢問受訪者在線上和線下尋找群體的頻率，以及他們在線上和線下尋找意義的頻率。我們預期以意義為重的人會在線上和線下都尋找意義，同樣地，那些想尋求群體的人也會說在這兩個地方都尋找群體。結果並不是。實際上是，那些說在網路尋找意義的人，也說他們在網路尋找群體，而說在實際生活尋找意義的人，也說他們在實際生活尋找群體。

儘管大多數人終究都說兩者皆有，但線上的群體與意義相輔相成，而線下的群體與意義相輔相成，這顯示大家並不認為數位與類比兩個世界可以互相融合與增益，反而視為獨立的工具，分別在其中尋找人際連結與意義。

我幾乎一生都在尋找群體和意義，並且無論是在線上還是線下都這樣做，因為我只是把數位平台當作另一套工具，實際上做的，還是不能經常使用網路前做的事。我並不是認為我的經驗放諸四海皆準，但我想那些像我一樣總是想要尋求意義與歸屬的人，在線上和線下也都是這樣。

事實證明，在這方面我可能屬於少數。看來，至少在這一點上，數位二元論者說對了：

大家要尋求群體和意義時，可能就是把線上和線下的生活分得很開。就算實務上會混在一起，他們可能也還是**覺得**兩者是分開的。無論原因是什麼，都應該來檢視一下這種分裂。因為隨著我們把**愈來愈多**的生活轉移到網路上，並愈來愈不信任傳統體制，許多人會期待網路（而不是線下生活）來滿足他們對群體和真實的需求。

科技再進步，要面對的問題還是一樣——我們要決定跟誰密切往來、跟誰保持距離。我們要梳理、記錄生活，作為一種記憶和理解的方式；我們要弄清楚自己是誰，並讓外界知道自己想要成為什麼樣子。我們要努力（也許比其他事情更努力）在接納我們的團體中找到自己的位置。我們以數位的方式做這些事，表示我們需要找到在線上感覺真實的方法。這也代表另一件事，一件充滿希望的事：它存在著一個前所未有的機會，可以用社群媒體來更進一步了解更深層的人類問題與衝動。也許可以更靠近真相，弄清楚到底真實是什麼。進而解決在我十幾歲時帶我加入基督教、並從那時起一直引導著我的人生的問題。

其實，社群媒體的興起，可能是人類迄今做這件事的最佳機會。因為，就像一個朋友曾經跟我說的，社群媒體就類似社會的哈哈鏡，因為它扭曲了某些事物，又揭露了另一些事物，這使得身在其中的我們很容易就迷失方向，但同時它也提供了肥沃的土壤，讓我們有機會更加了解自己以及周遭的世界。因為我們正在進行新的嘗試（因為在以數位方式尋找意義與真實的這件事上，我們都是業餘者），就有機會以新的角度來看事情。所以，即使有時我會想避開社群媒體，但同時也覺得，放棄社群媒體未必就能解答我幾乎一輩子都在疑惑的問題。

十幾歲時，我非常投入一個名為MMLTEC的組織，全名是「明尼蘇達州大都會區路德教會青少年遇見基督」。這個組織的主要工作，是舉辦非常認真的週末靜修會，讓來自明尼蘇達州都會區（大明尼亞波利斯－聖保羅都會區）路德教會的青少年聚在這裡，呃，「遇見基督」。我相信一定有些參加者最主要的目的就是來跟耶穌在一起，不過我們主要做的是遇見彼此。透過在這些短暫週末裡建立的密切關係，我們不僅學會珍惜彼此，還更加了解自己，進而能夠共同致力追求更用心的生活。

儘管仍然想了解自己是誰，並盡力成為最好的自己，但是在一個日益數位化與去體制化的時代，許多人已經在主觀上認定，這是一件應該自己去完成的事。人不想把自己的身分跟部落、團體或家庭綁在一起，而是想成為**獨立的個人**。這一點讓一些文化批評家擔心，因為對個人真實的追求，長期以來一直與一種不惜犧牲他人的偏執自戀心態連在一起。

由於我們生活在基督教哲學家查爾斯・泰勒（Charles Taylor）所描述的「真實時代」中，這種憂慮如今已到了極點。當人離開長期存在的體制，放棄大群體統一的故事，轉而尋找自己獨一無二的身分——使用網路來構建與重建這些身分——時，感覺就像我們處在一個真實性比以往任何時候都受到重視的時代。有些人認為，對真實的追求，往往會犧牲我們對社會與共同生活的責任。但是泰勒在《真實性的倫理》（*The Ethics of Authenticity*，暫譯）一書指出，我們不應該爭論對真實性的追求是好是壞，而是應該討論真實性是什麼意思。他說，最好的情況是，對真實的追求可以將我們連結在一起，而不是讓我們分開。

這將會產生實質意義上的改變。如果真實性（以及我們用網路來追求真實性的方法）激勵出的理想狀態，是更深刻的自我理解，並促使我們與他人建立更堅實的連結，那麼我們應該想辦法朝著這個方向發展。泰勒說：「我們應該鼓勵支持（真實性）的文化，更接近那個理想狀態。」

真實如何能引導我們達到這種更高的理想，考慮到他人，而不只是我們自己？泰勒寫到，在最好的情況下，對真實性的追求「會引導我們過著更加自我負責的生活」，因為它會督促我們要依自己的信念和想法來努力，而不是輕易相信別人的話。這也是在我狀況較好的時候，對於數位生活的期望。根據泰勒的說法，如果找到了平衡，那麼科技就可能超越他所謂的「一種無法擺脫、不加思索的必要之物」。

不過，還是有人認為不可能達到這種境界。他們說，從本質而言，對真實的追求——以個人的力量，在傳統體制外尋找意義、目的與人際連結——代表著一種內在的個人主義與自戀特質（不是臨床診斷的自戀，而是一種自我中心的同義詞）。許多持批評意見的人，不認為以數位方式試圖理解自我是一種自我反省，而是自我迷戀。他們堅稱，在網路上，我們都是獨善其身的孤島。

也有人則持相反的看法，認為網路並不是讓我們放棄別人，把重心放在自己身上，實際上反而是讓我們**過於**依賴彼此。維思大學（Wesleyan University）教授葛瑞格．戈柏（Greg Goldberg）在《社群媒體＋社會》（*Social Media + Society*）期刊上的一篇文章解釋，持此種看法的人認為，網路養成了「一種補償性的自我迷戀，需要他人的認可，也因此對他人產生一種莫名其妙的虧欠感」。根據這些批評意見，縱使網路使我們分開，我們也無法獨立於他人而存在；批評者會說，我們甚至去海邊就一定要貼一張照片，確定其他人知道我們去了海邊。這類批評意見認為，我們在網路上建立的人際連結最終不只是比線下的關係更膚淺，也讓我們更不像自己，因為我們的樣子完全仰賴別人的認同。

但是，如果這些說法都誤解了自戀呢？自愛不一定要拿愛別人來換，也不需要完全依賴別人的支持。我們有愛自己也愛他人的餘裕，愛自己可能會讓我們感覺更加沉穩自信。實際上很可能是自愛讓我們更容易愛別人，或者至少不對別人懷有敵意。諷刺的是，我注意到有些認為自愛就是自戀的人，從他們愛的那些人跟他們自己很類似的情況來看，他們對別人的愛似乎不是那麼穩固。

確實，戈柏認為，接受差異其實往往是想要消除差異。我們認同差異並與其建立關連，有時（無論是故意還是無意）是想把差異轉為相同，好讓我們面對它時感覺更自在。就像俗話說的，**我們其實都差不多**。

戈柏說，儘管對自拍深惡痛絕的人會斥責「沒有把心放在『真實世界』或我們的『真實生活』」，但實際上，自拍可能為我們提供了一個機會，重新評估對真實的狹隘觀點。就像變裝一樣，它藉由誇大真實來顛覆真實，然後引導我們質疑從習以為常的行為模式得來的自我了解，換句話說，自拍挑戰了我們的自我概念。它既要求我們用別人想要被看的方式去看他們（即使我們認為那些方式很膚淺），又引誘我們作出相似的行為——戈柏說：「不只是相似而已，而是以類似的（存在與認同）方式得到樂趣。」

他懷疑，這才是批評自拍者**真正**在意的事。不是他們聲稱的，自拍代表自戀，而是它傳達、甚至促進與鼓舞的，以個人為中心的態度：

那麼，也許讓批評自拍者如此厭惡的，是自拍吸引人去思索他人的「存有類型」而不管其他事物：不管它跟責任、權責相稱或犧牲的關係；不知道對方的非分之想或最深處的心理狀態；不暴露醜陋的內在以交換愛或救贖；也沒有具威脅性的差異等著被同化、驅逐或以其他方式消除。批評者在自拍照中不僅看到了我們表露膚淺的工具，也看到了脫離社會連結的機制。但是，自拍照絕非跟任何事物都無關，而是擾動了它招來的各種不當特質：不負責任、不可靠、善變且短暫，而社會連結則是負責、可靠、盡心且持久的。

我們現在尋求人際連結和自我表達的方式，並非始終跟以前一樣，正如戈柏說的，它們往往短暫、善變，有時還不負責任、不可靠。但是善變、短暫，以及不負責任，不也都是人的特性嗎？我們是應該壓抑、否認這些特性，還是找出更健康、更實在的方法來運用這些特性比較好？

渴望了解自己、愛自己，並且以多種方式（包括短暫地）愛別人，這些都是我們的本質裡重要的一部分。而儘管有人批評自拍很假，或認為尋找真實就是自戀，這兩種態度都比否認我們具有這樣的欲望誠實多了。透過自拍照，我們能以不傷害自己或別人的方式發揮這些善變、自我中心或疏離的特性。不誠實面對自己的善變，才會傷害自己或互相傷害。

當然，長久的人際連結很有意義，但不是每一種關係都能持續一輩子。

導演安德魯·海格（Andrew Haigh）二〇一一年的電影《愛在週末邂逅時》（*Weekend*），講述了兩個男人在其中一人即將搬到大西洋另一岸的幾天前相遇，並立刻互相吸引的故事。不過，有別於其他兩人相遇並立刻相戀的電影，這部電影的結局並不是其中一人取消搬家計畫或兩人同意努力維持遠距戀情。相反地，他們明白彼此短暫的邂逅，就是一個特別的、足以改變人生的週末。

短暫的事情也可以有意義。有時候，就是因為短暫，才**讓**某件事變得有意義。不管一件事持續多久，不會因為短暫就抹煞了它的意義；每件事都有結束的時候，這一點會擴展眼界，讓我們了解為什麼某件事對自己很重要。我們的生活、人際關係和工作——我們在意這些事，並努力不將其視為理所當然，因為我們可能會失去這些，而且終將在某一天以某種方式發生。

批評社群媒體的人聲稱它是自我導向而非他人導向，或者它強調短暫而非持久時，這些觀點的假設是自我導向和短暫都是壞事。但最好認清善變和短暫的價值：它們可以教會我們什麼、可以給我們什麼。並且找到更健康的方式來表達善變與短暫的事物。

說到底，值得檢視的不只是「關注自我是壞事」這個假設，還有我們彼此應該建立**何種**關係的規範觀念，例如認為掏心掏肺暴露自己是親密關係的必要條件，而這一點也是戈柏深入研究的議題。社群媒體更清楚地教會我，某些事情不宜公開——要感覺真實，隱私性和神祕感就跟分享和揭露一樣有其必要。它也幫助我領悟，即使是對家人與朋友，我也需要把一些事情只保留給自己。

如果想了解自己就是自戀（再次強調，不是指臨床定義！）那又怎樣？如果自愛不是讓我們背棄他人，而是可以幫助我們更加相互理解呢？隨著我們從舊體制轉向或許可以稱之為更個人化的生活形式，新的人性特質可能會浮現。或許更深入的自我了解，也會讓我們更能意識到，我們是更大整體的一部分。

剛開始，我對這種數位新發展感到絕望，以為這是從社會轉移到孤立、從友愛轉移到自戀。但是後來我想到了另一種可能性：我希望能自我表達，而網路呼應了這種需求。也許數位生活的挑戰，不是價值觀惡化的結果，而是因為重視真實及本我的理想境界目前並未實現而產生的緊張關係。但是，如果存在著緊張關係，代表事情仍有機會朝著其中一方去發展。很多人都不會再回到舊式的群體、人際連結與自我表達了。但是我們可以把新的數位形式做得更好。

由於許多人脫離存在已久的體制，轉而到網路尋找意義與歸屬，所以我們正在做一件新的、未經過考驗的事，一件我們還不擅長的事。就像業餘者之夜的變裝皇后尋求導師來協助精進技藝一樣，我們也常在網路向他人討教如何更像個人。那些許多人一度從歸屬某個宗教團體後得到的建議，我們現在改為向占星術應用程式和線上諮詢專欄討教了。

線上諮詢專欄作家（也是我的好朋友）約翰・保羅・布拉默（John Paul Brammer）（也可以像我一樣叫他「ＪＰ」），在為《哥倫比亞新聞評論》（*Columbia Journalism Review*）寫的文章裡談到，大家寫電郵給他，是想找人幫忙確認他們實現自我價值觀的渴望。他說他的讀者「想要一個權威人物來確認自己的世界觀，並准許他們按照那種世界觀生活」。某個夏天，我和ＪＰ一起開車穿過奧克拉荷馬州，我們一邊吃著取名為「一切貝果」的調味腰果（我們到底活在一個什麼樣的世界？），我請他針對這件事多講一點，他說即使脫離了道德體系和傳統，我們仍然希望有人幫忙弄清楚該如何生活。

就像宗教一樣，諮詢專欄作家或個人大師有時可以讓你看到本來就想看的東西。這並不見得不好；有人肯定你的世界觀並給你行動的勇氣，這會是很大的一股力量。多蘿西婭・拉斯基（Dorothea Lasky）是頗受歡迎的Twitter帳號「占星詩人」（Astro Poets）的共同作者，與另一位詩人亞歷克斯・迪米特羅夫（Alex Dimitrov）合作出版了同名書籍。她在接受《紐約時報》（*New York Times*）採訪時說，每首詩都有無限的意義，「任何人的星圖也是如此。」我們可以在這些無限的意義裡，找到需要行動的部分。

JP在《哥倫比亞新聞評論》的一篇文章裡，請一名讀者夏洛特・德安達（Charlotte de Anda）說明她為什麼會向他尋求建議。德安達告訴他：「我認為大家信任建議專欄的原因，通常跟信任星座的原因是一樣的。那種建議夠具體，可以套用在自己身上，但又夠籠統，適用於大多數人。那是一種安慰的聲音。」

的確，人也能在宗教團體中找到慰藉的話語。但是在許多宗教團體中，人**也**聽到了質疑的聲音，要求他們思索自己的生活是否符合信奉的價值觀。我們是否也受到自身建立的線上體系及數位慰藉話語的挑戰？又或者，在原本以為自己想要聽到的聲音裡找不到意義時，是否比較容易按下取消關注的按鈕？當某人讓我們感覺不舒服（譬如指出某個我們寧可不知道的真相）時，在線上轉身離開，是否比離開一個挑釁你、逼你，但同時也在對話中一直拉住你的宗教團體更簡單？我們在 Twitter 上最新崇拜的偶像說了討厭或質疑的話，我們可以脫粉；星座運勢沒說出我們想聽的話，我們大可以不要信。這些都比脫離教會或政治團體簡單得多。這些體制當然可以行使權力來困住和傷害人，但它們的其中一個強項，就是會讓我們即便陷在不舒服的關係中，也能督促我們繼續走下去。

我不認為某些體制的式微是一件壞事。這些體制存在重大問題，從很多方面來說，以意義為基礎的平等主義制度更勝一籌。在這些體制之外，我們可以嘗試更多集體主義形式的群體和意義。我們有機會重新構思這些形式及其運作方式。

但是，如果世界不是那麼仰賴體制，不是由歷經時間考驗的規範約束凝聚，而是由不斷變動的人際網路交織而成，那麼，要在這樣的世界裡前進也很困難。在這個體制影響力變小的年代，這也是很多事很難究責的部分原因。正如作家希爾頓．艾爾斯（Hilton Als）為《紐約客》（*New Yorker*）撰寫的一篇文章中所寫的，「我們生活的這個時代，不認為細微差異（nuance）[23]以及連帶產生的那些難以釐清的意圖、欲望與信念可以讓我們更理解人類的脆弱，反而認為那是沒有做到權責相應。」教堂、清真寺和猶太教堂當然不是始終把權責相應做得很好——醜聞纏身的天主教會就是一個令人瞠目結舌的例子——但這並不表示無組織的網路世界就沒有自己的問題。

正如雅絲卓・泰勒在《人民的平台》中提及，許多舊體制「分攤了一些現在完全由個人承擔的責任」。一想到這些年來由傳統體制幫忙滿足的所有需求，現在必須要靠我們自己滿足可能會難以承受。或許就是因為這樣，大家才寫信給ＪＰ之類的專欄作家尋求約會建議——在努力靠自己通過人生試煉的過程中，我們終於承認自己需要他人的意見。

記者德瑞克・湯普森（Derek Thompson）在為《大西洋》寫的文章中解釋說，在人類大部分的歷史中，個人都靠認識的人介紹適合的婚配對象；以前的戀愛關係主要是社會學家所謂的「媒妁之言」。但他解釋，由於網路的關係，過去二十來，約會交往的變化比在此之前的兩千年變化更大。

兩位社會學家——史丹佛大學（Stanford University）教授麥可・羅森菲爾德（Michael Rosenfeld）和新墨西哥大學（University of New Mexico）教授魯本・湯瑪斯（Reuben J. Thomas）——合著的一篇論文指出，在網路相識的異性戀伴侶人數，從一九九〇年代中期的近乎零增加到二〇〇九年的兩成左右；至於同性伴侶，這個數字現在已經將近七成。正如羅森菲爾德、湯瑪斯與史丹佛大學教授索妮雅・豪森（Sonia Hausen）合著的另一篇論文中所寫的，「網路約會已經取代了親朋好友……成為主要的介紹人。」以前約會交往有人幫助，現在篩選合適對象的重擔已經轉移到個人身上。

同時，由於不用幾秒鐘就可以在Tinder㉔這類交友軟體上瀏覽數十個可能的對象，你很容易期望找到完美的伴侶（如果對方不是，回去繼續滑找就好）。結果是導致約會交往出現危機：無法長久負荷的個人責任，以及不合理的期望設定。而這不僅是約會交往的問題。

湯普森說：

> 年輕一代從父母那裡繼承宗教、職業和生活方式，彷彿這些都是不可改變的DNA鏈，這種年代已經一去不復返了。現在是一切DIY的年代，個人要全方位負責建構自己的事業、生活、信仰與公開身分。十九世紀初，丹麥哲學家齊克果（Søren Kierkegaard）稱焦慮為「對自由產生的暈眩」時，他不是斷然拒絕現代性，而是預見了它的存在矛盾：最大限度的自由產生的所有力量，同時也是焦慮的力量，因為任何覺得有義務從無限的選擇中挑選出完美人生配方的人，也會迷失在無限中。

我在完成宗教碩士學業後不久，去紋了身上最大一塊刺青，那時就感覺到了這種焦慮。那個圖案是一棵巨大的無花果樹，靈感來自作家希薇亞．普拉斯（Sylvia Plath）在《瓶中美人》（*The Bell Jar*）中描寫的一段情節，主角想像自己坐在無花果樹上，觀察頭頂上的果實。

她想像每一顆果實裡都有一個她可能的未來：不同的職業、戀人、生活。她知道選擇這顆果實就不能選擇另一顆，於是猶豫不決了。當然，不選擇也是一種選擇，最後所有的果實都會掉到地上死去。是啊，挺美妙的故事。但是，當你認同中世紀格言說的，「每一個選擇都是一種放棄」時，選擇就不見得那麼美妙了。

不過，我紋身中的無花果裡不是其他工作或戀人，而是世界各宗教的符號。在研究意義系統之前，我以為我必須選擇某一條道路，放棄其他條路。但是後來我了解到，我可以汲取每種宗教傳統的見解，同時又堅守自己的方式，從非宗教的角度來理解世界。儘管如此，這條路還是一直充滿挑戰，因為沒有團體的支持，很多事往往都必須自己完成。

在這些獨行的旅程上，我們有理由擔心孤獨，更甚於擔心這些旅程給個人帶來的負擔，以及隨之而來的各種期望。史丹佛大學社會神經科學實驗室主任賈米爾．札基（Jamil Zaki）在《善良戰爭》（*The War for Kindness*，暫譯）一書中，強調了人類的生活比以往任何時候都更緊密的事實：二〇〇七年，我們發現「住在城市的人首次超過了城市以外的人。」以這種速度，到了二〇五〇年，會有三分之二的人住在城市。

然而，儘管我們之間的距離愈來愈近，在某些重要方面，我們卻比以前更加遙遠。札基說，愈來愈多的人住在城市中，但也多是一個人住，所以我們看到的人比以往都多，可是認識的人卻更少。同時，曾經把人聚集在一起的儀式（除了教堂之外，還有購買日用品之類的事）已經被我們在網路上進行的活動所取代。

二〇一九年八月，有一小段時間，網路上興起一場奇特的活動：大家開始向「數位鄰居」，也就是電話號碼與自己的號碼相差一碼的人，發送簡訊。這個活動在網路上掀起一陣旋風，一時之間，我的 Twitter 上滿滿都是陌生人間的簡訊對話截圖。沒多久，我也接到一封數位鄰居寄來的簡訊。這件事很有趣。等我們交流完畢後，我突然意識到，比起我這棟公寓大樓真正的鄰居，我跟這名數位鄰居的對話更有意義。我幾乎沒見過同棟樓的鄰居，只是偶爾會各自盯著手機在走廊上擦身而過。

儘管如此，就算為失去的那些感到遺憾，我們在過渡到以個人為主的過程中，也有所得。對數位群體不屑一顧的人忽略了它幫助人用以前辦不到的方式建立關係，尤其是肢體障礙、住在偏遠地區的人，還有一些被孤立或者萬一身分暴露會面臨重大風險的社會邊緣人。

是的，網路讓許多人的生活更加便利，但安・蕭・米納在《從迷因到運動》中寫到，「對於長久以來無法在媒體上發聲的人來說，網路的功能已不僅如此。」從他們身上，我們看到了讓自己感覺更像個人、而非更不像人的網路使用方式。

除了想知道如何與他人建立關係並理解這個不義的世界之外，還有別的因素促使我在青少年時期踏進基督教的大門。就跟他人的苦難、人性的殘忍以及不公義讓我產生懷疑一樣，這件事也一直折磨著我。它在表面之下微微沸騰、在我耳邊低語，讓我明白自己與讀到的許多人一樣，身上有某種東西……跟別人不同。那東西有點危險。也使我容易受殘忍人性所傷。那就是，我是個酷兒。多多少少也因為這樣，我才會那麼喜歡閱讀關於苦難和不公義的事。即使讀到的經歷跟我遇過的事大不相同，但我知道，自己也是主流以外的「他人」，而這一點讓我處於危險之中。

我早年對於人格、不公義和苦難等問題的關注，源於我自己的痛苦，源於我對自己浮現的性傾向產生的內在衝突。**我是誰？我要怎麼知道自己到底是誰？也許我並不是真的了解自己。也許我不是真正的同性戀。如果我是，而我不喜歡自己的樣子，也許只有像神這樣強大的力量，才能改變這一點。**

信主之後，我開始了一場極其私人的鬥爭，一場關於性傾向和信仰的內心之戰，著重在懇求我剛付諸信仰的上帝把自己徹底變成另一個人。我沒讓身邊的人知道我的掙扎，這也是我改信主最大的諷刺之處：我之所以成為基督徒，是因為渴望歸屬於某個團體，想跟他人建立連結，以及解答心中對於痛苦和不公義的疑惑。相反地，我變得更封閉自己、孤立自己，痛苦也因此增加了十倍。

最後，在媽媽的幫助下，我加入了承認性少數族群的路德教會。但待在基督教基要派的那些年，產生了意想不到的後果，給我留下了深刻的烙印。他們告訴我，要找到歸屬，關鍵是不斷地修正自己。要從風險評估的角度來監督自己的行為，過濾每一句話、每一個決定。**別人會對我想說的話有什麼反應？別人會怎麼想我這個人？如果他們知道了，會排斥我嗎？**

我十幾歲時就開始出櫃，到了二十多歲，我確信自己已經度過了青春期的內心衝突，接受了自己的性傾向。但是在分手之後，我才發現自己一直在不知不覺中有所保留。我在感情中以及與其他人的關係中，一直有所劃分。我會修正自己。

有人說這是一種「切割」，這是很多性少數族群都要面對的挑戰。臨床心理學家艾倫・唐斯（Alan Downs）在《絲絨之怒》（*The Velvet Rage*，暫譯）中寫到，我們這類人即使接受了自己的身分，「很多人還是會繼續割除自己不為人接受的部分。」任何可能使我們在別人眼中不屑一顧的東西，都要剝除並隱藏起來。

表面上，這聽起來像是說謊，但是唐斯說，這是一個更深層的心理問題。他寫道：「這是虛假地活著，為了跟他人維持愉快的關係，把生命的某一部分完全偽裝起來。更令人不安的是，當我們主動切割時，通常不認為自己不誠實。」

換句話說，對許多性少數族群來說，切割首先是一種生存技能，然後又成為一種學習來的行為，根深蒂固到我們並未意識到自己正在這樣做。這就是為什麼有些人很難誠實面對生活中沒那麼愉快的部分——感情、工作、自我認知上的問題——直到不能再視而不見為止。那就是我快三十歲時，一段感情結束後讓我措不及防的狀況。

很難不去覺得我們的數位生活就是不斷切割的行為。就像唐斯寫的，並不是指我們故意不誠實，而是上網讓我們學會把生活中較混亂、較不宜見人的部分切割開來，而我們甚至沒意識到自己會這樣做。這種衝動並不是數位科技發明的，但有時可能會因為科技一直讓我們看到其他人這麼做，進而強化這種衝動。

身為經常在切割中掙扎的人，我一點也不意外：很多酷兒同類們（其中不少都受過體制化宗教的傷害），都熱衷靠占星學、塔羅牌以及其他類似的方式來了解自己。因為社會教我們把自己的各個部分拆解開（切割自己），所以我們想找到重新認識自己、信任自己、把自己拼湊回去的方法。我們想知道自己是誰、為什麼對事情會有這樣的感受。**我到底是誰？其**

中有多少是真正的自己，又有多少是創傷造成的？有多少是我為了生存而學會裝出的姿態、戴上的面具，又有多少是真的？

我猜想，這也是這麼多酷兒在網路上如此活躍的一大因素，因為那是一個可以進行搜尋、編輯和傳播的空間。社群媒體是很適合展演的地方，可以根據他人的反應微調自己。而我們就能既完美又破碎地活在那些條件下。

不過，那是所有人三不五時都會做的事——表現出一個遵守社會規範的自我。在製作人丹・佩羅（Dan Perrault）和東尼・雅森達（Tony Yacenda）渾然天成的仿記錄片 Netflix 影集《美國高中破壞公物事件》（*American Vandal*）第二季最後，結束時的那段獨白就處理了這個問題——為我們的數位姿態、在網路上躲藏在面具之後的行為辯解：

> 我們活在隨時有人回饋、有人批評的狀態中。所以，也許「面具」是長久生存的工具。也許面具提供了一層薄薄的保護。讓我們有一個成長、發現、再造的地方。重要的是，身邊要有人認識不戴面具的你，並且樂於接納面具底下的你。

當然，「面具」不是現在才有的現象。在網路出現之前，大家也會創造不同版本的自己，在眾人面前和私底下呈現不同的面貌。而且，沒錯，有時候這種切割可以保護我們。但是，如今公眾和私人之間的界線變得如此模糊。我不是每次都知道要怎麼取下面具、會在面具底下發現什麼，還有，我會不會喜歡自己看到的。

在網路上尋找意義與歸屬，其中最重要的問題，不一定在於實際上的真假，而在於**感覺上的真假**——我們透過網路展示，想要表達什麼樣的自我特性與價值觀。當我們陷在真假對立的爭辯中，陷在強硬好辯的權威人士反覆質問社群媒體是好是壞的循環中時，我們就無法討論這些細節：關於禮節和規範，關於如何活著，社群媒體可以教我們什麼。我們錯過機會去檢視，是什麼讓自己活躍在網路上。我們本來可以少花一點時間來挑撿果子，把更多時間拿來挖掘根源。

最後，把編輯和切割的習慣怪罪社群媒體和網路，或許只是逃避自我的另一種方式——否認真正的自己、否認早在 Twitter 和 Instagram 出現之前我們就已苦苦掙扎的事。把責任推出去，說問題不在我們身上，而是某種無法控制的因素。是演算法的問題，或者星辰的問題。

小時候，我媽媽很會化腐朽為神奇。我們家是一幢四方灰泥小平房，毫無個性可言，但是她讓房子充滿熱忱而溫馨，完全展現我們的特色。舉例來說，我跟兩個弟弟同住的房間因為牆上貼的熱帶雨林畫而徹底改觀，那是媽媽因為我們三個都喜歡動物而精心製作的。後來有兩、三年的時間，我有了自己的房間，她就在牆上和天花板上畫了一些更符合我個人興趣的東西：星座。

打從有記憶以來，我就很喜歡星座。我想那是因為星座展現了人類的一大特性：無中生有的能力。從顯然沒有意義和秩序的事物中建立意義和秩序。將小碎片連結起來，看到更宏大的故事。還有，就像我們在塔羅牌、宗教信仰上或個人對真實性的追求一樣，把事物化為文字。

這也是我喜歡網路的一大原因。我喜歡在事物、想法和人之間建立連結，建立讓每個元素都比個別存在時還要強大的連結。找到或創造出把事物連在一起的線，或者從中創造出意義來，是我很喜歡的一項練習，尤其是這種連結令人吃驚或意外時（畢竟我寫了一本書，專門討論持不同世界觀的人尋找共同點的力量）。因為我最重要的學習經驗，正是在交集之處。而我們給事物命名，也是在連接點上；道路交會的地方，形成了城鎮，然後有了名字。

占星術和塔羅牌（宗教也一樣）等事物之所以吸引人，部分是因為它們可以幫助我們為事物命名，而這通常是解決特定現實的第一步。我喜歡反諷（這通常被認為是隨時掛在網路上的人習慣的語言）的一點是，有時它讓我可以用幽默來表達令人難受的事實。用嘲諷的態度來面對某件事，幫助我轉變心態，開始誠心面對。從這個角度來說，反諷可以成為從取樂過渡到充實的橋梁。我有個朋友曾經發文說：「我所有不討喜的性格都是從反諷開始的。記住我的教訓吧。」我確實學了一課，不過不是把它當成警世諍言。也許反諷是以一種安全的方式測試水域，就好像自問：「我可以真的喜歡這件事嗎？」用言詞表達某件事，即使原本只是當笑話來講，也往往是邁向整合的第一步。

過去這幾年，我跟剛認識的人會用「Co—Star」來看彼此有多合拍。這是一款占星術應用程式，可以看你跟朋友的星座合不合。這件事很好玩，如果它說我們不合，我們就不理會它，但當它說我們很合時，我們又覺得很安心。我曾經認識一個人，那個應用程式說對方跟我是天生絕配，之後我們果然成為朋友與寫作夥伴（有趣的是，迥異於和我一起玩過這個應用程式的人，他也跟我一樣不相信占星術是真的。看來我們確實是絕配）。跟反諷一樣，占星術可以幫助我們命名並接受自己和他人的一些事。

紐約人文研究所（New York Institute for the Humanities）研究員克莉絲汀·斯莫伍德（Christine Smallwood）在二〇一九年為《紐約客》寫了一篇文章，標題為〈不確定年代裡的占星術〉（Astrology in the Age of Uncertainty）。她在文章中寫道：「用占星術的語言講出個人特徵，似乎讓許多人更容易聽進去或承認個性上的缺點，也接受他人身上的那些特質（有朋友來你家就賴著不走？沒辦法，她是金牛座）。」

不過，也許占星術最棒的一點，是把你放進一個更宏觀的故事裡。對我來說，就是牡羊座的故事，所以我應該是熱情、衝動又急性子的人（牡羊座是火象星座，跟那些形容詞還有這個字本身透露的，這是個性強烈的星座。事實上，我是**三重火象**星座——本身是牡羊座，上升星座也是牡羊座，月亮星座是獅子座——雖然我沒辦法確切告訴你這是什麼意思，但我知道這樣說**很**有趣）。

我小時候沒有宗教信仰，我永遠不會忘記，當我知道兒時的朋友是猶太教徒的那一刻，尤其是他們的傳統鼓勵她用猶太教的宏觀角度來看待她自己。我記得我回家之後，看著自己的生活，想知道我們家的故事是什麼。這其中有一部分原因，是在一個白人為主的文化中以白人身分長大的結果——當你的故事是主流故事時，很容易感覺不到自己的故事——不過這也是無宗教信仰的人常見的經驗。從此以後，我的人生中有大半時間都在尋找那個故事，尋找一個更宏觀的說法，讓我可以在其中找到自己的位置，而這個尋找的過程有很大一部分是在網路上進行的，尤其是過去這十年。

星座把我們放在宇宙中，並且把我們跟宇宙連結在一起。占星術，這個人類早期創造意義的方法，在小範圍的星座裡為我們找到一個位置，讓我們得以進入一個更大的宇宙故事裡。我們往上看，是為了要往內看。可是為什麼周圍已經有那麼多我們不了解的事物時，還要向星辰探求意義呢？

也許理由跟我一樣。即使身邊已經存在線下的關係了，有時我還是會上網嘗試建立新關係：因為我可以把自身希望和願景投射到數位文本字裡行間的空白處，就像有些人把意義投射在星辰之間的浩瀚空間一樣。又或者是因為我的數位人際連結感覺距離遙遠，就像星星一樣遠，也因此產生了安全感和神祕感，讓我深受吸引。不過我猜想，最可能是因為我可以從遙遠的星辰中創造出故事，從而在更宏觀的敘事中找到自己的位置，與我之外的事物產生連結。

在這個故事裡，我從青春期開始尋找自己的位置，進而引領我去研究宗教。如果這些較宏觀的故事與連結中蘊含最豐富的資訊——不見得對每個人來說都如此，但對我來說絕對是的——那麼當我們變得愈來愈無法建立連結時，會發生什麼事呢？原本要將人與各種想法連結在一起的網路，讓人感覺更難跟他人建立連結，這是一件很諷刺的事，而且不是具正面意義的諷刺。

就跟宗教或星座一樣，社群媒體的組織和命名能力，可以藉由幫助我們發展更加了解自己以及周遭世界的實際應用方式，讓我們更進一步領悟身為人的意義，以及自己將成為什麼樣的人。如果某些最精采的觀點產生於事物交會的地方，那麼網路就很有理由成為我們獲取深刻觀點的強大工具。只因為社群媒體有時會讓我們感覺疏離，並不表示一定要這樣。結果尚未確定。

與其回到懷念（且不切實際）的過去，我們需要弄清楚自己的現在和未來。答案並不是拒絕科技，試圖回到以前的生活。門已經打開，而我們已經踏進去了。網路可以幫忙創造意義，與他人建立連結，並以一種非常真實的方式為我們的生活和周遭世界建立秩序。

真實的東西會在這兩個問題裡找到：為什麼（使用網路的原因）以及什麼（我們想要滿足什麼需求）。

某天下午，我邊滑 Twitter 邊吃完一整包椒鹽脆餅，這時我看到了一篇講塔羅牌的推文。

我後來要回去讀那則推文時，已經找不到了。於是我發電郵給那則推文的作者——凱雅・奧克斯（Kaya Oakes），《無宗教信仰的人一切安好》（*The Nones Are Alright: A New Generation of Believers, Seekers, and Those in Between*，暫譯）的作者——請她多說一點那則貼文寫的內容。她回答說，目前流行的塔羅牌以及類似的東西，「是資本主義吞噬民間宗教並將那些事物送入主流的一個例子。充滿焦慮的千禧世代流行這些方法，顯示傳統宗教無法滿足他們的需求，因此他們就自己來創造替代品。」但是，現在還看不出來結果是會產生持久的群體，或者僅僅是曇花一現的商品化趨勢。她繼續說，無論是哪一種，「美國的傳統宗教行為都回不去了，資本主義將從塔羅牌開始繼續往下走。」然而，「最初的焦慮，以及當初吸引人上網的那種缺乏身分重心和掌控的感覺」仍然會繼續存在。

焦慮和缺乏身分重心，是促使我信仰基督教的原因，雖然我以為自己在脫離教會時就把它們拋在腦後，但它們卻又在我的社群媒體習慣和儀式中浮現。

就像我不確定是什麼驅使我去算塔羅牌一樣，開始寫這本書時，我也不是很確定自己的動機。我並沒有發現自己是想理解這輩子都在對抗的一些焦慮，也沒發現那些焦慮已經有了新的DIY數位形式：**我要去哪裡尋找意義？我應該怎麼建立連結？我到底是誰？**只有充滿好奇、誠實地問自己這些問題——在上網時把我們想要滿足的需求化為言詞——才能開始理解我們的數位習慣。

我的朋友嘉莉・帕比（Carrie Poppy）經常講述她有一陣子以為自己的公寓鬧鬼的故事。那時她剛搬進去，剛開始她很喜歡這個新居，但很快就害怕得不得了，總感覺胸口有一種不祥的壓力，而且每次回家就會聽到一種咻咻的聲音，好像什麼東西從她身邊飛過去。所有的跡象都指向鬧鬼。

接下來幾天，嘉莉試圖解決這個問題——燒鼠尾草（我在那個悲慘的夏天也跟一個朋友這麼做過）、想像自己被耀眼的白光包圍，而白光逐漸擴大，把惡魔趕出去（這就超出我的極限了），以及用命令的口氣要惡靈出去（我想我裝不出來這種語氣）——最後終於發現真相。她的熱水器中有個閥門壞了，導致一氧化碳洩漏，而暴露在一氧化碳中會造成她出現的那些症狀：莫名的恐懼感、胸悶以及幻聽。

現在，部分由於那次的經歷，嘉莉當了調查記者，專門探索各種稀奇古怪的案件，而這些案件有時就跟塔羅牌和占星術屬於同一類。但是，談起那件往事並講到調查異常或超自然現象的工作時，她解釋說，她總是努力以開放的態度嚴肅看待遇到的每一個奇特說法，不管是鬧鬼、不明飛行物、通靈，還是某種健康潮流或所謂的仙丹妙藥。即使抱持懷疑的態度，她面對這些案件時，也會充滿驚異、好奇，甚至有一點希望**這次**是真的。

那個夏天午後，我坐下來算塔羅牌時，並不相信那是真的。但在某種程度上，我希望它**可能**是真的。我是如此迷茫、悲傷、消沉，甚至願意嘗試不同的東西。

我那天去算塔羅牌，是因為我感覺走投無路了，沒有資源也沒有方向，那何不試試塔羅牌呢？就像我的朋友凡妮莎．佐爾坦（Vanessa Zoltan）說的，為什麼不放下我通常抱持的懷疑態度，帶著信心來接觸新事情，先把它當作可能是真的來試試看？為什麼不像哲學家西蒙娜．韋伊（Simone Weil）會說的，以一種「實驗性確定」來面對事情，先認為它可以提供我可能沒想到的觀點？

而重點在這裡：那天，我算完塔羅牌離開時，並不認為只因為我抽的牌說情況會好轉，我的情況就真的會好轉。但是我離開時確實感覺情況會好轉。以可能會有所收穫的態度來面對自己通常不會做的事，正是這種態度驅使我去算塔羅牌。它也驅使我在網路搜尋欄裡輸入「真實是什麼意思？」，即使這麼做感覺有點蠢。在這兩種情況中，這種實驗性確定都給了我需要的希望。

就算我們在某種程度上覺得網路不是真的（想想看我們多常聽到人家說網路很假，說網路有多新），很多人還是抱著希望「它可能是真的」的心態在網路上尋找真實。因此，受到嘉莉的啟發，我決定帶著好奇心踏進去。先認同數位生活可以教我們重要的道理，再進一步理解何以為人。誠實評估數位生活能夠如何幫助我們開始了解自身推文、貼文和按讚背後的意義，了解我們想要以數位方式滿足什麼需求。

布朗大學（Brown University）教授兼作家伊莉莎白．羅許（Elizabeth Rush）在《上升》（*Rising*，暫譯）中說：「在挖掘過去的過程中發現自己的思考方向，這是歷史生態學家和散文作家都採用的做法。結論不是一開始就知道的，而是從挖掘埋在地層中的東西這個過程中得到的。」現在，我以業餘數位生態學家的身分，建議大家深入挖開數位地層，看看能夠挖出什麼東西，訴說真實是什麼意思——去發現驅使我們上網尋求歸屬和人際連結的希望與焦慮。看看彼此利用網路的方式，讓我們知道自己是如何努力想變得更真實。

想要挖開這種地層，有張地圖會有幫助。也就是在我們的數位生活、走爛的道路、各種路標和通道中尋找秩序。

如果宗教幫助了許多人規畫生活並創造出規律感，讓人感覺自己的身分有個重心，那麼網路是否也能做到這一點？網路以什麼方式幫助我們創造秩序和意義？我們使用社群媒體在生活中創造秩序的方式，是否會產生意想不到的後果？

為了找到答案，我去了一個也許有點出乎意料的地方擴展見解，這是我小時候為了理解自己的世界最早求助的地方：地圖學的領域。

繪製領土

如何在虛擬與真實間，

定義世界與自己？

4

Mapping the Territory

小時候第一次看地圖時，我感覺內心深處有股騷動。那是一個炎熱的夏日午後，我媽聽我哀嘆很無聊，要我去客廳的架子上找本書來讀。夾在故事書之間的是一套免費的教育書籍，是我們那邊的圖書館買了新版本後，拿出來讓人免費索取的。一本講世界的動物，一本講岩石和結晶，還有一本是講機器和科技。我覺得有點意思，但也沒一頭栽進去。我把講地圖的那本書從架子上拿下來。書的封面不怎麼樣，但書裡容納了整個世界。

從小，我的世界——學校、圖書館、雜貨店，相隔都只有數哩——感覺很小。但是當我打開這本地圖集時，世界一下子擴展到近乎無限：令人眼花繚亂的城市和海岸線、平原和高原、地形和領土無盡延伸，遠遠超出了這個平坦的中西部河岸小鎮，我稱之為家鄉的地方。

沒多久，地圖集就成了我最喜歡的書，我求媽媽帶我去圖書館，好借更多地圖集來看。我熬夜不睡，靠夜燈或手電筒來閱讀，記住最高的山脈、最長的河流和最高的大樓等統計資料。我還不知道自己的血型或鞋子尺碼，就先知道了布吉納法索的首都和澳洲的最低點。最後，我房間的牆壁上貼滿了地圖，而我最寶貴的財產是一座地球儀。

躲在被單下看地圖集、探索一個陌生的世界，有時是逃避現實，但也是一種建構世界的練習，讓我知道除了自己和居住的小鎮之外，我還屬於一個更宏大的世界。除了眼前看得到的人與地方之外，我還跟更多人、更多地方有連結。

很快地，我就畫起了自己的地圖，畫滿好幾本筆記本。我探索鄰近地區，繪製房子後面的沼澤、附近的蘋果園，還有我們那條街盡頭的樹林。有時我會在地圖上填入那些地方現有的名字。要是沒有名字，我就會編一個。我還揮灑自如：在某些地圖加上新道路，有些地圖則完全改了地形。創造地圖時，我不再是個穿著破舊（而且太小）的二手衣、從來沒有去過任何地方旅行、還因為雜貨店不收過期福利券而餓肚子的孩子，也不是一個接不住球只能出局的孩子。我得以躲入自己設計的世界裡。

中學時，我對地圖的熱愛（這是一個很孤獨的嗜好）帶來了令人驚訝的成就：我贏得了班上的地理比賽，然後是年級冠軍，再來是全校冠軍。最後一路打入決賽，進入全州前十名。我進入最後五強，但因為一道歷史題而輸了，當時我覺得非常不公平。

但是我的家人都好得意。爺爺奶奶甚至還錄了一段新聞，裡面有我答題的鏡頭。我也覺得很開心，特別是因為他們很開心，但是我沒有跟別人說這件事。不過，第二天，一個嘶啞的聲音透過廣播宣布我贏了，老師要我站起來並請同學為我鼓掌。有人恭喜我，但也有人大笑。下課鈴響時，我動也不動地坐在位子上，希望那鈴聲是宣布放學了。我好不容易踏上走廊時，殘酷的耳語在我身後迴盪。

那不是世界末日（我以前也被人取笑過）可是我對地理的愛就此變質。原本是跨出我的小世界、向外探索的方式，卻被我試圖接觸的世界汙染了。沒多久，製圖師就收起指南針退役了。

中學畢業時，我有了一點旅行經驗——像是那次我們一家人擠在一輛小廂型車去維吉尼亞拜訪親戚，沿路在沃爾瑪（Walmart）的停車場過夜，或者有一年春假，我們去住在往北約兩個鐘頭車程的小鎮汽車旅館，就為了使用它的游泳池——但我的世界感覺比以前還要小。別人的反應讓我覺得喜歡地理是很奇怪的事，不應該大肆宣揚，不過這只是序曲而已。我每天都因擔心世界不能、不會理解我的古怪而痛苦，完全封閉自己，豎立起的邊界比在心愛的地圖集中分隔國家的黑線還要粗。

但是某一個夏日，我再也受不了寂寞，騎上腳踏車去了圖書館。我走過地圖集，在一臺桌上型大電腦前坐下來，鼓起勇氣在搜尋引擎上鍵入「同性戀」。我縮著身子靠近電腦，擋住螢幕不讓人看到，移動滑鼠慢慢往下拉，心跳加速、手掌出汗。搜尋結果描繪出一個我從未探索過的領域；在我的世界之外，有一整個酷兒星球。

我沒有地圖，但事實證明，我不是第一個探訪這個領域的人。其他人已經踏出好幾條路，留下了指引方向的數位路標。有時這些箭頭指向不同的方向，偶爾甚至是相反的方向——當同性戀有很多種方法，我不確定該照哪張地圖的路去走。但是我繼續滑動、搜索，最後，我動手為自己畫出一條路來。

地圖的建立和愈來愈多的用途，對地圖試圖記錄的世界產生了重大的影響。隨著地圖愈來愈容易取得，人愈來愈能夠脫離以前的限制，跟其他地方的人分享資訊和資源。

但這件事有黑暗的一面。地圖不僅是殖民主義的工具，讓不同的群體更容易發動戰爭、互相征服，而且，實際上，地圖會藉由它呈現世界的方式來塑造世界。一九四七年，英國政府派西里爾・拉德克利夫爵士（Sir Cyril Radcliffe）去印度建立了分隔穆斯林和印度教徒的邊界，後果非常可怕：有一千萬到一千二百萬人不得不越過旁遮普和孟加拉之間新建立的邊界，據估大約一百萬人因此死亡。

地圖不僅是接管和劃分的工具，也是導火線。在已經有人居住的土地殖民或戰勝交戰團體的人得以劃定邊界。這些在歷史上透過殖民建立的邊界，為未來的探索活動設立了框架。它們打造了人賴以生存的世界。地圖始終給予特定的世界觀、故事及生命特權，無視甚至抹滅其他世界觀、故事與生命。不管小時候的我怎麼想，我當時從書架拿下來的那本地圖集並沒有包含整個世界，連一小部分的世界也算不上。它只講了創造那些地圖的人認為重要的故事。

這種力量——能賦予生命、抹滅與破壞——或許聽起來很耳熟。網路在許多方面改變了我們的世界，對於弱勢族群與邊緣人而言，一直是一股民主化的力量。許多社會運動都利用網路來組織及強化訊號。還有之前感到孤立的人，像是生活中看不到任何酷兒公開身分的性少數族群（例如青少年時期的我），或者是生活在極權主義和極端保守氣氛中的宗教少數族群。公開信仰和身分並不安全，現在這些人更能夠取得資訊並與他人建立關係。

然而，雖然網路比地圖集更民主，但也會產生類似的誤導。網路感覺像是完整的世界，但其實只是世界的一部分，說的只有某些特定故事。線上對話通常是由有能力的人所推動——由富人支持的平台和網紅主導了我們的線上討論，某些內容會比其他內容得到更大的回報。看不見的演算法為你我繪製了路線，我們往往只能隨波逐流。那些不可見或讓人意識不到的演算法，扭曲了我們判斷輕重緩急的能力，使得某些故事和人生比實際上更重要、更具影響力。

這些力量可以追溯到網路的根源。最初的網路使用者多來自美國軍方和美國學術界，也因此，早期的網路基礎設施很多是用美國電話線發展出來的。當然，這種物質史決定了隨後的網路發展方向，這也是地圖和網路比你想的還要相似的原因。安．蕭．米納在《從迷因到運動》中寫道：「『資訊高速公路』是一個過時的比喻，掩蓋了人使用網路來獲得肯定和其他情感的方式，不過拿道路系統來跟網路對比，卻很適合說明網路的實際物理結構。」她解釋說，美國的公路系統由多層級的公路組成，由主要的高速公路連接大城市，而比較鄉下及收入較低的地區，則不得不依賴車道比較少的小型道路。網路也是如此。

米納引用作家安德魯．布隆（Andrew Blum）的著作解釋說：「最早的網路基礎建設出現在西方國家的都市地區，中產階級背景的人可以經常利用網路從事資訊工作。」後來網路才延伸到其他地方：首先是沿海城市，靠跨海電纜連線，接下來愈來愈小的內陸地方也可以上網了。因此，偏遠地區的人，以及那些以前（以後也一樣）無法負擔網路連線的人，對於網路能發揮的作用影響不大。簡單來說，現在那麼多人用來連結和表達自我的系統，當初是因應世界特定地區的特定當權者，為了他們的需求和利益而建設的。

而這個問題當然不是過去式。截至二〇一九年，全世界的上網人口甚至不到一半（相較之下，美國的網路用戶占全國人口的八成以上），這表示世界上仍有很大一部分的人對網路發展沒有任何影響力，而那些不上網的人來自許多不同的背景。我們應該好好思考集體地圖缺失的多元觀點。如果現在不反省，那麼以後這些差距將會更加明顯。

同時，長期以來，網路一直是疏離的個人去連結並建立群體的空間。這就類似多年來美國的弱勢團體（黑人、原住民、低收入個人和家庭）找到並建立群體的地方，多半都是無人居住的土地，根本就沒有人想去。例如，根據部落議會主席雪萊・巴克（Shelley Buck）的說法，在我住的明尼蘇達州有個普雷里島印第安社區（the Prairie Island Indian Community），這是一個馬德瓦坎頓蘇族（Mdewakanton Sioux）的保留區，也是全美國最靠近核電廠的社區——大家不要的土地，往往成為那個社會排斥的族群居住之地。

社群網路早期也是如此。數位空間一度被視為「魯蛇」的領域，他們無法以別的方式跟別人建立關係——不太真實的空間可以建立不太真實的連結。從某種意義來說，早期的網路成為一個無人居住、看似沒人喜歡的領土，許多邊緣人可以搬進去當成自己的家。然而，如今，就像中產階級席捲了全美各城市的低收入社區一樣，主流族群也湧進了原本是社會邊緣人家園的數位化領域。

幾乎所有原本對網路不屑一顧的人現在都進來了。伊莉莎白・羅許在《上升》中指出，美國有很多不良的土地都位於沿岸。因此，美國海岸線上常見的濕地曾經住著各種無法在別處生活的人，是個邊界消失、人群混雜的地方。她舉佛羅里達州的朋沙科拉（Pensacola）為例。原本是沼澤地的朋沙科拉，後來成為「種族最混雜的南方城市之一」。當然，直到更多特權階級開始看到住在海邊的魅力，那裡才開始有了種族隔離。而網路（一個原本是眾人混雜來往的地方）在某些方面隨著愈來愈多的人進來而變得壁壘分明了。

如今，特權階級的存在讓人注意到忽視多年的網路問題，例如線上騷擾。但是處理這些問題時，相關的改變仍然傾向讓已經占優勢的人受益。同時，邊緣人也仍然跟過去一樣，多半只能與海岸線為伍。

這些都不代表地圖或網路無法述說這些人事物的景致。它們呈現的面貌可能是片面且偏頗的，但仍然真實且充滿力量。身為未出櫃的青少年，有生以來，第一次，我用網路創造了一個可以完完全全做自己的空間。網路就像地圖集一樣，隱含著一個比我已知世界大得多的世界，並且幫助我想像自己有一天會在那個世界裡生活。

很多人看到地圖時做的第一件事，就是查看自己是否出現在地圖上。小時候，如果地圖上沒有雙城（Twin Cities），也就是明尼亞波利斯－聖保羅都會區，我都會很不高興。每次看到這種地圖，我就會立刻在心裡列出家鄉應該被標記在地圖上的理由。我會主動開始證明，為什麼那張地圖是錯的。

那時我還不知道——我希望這些地圖含括對我而言很重要的地方，是因為希望它們可以證明我的家鄉很重要。證明我很重要。證明我確實存在。

隨著愈來愈多人在網路上繪製自己的生活，這種確認自己很重要、存在的渴望，有了新的樣貌。正如泰勒・洛倫茨在《大西洋》上的一篇文章〈孩子上網搜尋自己時〉（When Kids Google Themselves）中寫的，愈來愈多話都還不會說的幼兒，由父母塑造出了鮮明的線上身分。等到這些孩子年紀大一點之後，發現他們的生活都公開呈現在網路上，還是由別人幫他們寫的。有些人覺得這些記錄侵犯他們的隱私、違反他們的意願，可能一直到成年都覺得困擾。不過，也有些青少年發現時興奮得很。十三歲的娜塔莉（Natalie）告訴洛倫茨，她和朋友們很高興能在網路上找到自己的照片：「我們的反應是，『哇，我們是真的人耶。』」

所有人都想要以某種方式被看見、被記錄。但並不是所有的地圖和網路都有這種功能。地圖也給我們一種連貫性——不僅感覺周遭的世界看得見我們，而且這個世界是有秩序、有道理的。它可以把我們放在這個世界中，然後幫助我們了解這個世界，以及如何在其中前進。數位時代鼓勵我們成為某種自我製圖師，用新的數位工具來繪製自己的生命——賦予生命秩序、使他人看見我們、幫助我們了解周遭的世界，以及讓別人更容易理解我們。

不過，這些工具同樣容易受到製圖過程中出現的邪惡力量影響。就像我小時候不懂製圖師為什麼沒把我的家鄉畫在地圖上，大多數人也完全不知道，在我們試圖讓別人看見自己時，數位平台會鼓勵我們記錄某些事物而放棄其他事物。

分手後，我告訴自己應該嘗試跟別人交往。所以我開始跟一個有點捉摸不清的人出去，追求他的過程就像一場拔河。他會一下子溫柔熱情，一下子又變得冷淡疏遠（我剛分手時也是這樣）。有一陣子，我樂於接受這個挑戰；在我的世界感覺混沌未明的時期，試圖繪製我們之間的領域，給了我一種安全感，覺得自己是個有行動能力的主體。

我們之間最大的差異，是他很討厭社群媒體。他的朋友都知道這一點，甚至還建立了一個 Instagram 的主題標籤，專門講他沒有 Instagram 帳號的事。不過，他跟我一樣喜歡地圖。我們會講很多地圖的事，還講到能夠重拾棄置已久的童年興趣感覺有多好。在一次這樣的交談中，他從沙發站起來，推開蓋在腿上的毯子，走向他家的書架。夾在教科書之間的是一本《製圖師》（*The Mapmakers*，暫譯），是講製圖史的書。他把書抽出來，放在我手中。

作者約翰・諾伯・威福（John Noble Wilford）在這本書的開頭解釋了製圖師試著擷取並傳達真實的情況，但又必須簡化記錄的內容，才能放進一張地圖裡——為了滿足「選擇要呈現什麼、如何呈現，以及不呈現什麼」的需求，他們必須解構世界（或其中一部分）然後再重組某些部分。他寫道：「最嚴謹的製圖師也沒辦法表現完整的樣貌。有些東西會被省略，例如減去公路的水道圖。空間大幅度縮減，城市變成了黑點或正方形。」

讀過《製圖師》之後，我看的每本與地圖相關的書幾乎都提到同樣的觀點。丹尼斯・渥德（Denis Wood）在《地圖權力學》（*The Power of Maps*）一書中，詳細討論了「萬里無雲」（A Clear Day）——一張由藝術家湯姆・凡・桑特（Tom Van Sant）和科學家洛伊・凡・華倫（Lloyd Van Warren）透過衛星創造的世界「肖像地圖」（照片）。渥德在討論的最後，對把這張地球的衛星合成照當成真實記錄照的人提出警告。他承認，這是「登峰造極的完美製圖術」，但它是由一群「對生活存有某種願景」的製圖者製作出來的。

雖然你可以將凡・桑特的世界衛星圖看做是對地球的中性描繪，但它仍然隱含某種意識形態。它不僅表達創作者的願景，還透過各種邊界、公路和環境破壞，記錄了殖民主義對地球所做的一切。地圖和網路受到掌權者的利益左右，都展現且強化了殖民主義，進而影響到使用網路和地圖的人。我們把所有的文化偏見都移植到地圖和網路上，不管是在網路分享的資訊類型，還是如何理解以衛星記錄呈現先前地圖劃分地球的方式。無論我們是否承認，決定地圖和網路發展的力量始終存在。

我小時候玩的製圖遊戲，也有我當時沒想到的意識形態。連我們自己也常常沒意識到自己的動機。我一直沒意識到，跟同樣喜歡地圖的情人在一起對自身的影響，直到多年以後，我搬回明尼蘇達時，無意中把他那本《製圖師》一起帶回去，我才有所領悟。同樣地，在我們可以誠實面對自己在地圖上分享某些事物且揚棄其他部分的根本理由之前，我們也不會真正理解自己用人生做出來的地圖。

二〇一八年一月，一個寒冷的日子裡，我走進明尼蘇達大學的約翰波契特地圖圖書館（John R. Borchert Map Library），去見負責管理圖書館的萊恩．麥基（Ryan Mattke）。我已經注意到，自己使用網路的方式跟小時候使用地圖的方式並沒有什麼不同。例如分手後那一年，在 Instagram 上張貼生活集錦照片就讓我感覺自己像一名製圖師，控制著一個混亂而複雜的世界。我想探索這種連結，而麥基請我去跟他聊一聊，我還能順便盡情探索他們的檔案庫，這個提議又使我充滿了孩童般的好奇心。

波契特圖書館位於明尼蘇達大學的威爾森圖書館（O. Meredith Wilson Library）中，是個隱密的地圖寶庫。它擁有大約三十六萬五千張地圖，包括整個明尼蘇達州自一九三〇年代起的空拍地圖、航海圖、國家公園和森林圖，以及可追溯至一八八〇年代的明尼亞波利斯和聖保羅的街區地圖。不過館藏中也包含一些奇特的作品，擴大了所謂地圖的定義。舉凡任天堂蘑菇王國地圖、美國超自然活動報告，還有由藝術家以及明尼亞波利斯和聖保羅社區成員共同創作、一整面牆壁大小呈現痛苦與歡樂的地圖，可說無奇不有。

麥基和我在一間雜亂無章的辦公室裡相對而坐，他帶著一臉濃密的紅鬍子向我解釋，地圖是「階級制度的強大展現」，你選擇要在地圖中呈現和強調的東西，深深影響了地圖的使用方式，以及我們如何理解地圖記錄的事物。

他說：「大家以為地圖提供的是事實資料，其實不然。」他談到教學生看一張一八八〇年的德國地圖時，學生剛開始以為地圖就是一八八〇年德國實際的樣貌。不過隨後他跟學生說，這張地圖是為國王製作的，而且強調了國王對國家的看法。那是國王的德國，不是農民的德國。

地圖本來就是編輯過的作品，是經過挑挑揀揀的結果，跟我們應用在自己身上的過程極為相似。無論我們再怎麼感覺不經篩選、真實呈現，我們向世界展現的自我基本上都是建構出來的。就像製圖師一樣，我們既有意識又無意識地選擇了要分享與不分享的內容。我們每天呈現的樣貌，從我們選擇穿的衣服到說出口（或不說）的話語，也是如此。

不過線上身分的發展，實際上可能強化了這種選擇過程。我們有了過濾條件和個性的限制。演算法會優先處理特定類型的內容，如果我們留意這一點，可能會（同樣地，可能是有意也可能是在不知不覺中）調整輸出內容，讓發文更容易被轉發和按讚。在網路上，所有人都存在於一個他人有權繪製的框架中。

就跟地圖一樣，某些觀點和個性類型更能優先享有特權。雖然可以經常上網的人數持續增長，但由廣告公司「We Are Social」和社群媒體平台「Hootsuite」於二〇一八年發布的全球數位報告發現，二〇一七年有超過四十億人在使用網路，其中二十五萬人是首次使用的用戶——正如我先前提到的，即使網路愈來愈普及，還是有很多人無法負擔上網的相關科技設備及費用。

即使可以上網，那些人往往仍然受限；擁有可支配所得可以宣傳自己的 Facebook 貼文或推文的個人或品牌，比無力負擔的人更可能獲得關注，有更多時間可以經營社群媒體的人也一樣。而工作時間長、工作中不能使用手機或電腦的人則不能經常上線。針對內容的「獎勵」也比較偏向特權者，像是不擔心會因發言內容失去工作的人講話就肆無忌憚，也更容易爆紅，或是買得起更先進相機和編輯軟體的人就能拍出更好的照片。更廣泛地講，隨著社群媒體在我們的生活中愈來愈重要，那些沒有能力上社群媒體的人也往社會邊緣挪動了。

但是社群媒體和地圖中某些觀點的特權遠不止於此。作家大衛．騰博（David Turnbull）在《地圖是領土》（*Maps Are Territories*，暫譯）一書中引用了馬丁．魯維克（Martin Rudwick）的《地質科學視覺語言的出現》（*The Emergence of a Visual Language for Geological Science*，暫譯），解釋了地圖何以是用「視覺語言」呈現的文件，而且，地圖跟任何語言一樣，包含了一套複雜的規則和慣例，要透過實務來學習，並由接受這套規則的群體來維護。社群媒體平台也有自己的語言，各自都有使用者必須學習的規則和慣例，並由一群使用者維護和改進。

地圖深受製圖習慣和地圖所呈現的領土影響，同樣地，我們在網路上構建的自我，在一定程度上，也是基於一般認為人應該如何表現自己而建構出來的。我都算不清有多少朋友聽我一直提及 Twitter 就去申請了帳號，過了幾天又跟我說他們實在不懂要怎麼玩。我花了很多年的時間學如何正確發推文，但其實我到現在還在學，尤其是它的規則一直在改變，我常常還沒搞懂某個新海綿寶寶迷因時，又換別的東西爆紅了。那些懂得遵守這些規則、並且在潮流轉變時能迅速調整的人，似乎比不能或不願意這樣做的人，更有可能建立成功的線上平台。

社群媒體中有一些不成文的規則和行為模式，幾乎大家都認為不合理或可笑，但是很多人仍然覺得有壓力且必須遵守這些準則。其中一個準則是認為，如果某人的粉絲比較多，就更值得關注他。果真如此。我在 Twitter 上有很多粉絲，而 Instagram 上的粉絲只有大約前者的八分之一，有些人會在 Twitter 上關注我且經常與我互動，但這些人從來不追蹤我的 Instagram。不是只有他們這麼做。但別急著替我生氣，你應該知道：我在 Instagram 上追蹤這些人，但沒有關注他們的 Twitter，因為他們的 Instagram 粉絲比較多。我們知道，這些「規則」很荒謬——我們嘲笑這些規則，聽到有人把這些規則講得好像神聖不可侵犯就翻白眼——可是很多人還是照做。

讓自己適應這些行為模式和規則，會改變我們的溝通方式，在這個世界更通行自如。舉例來說，我最喜歡 Twitter 的一點，就是將近十年來，每天使用 Twitter 讓我寫作用字更簡潔了（這就是為什麼 Twitter 把推文的字數限制增加一倍時，我跟很多人一樣很失望）。同樣地，加入 Instagram 之後，我開始拍更多照片，記錄以前可能不會記錄的經驗和片刻，換句話說，我為自己的生活建立了一份視覺地圖，讓我可以更輕易地進入回憶。

源自社群媒體的流行語也滲透到日常對話中。我第一次注意到這點是因為不小心大聲說了「LOL」（大笑），結果大家都奇怪地看著我，害我覺得很丟臉，可是一年後，我又說了一次，卻沒有半個人有反應，這次我覺得更丟臉了。正如地圖不僅傳達世界，也會改變世界一樣，我們使用社群媒體來記錄周遭世界的方式，最終也會改變我們記錄的世界。

這些平台看不見的結構線，最終可能扭曲我們看待自己和他人的方式。

還記得小時候看見第一本地圖集時，我把格陵蘭島想像成比澳洲大很多的冰凍巨獸。後來我才知道，格陵蘭島雖然很大，卻遠沒有投影地圖上顯示的那麼大，因為投影地圖往往會把最靠近兩極的部分拉大。有時候，我們只能看到變形的版本。除非中年危機讓我改行去當太空人，否則地圖可能是我從上方看格陵蘭島的唯一方法了。同樣地，某個陌生人沒有前後脈絡的惡質貼文經由轉發出現在我們的時間軸上，可能就是那個人跟我們之間唯一的交集。

但是，到底在地圖和社群媒體的世界裡，什麼是「真實」呢？特別是當投影具有如此強大的力量時，某些事物是否真實幾乎已經不是重點了。事實是，「真實」與「線上」之間的界線，往往比我們認為的更加模糊。正如騰博寫的：「我們對世界的體驗以及我們呈現的世界是相互依存的。因此，在某種意義上，兩者密不可分。或者，以最具爭議的情況來說，『地圖就是領土』。」

就像我們透過社群媒體構建自己，社群媒體也同樣會反過來構建我們。用美國思想家愛默生的話來說，我們成為自己崇拜的對象。我們愈常以某種方式看待自己，並以這種形象讓他人看到，那個形象就會感覺愈真實。當網路上有人跟我說我寫得很好時，這句話感覺更接近真實。相反地，愈多酸民罵我文筆不好或很可笑時，這句話也感覺愈像真的。我們在網路上構建自己時，其他人也可以參與這個建構過程，加以改變或強化，可能更好也可能更壞。

這個過程中有種元素，可以帶給人極大的啟發，創造出某種世界來。在最好的情況下，社群媒體可以成為練習場，讓我們演練一個目前尚未存在，更好、更真實的自我。有時，就像我兒時製作的地圖裡的想像城鎮，這些東西永遠都不會成為現實。但也有時，就像房子的藍圖或計畫開發圖，一旦勾勒出草圖，我們就可以慢慢成為在線上呈現的那個自己。

倫敦瑪麗王后大學（Queen Mary University of London）教授傑瑞．波頓（Jerry Brotton）在《十二幅地圖看世界史》（*A History of the World in Twelve Maps*）中談到第一張已知的世界地圖，是一張在古城西帕爾（Sippar）廢墟中發現的泥板。除了陸地和周圍的海洋之外，這張地圖還包括「未知的空間，在已知的巴比倫世界圓周之外，那些存在於神話中的遠方」。正如威福在《製圖師》中解釋的，在製圖業興起之前的幾個世紀中，「大家用異域的荒唐故事來滿足自己，講起兇猛的獅鷲獸、無頭人，狗頭猿和能在黑暗中發光的鳥，講得好像那是事實。」

雖然社群媒體可以成為想像美好未來的地方，但社群媒體上看不到的東西，同樣可以引起恐懼。我們在事情發生前便開始恐懼，擔憂科技邊界外將出現什麼，往往想像在那些空曠的地方會發生最糟糕的情況。我們現在想像的不是怪物或沒有頭的人，而是Netflix的科幻影集《黑鏡》（*Black Mirror*）描繪的那種反烏托邦世界。

製圖術的未來也會讓人感到恐懼。三不五時就會出現一張截圖，顯示某人被Google街景車拍到的窘樣在社群媒體上流傳——現在我每次穿著睡衣在雪堆中挖我家狗狗的大便、感覺褲頭開始往下滑時就會想到這件事。而地圖圖書館裡，麥基給我看光達（lidar，光學雷達）製圖術，由一架飛機或無人機發出雷射光，再多層次反射回來，精確度堪稱完美。在他展示一張聖保羅的立體光達點雲地圖時，我對於現在這麼容易詳細繪製我們的世界感到有些恐懼。

社群媒體愈來愈全面滲透進我們的生活，而我們的生活比起以往任何時候都更加公開、更無隱私，這同樣也很嚇人。然而，儘管擔憂這些事，很多人仍然將社群媒體視為一個可以繪製新領域的空間。許多創意是先在網路上出現這樣的概念，後來才化為現實。一個不怎麼有名的人上傳了一首歌便迅速流傳，很快就成為《告示牌》（*Billboard*）[25]百大單曲榜上榜最久的冠軍歌曲〔例如利爾・納斯・X（Lil Nas X）的〈老城路〉（Old Town Road）〕，或者某人在Twitter貼了一個目標轉頭就忘，直到目標達成才想起來這回事。群眾募資網站（例如Kickstarter和Indiegogo）的存在，就是為了實現人的夢想。

儘管如此，這個構建的過程往往沒那麼明顯，也通常不是有意為之。我擁有第一支手機時，它可以選擇建立九個快速撥號捷徑。我必須選擇九個人，而如果我還想增加一個，就必須刪掉某個人。我懷疑這個機制暗中影響了我的想法，認為我只能跟九個人建立親密的友誼（不要讓我開始講Myspace的前八名朋友功能如何**堂而皇之**地破壞了高中同學的友誼）。同樣地，如果空間和樣式規定限制地圖只能顯示九個「最重要」的特徵，那麼其顯示的事物（以及遺漏的部分）會如何影響我們對那個地方的想法？

如今，我仍持續面對這些環環相扣的影響。幾年前，我決定取消追蹤Twitter的某些帳戶，以減少我時間軸上的推文數量。我取消追蹤的其中一個人（我從未與他在Twitter之外見過面，也似乎沒有什麼共同的興趣）過沒幾個小時就發訊息給我：「為什麼取消追蹤？」這是我們一年多來的第一次互動。我跟他說，取消追蹤沒什麼特別的意思；我只是想讓自己的時間軸清爽一點。他回答：「我覺得不太應該把支持你的人刪掉。」

我感覺得出來他很受傷，他把「取消追蹤」解釋為一種拒絕。想想換做是我時又會做何反應，我不該驚訝他會覺得受傷。儘管我們表現得好像是以相同的方式在玩同一個遊戲，但事實是，對這些往往各憑己意畫出的線條，每個人的解釋都不一樣。我們都把自己投影到地圖上，但是就像不同的製圖師使用不同的投影模式一樣，每個人重視的東西都非常不一樣。騰博解釋，「地球這種彎曲表面，投影在平面上不可能不扭曲。」同樣地，為了掌握和描述我們的線上生活實況，有些扭曲是必要的。

是的，地圖的謊言是固有的。雪城大學（Syracuse University）教授馬克・蒙莫尼耶（Mark Monmonier）在《如何用地圖說謊》（*How to Lie with Maps*，暫譯）中寫道：「地圖必須扭曲現實，才能在一張平面的紙張或螢幕呈現複雜的立體世界裡充滿意義的關係。」然而，地圖騙人的本事遠遠超過這一點。蒙莫尼耶認為，因為我們願意接受地圖必要的善意謊言，所以製圖師很容易製造更惡質的謊言。我們相信製圖師知道「該在何處劃界線，不管是比喻的線還是實際的線」，就像我們往往信任網路平台的隱私權政策一樣。由於我們很少質疑地圖的權威，因此「往往未能察覺地圖是很強大的蓄意作假或巧妙宣傳工具」。

由於我們對網路平台的信任，社群媒體也被用來提供或明或暗的宣傳服務，諸如平台在知情的情況下與不良行為者分享使用者的個人資料，或者允許充斥著錯誤資訊的熱門話題。Twitter 上的即時插播新聞，最後常常是錯誤的。二〇一三年馬拉松爆炸案發生當時，我住在麻州波士頓，我記得爆炸發生後各種陰謀論和假消息傳得有多迅速。太過於信任在網路上分享的資訊是危險的，因此我們最好保持懷疑態度，尤其是當資訊來自我們會毫不質疑直接相信的來源。

還有比明顯宣傳更嚴重的，數位失真有時還會讓我們因為看待他人的方式，而改變對自己的看法。在線上，我們見證了他人的精采片段，並把那些片段拿來與自己的生活相比較，但是這種比較是不公平的，因為我們對自己的生活有更完整的理解。分手之後，我花了很多天晚上，滑過一對對笑盈盈的伴侶和看似無憂無慮的單身朋友，納悶為什麼我諸事不順，其他人的生活卻顯得如此輕鬆。我沒有在別人的幸福中找到安慰，而是把他們的高潮拿來跟我的低潮比較，而這種對比把我推進更深的泥沼。

在《安靜的圈圈》（*A Circle of Quiet*，暫譯）中，作者麥德琳．蘭歌（Madeleine L'Engle）解釋說，因為很難看到我們「內在的、本質的」自我，所以我們會在別人的眼中尋找「驚鴻一瞥」的自己。但她警告說，我們需要「小心鏡子」。照錯鏡子可能會讓我們受到傷害；她寫到，與其他人比較後，她感覺自己是個失敗的作家，以及「在別人的鏡子裡尋找某個形象」如何讓她無法看清自己。

問題不只是比較。我們為自己的生活創造的數位地圖，可能有點失真，但我們沒有注意到。心理學家和科學作家茱莉亞．蕭（Julia Shaw）在《記憶如何對你說謊》（*The Memory Illusion*，暫譯）中主張，你「沒有自以為的那麼迷人」。當然，這句話很白目。她認為這有兩個原因：「基本的記憶流程，和我們運用科技的方式。」

她解釋說：「除非你當下正在照鏡子，否則你對自己長相的看法就是一種記憶。」不只是你上次看鏡子時對自己外表的記憶，而是混合以往每次看到自己的映象或者拍照時的樣子。她繼續說：「問題在於這種拼湊的記憶永遠站不住腳，因為它不可能在現實中存在。你今天的樣子不可能跟之前每天的樣子相同。」所以我們才會在不喜歡照片裡的自己時，就說這張照片拍得不好。「照片之所以拍得不好，往往只是因為它和我們**認知**的自己不同，與我們記憶中的自己不一樣。」我們的真實與我們構建的地圖不符。

為了證明這點，蕭引用了芝加哥大學（The University of Chicago）教授尼可拉斯．艾普利（Nicholas Epley）和維吉尼亞大學（The University of Virginia）教授艾琳．惠特徹奇（Erin Whitchurch）合作的一項研究，研究人員以數位方式改變了受試者的照片，幾週後再要求他們把原始照片找出來。受試者選出的照片，自己的模樣比原始照片好看百分之十三，朋友的模樣比原始照片好看百分之十，可是陌生人的只有好看百分之二．三（可憐的陌生人）。雖然蕭說可以把這種現象歸結為大多數人普遍認為自己的長相在平均水準之上，不過她也表示，實際上，隨著時間流逝，我們會扭曲自我認知，親近的人在我們的眼裡也會有點失真。看陌生人的眼光可以比較客觀，但是對自己以及所愛之人，隨著我們一次又一次地回顧我們建立的再現物（例如照片），我們的認知就會扭曲了。假以時日，那個扭曲的形象就成了我們眼中的自己以及最親近之人的樣子。這就像我小時候對格陵蘭島的印象一樣，外在表述的影響，比真實所見更強烈。

可想而知，數位科技可能會讓這個問題更加嚴重。現在跟我小時候不一樣，不必等一個星期才能拿到送洗的照片，同時還要祈禱那堆照片裡會有一張好看的。現在你可以拍一百張照片，立刻檢查，挑出最喜歡的，然後把「不好看的照片」刪掉，再以數位方式修改出新的照片，讓它更好看，最後上傳到網路媒體，之後一次又一次回來看獲得最多讚數和留言的照片，享受參與度刺激的多巴胺分泌。這些超現實版本的面容在想像中愈來愈突出，讓我們認為那就是自己的長相。於是當我們看到一個與這個形象抵觸的自我時，就可能難以接受。

考慮到這點，我們在網路繪製自己時就應該小心一點，明白那有可能會改變我們對自己的認知（我在努力中！一年前我就不使用濾鏡來拍照了，不過還是會調整一下亮度。慢慢來嘛）。地圖只是再現某個地點在某個特定時刻的樣子，把它當成真理會扭曲人對那個地點的看法。同樣地，如果繪製時不夠小心，我們在線上為自己建立的地圖也可能會扭曲對自己的看法。

二

如果要以稍微有點真實感的方式使用社群媒體，那麼我們必須先認得社群媒體的常規。不知道規則，就不能玩遊戲〔哎，要玩當然是**可以**，但得到教訓之後，我再也不跟懶得解釋規則的人玩「戰國風雲」（*Risk*）[26]〕。

儘管如此，我們用來向世人展示自己的許多行為模式和規則，並不是隨心所欲，而是有其特定目的，而且值得深入研究。例如，大多數的地圖是北上南下的，騰博寫道：「這是歷史發展的結果，跟歐洲北部在全球崛起與經濟優勢密切相關。」正如亞歷克西斯．巴格特（Alexis Bhagat）和莉澤．摩格（Lize Mogel）在《激進地圖集》（*An Atlas of Radical Cartography*，暫譯）的導讀中解釋的，普遍以北部為導向繪製世界地圖的方式也更強化了「南北陣營」（Global South and Global North）[27]的概念。

這種製圖模式把世界特定部分集中在一起，讓這些部分受益，同樣地，社群媒體的行為模式和規則也經常讓某些群體比其他群體更具優勢。有權力的人更有可能在 Twitter 上獲得驗證（像是在他們的名字旁邊打勾表示帳號已驗證，讓「大家知道某個公眾帳號是真實的」），讓他們更有保障，而其他帳號則更容易受到騷擾。而在通過驗證的人當中，有些是絕對不需要保護的人，包括許多惡名昭彰的白人優越主義者。

某些交流方式（建立這些平台者的使用方式）通常在網路上享有優勢，讓某些人在這些平台感覺比其他人更受歡迎。這些行為模式經常會改變，因為用戶固定使用平台，也可能促使平台轉變，但即使是那樣，創建平台的人也往往會無視用戶的要求。Twitter 上最常見且最有爭議的用戶請求之一是希望提供編輯功能，讓人可以在發文後修改。儘管我討厭錯字，但我曾經匆忙發了一則跟歌手關．史蒂芬妮（Gwen Stefani）有關的瑣碎推文，不小心把「Gwen」寫成「Gwent」，就這麼剛好，我寫那麼多沒錯字的推文都乏人問津，這則推文卻紅了。我很高興 Twitter 到目前為止都沒理會修改推文的要求。

正如騰博寫的，「慣例通常遵循文化、政治甚至是意識形態的利益。如果慣例要正常運作，就必須讓人徹底接受，幾乎感覺不到它的存在。」在地圖上，這些難以察覺的慣例產生了非常明顯的後果。畫紅線就是影響深遠的其中一個做法。一九三五年，聯邦住宅貸款銀行委員會（Federal Home Loan Bank Board）開始建立美國各城市的「住宅安全地圖」。這些地圖把各社區劃分等級，從「最佳」到「尚可」再到「明顯衰敗」到「危險」，而最後一級則用紅色明顯標示。「危險」區域常常是低收入的有色人種住的社區。這種分類的影響極其嚴重：住在紅色區域的人要申辦銀行貸款或賣房產，都非常困難。

我去參觀波契特地圖圖書館時，麥基就給我看了明尼亞波利斯和聖保羅的紅線舊地圖。州際公路興建後，大量的「危險」社區遭到破壞；把紅線標示地圖放在現代的公路地圖上，對比結果非常驚人。但是標示紅線的遺害仍以各種在地圖上看不見的方式存在。在大多數城市中（例如明尼亞波利斯），紅線地圖已經根植在城市裡。居民以及金融和政治機構講到紅線社區時，描述中充滿令人不安、種族歧視的用詞，體制上的輕忽和惡劣對待也由此而生。

歷史上，地圖是由擁有資源的人製作的，而地圖也影響了歷史的演進方向。強權製作的地圖強化了強權。正如波頓在《十二幅地圖看世界史》中解釋的，地理學家傑瑞米・克蘭普頓（Jeremy Crampton）針對二十世紀地圖集做的一項調查顯示，占地球兩成土地的非洲，往往被畫得比英國小，詳細程度也比不上英國，而英國的面積明明僅占地球的百分之〇・一六。

不過已經有人在處理這個問題了，像是「去殖民地圖集」（The Decolonial Atlas）這類網站。該網站上蒐集了各種地圖，目的在於「挑戰我們和土地、人民與國家之間的關係……

我們依據的前提是，地圖學並沒有我們以為的那麼客觀」。這些努力帶來了具體的變化：在明尼亞波利斯，基層運動促成更改地名，例如以支持奴隸制的政治人物約翰．卡亨（John C. Calhoun）命名的卡亨湖（Lake Calhoun）便改回了原來的達科塔語名 Bde Maka Ska，意思是白地湖（Lake White Earth）。

在距離第一次去波契特地圖圖書館六個月後，我又回到明尼蘇達大學的校園，不過這次我的目的地是圖書館隔壁那棟大樓。我走進了「繪製偏見計畫」（Mapping Prejudice Project）共同創辦人兼共同主持人克絲汀．德勒加（Kirsten Delegard）的辦公室，跟她以及她的團隊會面。

我們一起坐下來後，她解釋說，「繪製偏見」是集社區之力，蒐集由房地產開發商所寫、稱為種族契約的私人合約。此種合約要求在房契中明訂禁止非白人住戶的條款。在一九一〇年至一九四〇年之間，這種契約像野火一樣在明尼亞波利斯和其他美國城市蔓延。在羅斯福新政（New Deal）期間，聯邦政府將契約納入紅線標示的新做法，決定了聯邦政府會核准哪些地區的貸款。

德勒加解釋說，契約和畫紅線是狼狽為奸。種族契約先在包括明尼亞波利斯在內的城市實施種族隔離，用難以跨越的界線把黑人集中到分散的社區去。然後實行紅線標記使聯邦官員和當地銀行可以拒絕貸款給住在被視為「危險」地區的人，抽光資金，讓以黑人為主的社區遭受重擊。儘管聯邦政府在一九六八年通過公平住房法（Fair Housing Act），種族契約就此違法，但其影響仍清楚顯現在今天的明尼亞波利斯各區人口結構中。紅線標示和種族契約藉由在明尼亞波利斯等城市實施種族隔離，並把資源集中在白人占多數的地區，讓不平等的狀況堂而皇之入法。他們在一個已經被殖民的國家，允許人使用地圖繼續殖民。

有愈來愈多人開始意識到，來自特權背景者在進入弱勢族群建立的數位環境時，往往有意無意反客為主，重繪地圖，並以他們自己的形象為事物重新命名。有些習慣實在太根深蒂固了，很多時候，我們（這絕對包括我）並沒有意識到自己這樣做。我們借用他人的數位地圖裡的東西，甚至不知道這些東西的來源。但是這件事往往在無意中發生，並不代表就沒問題，反而因此更嚴重。

跟製圖師及委託製圖的人一樣，社群媒體的創立者和使用者往往會表現出面對殖民地的態度。從愈來愈多的人發現迷因和俚語多半取材自邊緣族群（白人從有色人種中取材，非酷兒從性少數族群中取材等等），到愈來愈多關於使用「數位黑臉」（digital blackface）的討論（所謂「數位黑臉」，是指非黑人的社群媒體用戶經常使用黑人圖來反應他們的心情）。我們接受的許多單純或「中立」的做法和慣例，實際上代表了當權者的利益。

然而，即使有一大堆慣例對弱勢族群不利，網路仍然為那些互相連結、主張其存在的族群創造了前所未有的機會。社群媒體往往可以幫助在歷史上一直無聲無息的群體記錄他們的生活。正如詩人亞歷山卓・德・阿科斯塔（Alejandro de Acosta）在《激進地圖集》中〈拉丁美洲／美洲：流浪者的地理哲學〉（Latino/a America: A Geophilosophy for Wanderers，暫譯）一文所寫的：

> 我的願望（或口號）是：把人邊緣化不再只是反應身分和新民族主義的來源；或是，那種邊緣性愈來愈成為一系列場域裡的一個空間，讓思想無拘無束自由發揮。這種狀態需要用實體形式來呈現：一張地圖。屆時，一張哲學性的地圖就可以把日常生活中的短暫事件畫成圖表，注入新的意義、記錄經驗，並增加交流的可能性。

這聽起來很像是處於最佳狀態的社群網絡，不是嗎？邊緣團體比以往任何時候更能在網路上繪製生活，並記錄當權者想否認或抹去的事物。像 Twitter 之類的平台，對於「黑人的命也是命」（Black Lives Matter）[28]之類的運動推廣至關重要。一名未攜帶武器的少年，麥可・布朗（Michael Brown），被密蘇里州佛格森市一名警察開槍射殺，事件發生後，眾人利用 Twitter 就地組織，分享彼此的位置，並向政府傳播體制不公的證據。同樣地，像 #DisabledAndCute 和 #BlackGIRLMagic 這樣的主題標籤，賦予弱勢群體成員力量，讓他們除了記錄自己的創傷和痛苦之外，還可以做更多的事，因為這些主題標籤把他們的快樂繪製下來，跟一個不太可能講這類故事的世界分享。如果繪圖是一種權力行為，那麼處在最佳狀態的社群媒體，就可以讓那些被剝奪力量的群體為自己發言，並主張自己的主體性。

地圖和網路可以讓我們改造世界，不論結果是好是壞。在《仕紳化：或犯罪現場》（*GeNtry!fication: Or the Scene of the Crime*，暫譯）中，明尼亞波利斯的詩人查恩・韋伯斯特（Chaun Webster）指出，在一九三〇年代，華盛頓大學（University of Washington）社會學教授卡爾文・史密德（Calvin Schmid）寫了一篇關於明尼亞波利斯和聖保羅的報告，題為《雙城社會傳奇》（*Social Saga of Two Cities*，多虧麥基，讓我找到一篇線上版），文章中把北明尼亞波利斯的一部分稱為「黑人貧民窟」。這個名稱就此改變了外界對那個地區的看法和關係。

我去「繪製偏見」時，提到了史密德畫的這份地圖。德勒加聽了，跟我說到一張明尼亞波利斯近北區的記憶地圖，是一九五〇年代克拉倫斯・米勒（Clarence Miller）和當地居民，為了記錄一個因都市更新被夷為平地的地區而製作的。雖然從地理上來說，史密德的地圖是準確的，而記憶地圖不是，但後者留住了鄰近地區的一些東西，是前者認為不重要且不值得呈現的。米勒的地圖傳達的是人際關係和社會基礎建設，而不是街道或建築物的年代。這些是將鄰里凝聚在一起的特質，承認了人際連結的價值，為一個地方創造出超越房地產價值的意義。

德勒加指出，這兩張地圖，顯示居民對空間的概念迥異於城市規畫者之流。她說，城市規畫需要界線和清楚的標記。但是居民更在意的是鄰里的**氛圍**，而不是如何分區。當社區成員有機會為視為家的地方製作地圖時，他們創造出的是**全然不同**但依然精確的地圖。

要解決數位平台和製圖領域固有的差異，我們還有很長的路要走。賓州州立大學（The Pennsylvania State University）地理學教授麥凱克倫（Alan M. MacEachren）在《地圖如何發揮功能》（*How Maps Work*，暫譯）的第一章中寫到，「製圖是一種代表與再現」，社群媒體也一樣。正如記者凱特琳・烏戈利克・菲利普斯（Kaitlin Ugolik Phillips）在《感覺的未來》（*The Future of Feeling*，暫譯）中所解釋的，開發社交科技的公司缺乏代表性，對不同團體的需求是否得到（或沒得到）滿足，產生了巨大的影響。

即使我們考慮社群媒體的組織能力，也一定要持續關注當權者調整策略以使社群媒體對他們有利的情況。賈．托倫蒂諾（Jia Tolentino）在《哈哈鏡》（*Trick Mirror*，暫譯）中寫道：「外表看起來更平整的運動場其實沒那麼平整，而在網路上發生的一切都會反彈和折射。同時，透過網路的公開討論，追求平等和自由的意識形態獲得了力量，而現有的權力結構也更加堅實。」

確實，在《Twitter與催淚瓦斯》中，日娜．涂費其對網路賦予異議人士力量在短期內轉變的情況，表達了樂觀的看法。但才過沒幾年，由於現有的權力結構所具有的優勢，她對網路的可能發展就沒那麼樂觀了。涂費其寫道：「社會運動必須說服眾人採取行動，而捍衛現狀的政府或有權勢的群體，只需要造成足夠的混亂，就可以使人陷於無所作為。網路本質上相對混亂，資訊太多、把關鬆散，可以容許政府發展出新形式的審查制度（不必阻擋資訊，讓可用的資訊失去用處即已足夠）進而賦予政府更大的權力。」基層運動必須徹底改革社會習俗才能組織起來，當權者卻能夠更快速適應。

但問題不僅是當權者已經擁有的優勢而已。部分原因還在於，我們無法使用網路來順利形成組織，並讓組織持續發展。挑戰與機會並存。是的，涂費其承認，網路可以使運動迅速發展，但它不需要「事先建立正式或非正式的組織及其他集體能力，而這些能力可以讓他們做好準備，面對不可避免的挑戰且因應接下來的狀況」。

運動勢力可以在網路上快速增長，同樣地，身為一名未經訓練的製圖師，我也可以快速製作自己的城市地圖，不需要其他人幫忙。兩者都可能帶來新的領悟，並且，正如涂費其說的，這其中蘊含真正的價值。但是她提出了一個重要的警告。她寫道：「在網路時代之前，還沒被網路取代的繁瑣工作還有其他功能。也許最重要的是，它讓人適應了集體決策的過程，有助於創造所有運動長期生存和發展所需的韌性。」

在某些方面，我們曾經以更為集體的方式公開描繪我們的生活。例如，加入教會，我可以在某個週日站起來分享訊息，進而讓教會的人看到我及我關切的事。但是，加入該團體並成為其中一員，連帶還需要參與所有協商與合作。在前數位時代，如果我想描繪自己的生活，大多數時候不得不與其他人合作，才能傳達想與世界分享的自我。現在這個過程變得更加個人化，而就跟組織運動一樣，當我們不需要經歷與他人合作那緩慢而有時棘手的過程時，或許也失去了某些東西。

當然，這種轉變具有極大的優點。涂費其指出，我們現在擁有找到並建立這些連結的機會，「這跟線上的互動方式、能見度架構及線上平台的設計，密不可分。」但是，她提醒，並不是每個平台上的所有人都相同：「這些因素（數位空間的可能用途）決定誰可以找到並看到誰，以及達成這一點的條件；並不是所有的平台都會創造相同的連結環境和機會。更確切地說，線上平台的架構就跟我們的城市、道路和建築物一樣，而這些架構會影響我們在其中活動的方式。」

儘管如此，比起由之前的科技推動的網絡，數位網絡還是可以更民主化。涂費其說，社群媒體就是新的市民廣場。而如果連結是人之所以為人的關鍵因素（不僅是可以取得相同的資訊，還可以在一起相互交流和相互學習）那麼網路雖然離完美還有一大段距離，但相對於過去較狹隘的網絡，確實感覺有顯著的進步。

到最後，就像製圖術塑造世界一樣，我們建立的數位地圖（自己的，還有在自身和他人之間建立的網絡地圖）將塑造未來。很久以前，世界上各種社會非常疏遠，但漸漸地，部分歸因於地圖（實體地圖和數位地圖），我們開始把自己視為某個更大群體的一部分。

小時候，我很喜歡查看同一地方的不同地圖。明尼蘇達州的公路圖可以讓我對自己居住的州有一點了解，但是地形圖則傳達了完全不同的觀點。這些地圖並不矛盾。它們相輔相成，傳遞了同一個地方不同性質的資訊。

地圖種類繁多，每種都有各自的用途，同樣地，我們使用的各種線上平台，傳達的是同一個人的不同層面。對很多人來說，Twitter 是用來表達簡短而且往往更衝動的想法，試探各種想法的反應，並在突發事件發生時了解狀況。Instagram 是為了表達美，為了以影像集錦的方式呈現生活。Tumblr 和 Facebook 則用來分享迷因，表達比較長篇的想法，以及進行更深入的對話。甚至在這些平台中還有次平台，像是「Gay Twitter」和「Stan Tumblr」（流行音樂迷在這裡表達對偶像的愛慕，同時吐槽別人的偶像），也讓我們能夠在同一平台的不同空間中，呈現稍微不一樣的自己。

理想上，你會擁有同一地點的多種地圖（公路圖、地形圖等等），但在特定時刻，你通常只會帶一張地圖，這也限制了你在那個地方充分活動的能力。這可能讓你的感知變得片段，無法充分掌握想了解的地形。舉例來說，在 Instagram 上，我大多只會貼笑著和狗合照的照片，在 Twitter 上則分享較為嘲諷或尖酸的想法。我剛好知道許多家人和高中朋友在 Instagram 上關注我，這一點或許也影響了我在上面發布的內容。

然而，在 Twitter 上，我的粉絲人數比 Instagram 多很多，奇怪的是我卻覺得那裡比較沒有人知道我是誰而更能輕鬆當自己。所以我才會不只在上面吐露個人的心路歷程，還貼一些攻與受的無聊笑話——而且還改寫了一段凱蒂·佩芮（Katy Perry）對一名選秀節目《美國偶像》（*American Idol*）參賽者的評論，那段話在二〇一八年迅速變成一個同志 Twitter 迷因，然後又很快被忘記——如果你不知道我在說什麼，表示你不是那個圈子的人。

儘管我們現在可以使用許多不同類型的地圖，但很難想像，有時我們會根本沒有地圖可用。對很多人來說，打開地圖應用程式變成自然而然的本能，以至於幾乎沒意識到自己正在使用地圖。很多年前，如果我迷路了，只要想一下，通常可以想出該往哪裡走。現在，如果我的手機沒電了……呃，你知道那種感覺。

你離線時會發生什麼事？如果沒有地圖怎麼辦？如果沒有記錄怎麼辦？如果我們沒留下資料，那它算是真實發生過嗎？如果手機上沒顯示地圖，這裡還算是一個地方嗎？

這些疑惑很快就會轉為害怕。正如美國製圖史學家切特·凡·杜澤（Chet Van Duzer）在「以野蠻圖片填補空白」（With Savage Pictures Fill Their Gaps）這段演講裡解釋的：製圖史學家探討製圖師對空白的恐懼時，有時會使用**留白恐懼**（horhoror vacui，一個廣泛用於藝術史的概念）來形容遇到必須在地圖上留下一處空白而非用裝飾來填補時，有些製圖者內心的猶豫。凡·杜澤寫道：「對於地圖空白的恐懼，或者至少填滿每個可用空間的偏好，確實是（前幾個世紀）地圖設計的重要因素。」到了二十一世紀，留白恐懼數位化了。

社群媒體似乎是為解決我們對空白的恐懼而設計的。感覺無聊或煩躁不安時，我就會很想上Twitter。當然，這些平台使用的演算法，很多都是為了讓我們多貼文、多按讚而設計的，但是對空白的恐懼也會在社群媒體放大。

有時候，我一整天都沒發文時，就覺得好像**應該**貼個什麼。我怕把那個空間留空。我們常常講到FOMO（fear of missing out），也就是「錯失恐懼症」，但是FOOMO（fear of others missing out），害怕其他人錯過（沒看到我們正在做的事）又是怎麼一回事？現在，這種恐懼感不是只會因為我們身邊的朋友、鄰居或坐在後兩排那一家人而出現，還因為覺得必須考慮網路另一頭的觀看者意見，而變得更加嚴重。

影音串流平台Hulu上有一部記錄片《Fyre騙局》（*Fyre Fraud*，暫譯），詳細記錄了如今聲名狼藉的Fyre音樂節[29]，在片中的一段訪談裡，作家賈．托倫蒂諾沉痛指出：「錯失恐懼症是……這種潛在的焦慮，會讓你覺得如果不繼續提高能見度，你的身分就會開始崩解。」在這種焦慮的驅使下，大家就一直上網。

如果不貼文，不把每件小事都加入我們的數位地圖，自己就好像不存在。但是我們選擇不記錄的日子或事件，也有它們的力量。鉅細靡遺記錄生活，甚至可能會對自己有害。所以也許我們需要一些不去放在公開地圖上的生活片段，只有自己知道的事——在這些地方，我們仍然可以探索、發現自己的另一面。

有時，地圖上的空白不是躲著未知的野獸，而是藏著寶藏。在明尼亞波利斯以北約五個小時車程的契波瓦國家森林（Chippewa National Forest）深處，有個奇景：廣達約〇．五八平方公里的原始林，包括據估達兩百五十年的稀有赤松。這片土地被稱為「失落的四十」（Lost Forty），裡面的樹木拔地參天，達三十多公尺。這些樹木可以不受干擾長高，不是因為有具環保意識的善良管理人。它們是因為繪圖的失誤而活下來的。在一八八二年的公地測量中，測量員不小心把「失落的四十」納入附近的一個湖泊範圍。因此，從來沒有伐木工人來砍這些樹，這些樹也因此得以不受干擾地長大。那真是令人嘆為觀止的景象。我和圖娜很喜歡去那裡，一起默默地走在參天巨木之間。如果我們不把某些東西納入地圖，就可能會有美麗的事物在與世隔絕中默默成長，而如果我們願意走進未知的領域，隨意漫遊，就可能會發現這些美麗的事物。

另一方面，如果認為數位地圖已經包含了需要知道的一切，不管是關於我們自己或是關於我們的經驗，那麼我們就很容易像依賴地圖應用程式一樣依賴這些數位地圖。在《善良戰爭》中，賈米爾．札基寫到他和同事進行的一項實驗。他請一些人去參觀史丹佛紀念教堂，其中一些人在網路發布相關貼文，另一些人則沒帶手機去。結果，在網路分享參觀經驗的人，實際上記得的比沒貼文的人**少**。有時，不帶地圖進入某個地方（或者無意繪製那裡的地圖），會讓我們更專心，即使這表示我們有可能會迷路。

經常允許網路繪製我們的路線，受影響的不只是旅行。我最近讀的很多書，都是我在線上關注的人所推薦，因此減少了很多逛書店的時間，這表示我吸收的藝術與思想也改變了。今天，我們接收的很多內容是由演算法決定的。在《如何「無所事事」》（*How to Do Nothing*）中，作家珍妮・奧德爾（Jenny Odell）提到了Spotify播放清單的問題。沒錯，Spotify可能會為她建立一系列個人化歌曲，介紹她一些本來就比較常聽的音樂類型。而且她可能會真的喜歡那些播放清單裡的歌。但是當她收聽電台廣播時，卻有機會接觸到更多守備範圍之外的東西，脫離她的常規。

她寫道：「發現有我不知道自己會喜歡的事物，讓我意外的不只是歌曲本身，還有我自己。」如果我們能讓自己處於可能感到意外的情況中，才有機會繼續成長與改變，而成長與改變正是人的核心價值。她繼續說：「相反地，演算法集中威力，發揮到最極致的時候，會把我緊緊困在一個愈來愈穩定的形象裡，我喜歡什麼及喜歡的原因都不會改變了。」如果我們總是選擇效率，就會失去出乎意料、偶然發現新事物的機會。

當然，這是一種取捨。有時我會聽到有人自豪地講到他們因為不上網而獲得的一切（我相信他們確實得到很多），同樣地，我也發現自己會想到那些如果不上網可能就不會學到、發現的事。重要的是對意外與未知事物保持開放的態度，否則便會因沒有地圖就寸步難行。

■■■■■

第一次去參觀波契特地圖圖書館那天，離開之後，我拿出手機，在我的 Instagram 動態上貼了十幾張當天的照片。兩、三個小時後，有人留言，問我是不是去那裡做研究。

我說是，他接著留言說，這似乎完全背離了我在無神論和宗教領域的工作。不過，在我看來，這種轉變其實並沒有那麼嚴重。我在宗教和無神論方面的工作，大部分都跟利用說故事的方式來打破宗教差異的藩籬有關。我一直很喜歡「故事」，原因就跟我一直很喜歡「地圖」一樣，而「故事」正是我宗教碩士論文的主題。地圖講的是一個地方的故事。正如丹尼爾．塔吉歐（Daniel Tuzzeo）在《宗教製圖與宇宙學想像》（*Religious Cartography and the Cosmological Imagination*，暫譯）中所寫的，「除了協助地理導航、科學觀察和政治劃界外，地圖還具有一種近乎小說性質的敘事功能。」地圖試圖整理我們周遭的世界，賦予其結構和意義，為原本複雜的事物理出頭緒來，讓我們能夠穿行其間。在我們無法理解的地方，故事就介入了，而這正是故事在世界各大宗教文本中占有重要地位的原因。

構建地圖和構建有層次的意義系統，具有同樣的動力：渴望給混亂和不斷變動的世界一個秩序，建立路標和路線以幫助我們穿越顛簸動盪的內在外在旅程，在一路上開發可以幫助他人的架構和工具，讓他們的旅程不會像我們如此艱難。發揮最大功能的地圖就是一個入口，可以把你帶到目的地，讓你親自看看。在宗教中，這些地圖以儀式、慣例和團體的形式出現，讓你和自己及周遭的世界水乳交融。但是，宗教有其限制——它玩弄權勢、它害怕空白、它會傷害最弱勢的群體。

如果社群媒體足以繪製我們的生活，同樣的機會和問題也會存在。就跟宗教或地圖的情況一樣，危險在於不承認其限制或者認為它們可以徹底反映完整的真實。

在人類歷史的此時此刻，在社群媒體還算青嫩的年代，意識到這種危險顯得特別重要。米納在《從迷因到運動》中寫道：「我們生活在一個瞬息萬變的時代。回顧歷史，我們會發現，在社會動蕩時，新的符號和敘事才得以扎根。」歷史地圖裡的故事塑造了我們的過去和現在，同樣地，我們以數位工具構建的敘事觀點也將塑造我們的未來。如果我們沒有想到要參與形成過程，那麼就應該擔心這個時代、這幅我們製作的地圖會出現什麼樣的敘事。

謹慎對待我們發展出來的數位敘事，最好的方法是承認自己以這種工具形成的任何敘事都有先天限制。我在大學念宗教時，花了很多時間研究大乘佛教中的因陀羅網。這個據說由吠陀神帝釋天創造的網，在每個頂點都有一顆多面寶石，而寶石透過網線相互連接，就像地圖上的城市以道路相連一樣。或者想像星座之間那些假想的線。網無線延伸，每顆寶石上都反映出其他寶石。這個意象是用來強調所有現象之間的緊密連結。研究因陀羅網的意象時，我想到了它對某些基督徒的價值，他們可以看到自己內在的希望和問題是如何反映在佛教等其他宗教傳統中，以及研究另一種宗教傳統如何讓人更了解自己的宗教傳統。

最後，我試圖主張擺脫僵化的字面解釋，不堅稱聖經中的每一個字都是真的，也不堅稱只有聖經說的才是真的。後來我看到佛教中講到手指和月亮的經典，內容是說我們往往只看到手指，沒看到它實際指的東西。我在論文中寫到，《聖經》是一根指著人生真義的手指，是人在追尋人生意義與目的的過程中用來指路的路標，而不是以文字表現的最終真理。

我應該這樣說：聖經是一幅地圖。它是由擁有特定利益的人所建立，而這些利益也呈現在文本中。它包含一些有關世界的資訊，非常有用且有價值，但它不是（也永遠不可能是）整個世界。雖然它的三萬一千一百零二節經文很詳盡，但沒有一本書長到足以解決人生的所有問題。騰博在《地圖是領土》中寫道：「如果地圖與領土一模一樣，那它就是那塊領土了。

它的比例尺會是一比一，你身在其中，而先不論別的問題，它已沒辦法當作地圖使用。」沒有地圖、書籍或社群媒體平台大到可以記載下所有的真實。

我們需要地圖，但也需要了解地圖的限制。波頓在《十二幅地圖看世界史》中總結：「永遠都會有世界地圖，而在未來的某個時刻，製圖的技術和地圖的外觀會用現代化的地圖集來製作世界地圖，到時連 Google 地球的首頁，看起來都會像巴比倫的世界地圖一樣古怪陌生。」社群媒體也讓我們以前記錄和分享自我的方法顯得古怪，而在未來，我們回頭看 Twitter 和 Instagram，一定也會像現在看 Myspace 一樣覺得好笑（有一些人，多半是比我年輕的人，已經有這種感覺了）。

不過，就像波頓接下來說的，未來的地圖「也將不可避免地追求特定的訴求，摒棄其他可能的方式，堅持特定的地理判讀，最終選擇以某一種方式來定義地球。但是這種地圖一定不會呈現『真實的世界』，因為真實的世界是不可能再現的。根本沒有準確的世界地圖這種東西，也永遠不會有。矛盾的是，如果沒有地圖，我們永遠也不會認識世界，更別說用地圖來呈現世界」。

也許數位地圖的作用可以更像因陀羅網的概念那樣，而不是讓我們陷在框框裡，變得扁平化。如果用得謹慎，社群媒體可以發揮意外的力量，幫助我們像星座一樣連結在一起，讓我們比任何地圖都顯眼。畢竟，我們的數位製圖不僅僅是一種工具，更是我們重視自己和周遭世界某個部分的一種展現。

加州大學洛杉磯分校（University of California, Los Angeles）教授諾曼·思羅爾（Norman J. W. Thrower）在《地圖與人》（*Maps and Man*，暫譯）中寫道：「地圖是（文化轉變的）敏感指標。」我們在社群媒體上的繪製行為甚至有可能是更好的指標。如果退後一步，好好看一看，可能會像我小時候看到地圖一樣突然很激動——因為發現自身實際上是多麼豐富與複雜。

但是在一個以距離為標準的世界中，退一步觀察並不是一件容易的事。當我們很容易透過網路與他人保持距離時，如何繪製自己與他人之間的空間？如果地圖能幫助我們思考如何看待自己，也許地圖也可以指引方向，讓我們更進一步了解如何利用社群媒體縮短距離，或拉遠距離。

勾勒距離

強連結與弱連結的意義何在？

和網路世界又該如何保持安全距離？

5

Drafting Distance

打從有記憶起，我就常常想到逃跑。離開的衝動首先表現在我對地圖的熱愛上，因為我可以去別的地方，也可以離開我所在之處。身為酷兒，在中西部長大，我感覺格格不入，彷彿我不該在那裡出生。我總是會想，要怎麼讓自己和周圍的人事物保持距離。

當我在一間恐同氛圍濃重的高中出櫃時，我用地圖來規畫進入城市的路線。一有機會，就會從郊區逃到都市人出沒的性少數族群活動中心、反戰集會和咖啡館之類的地方，我想像這些人一定比在下課時推擠我的那些郊區老兄有見識多了。無法進城時，我就會騎腳踏車去圖書館，在網上尋找那些見多識廣的人。整個青少年時代，不管是在線上還是實際生活中，我總是不停地移動，因為如果太久不動，就可能會暴露出真面目，而讓人看到真面目會讓我面臨危險。

儘管網路的設計初衷是要縮短距離（我們與資訊間及彼此間的距離）但我們並非總是這樣使用網路。雖然數位工具有時可以幫忙建立連結並拉近距離，但也可以是讓我們和恐懼或彼此之間保持距離的一種手段。在網路上，我們可以看到和被看到，但也可以藏起來，隱匿自己和他人。我們可以現身，也可以逃走。兩者都有價值，但是當我們現身及逃走時有意識到己身的行為，以及原因嗎？

我們在線上建立的距離不一定是故意造成的。有時，這是我們被鼓勵簡化之後的產物。線上個人資料要求我們用少少的字來描述自己，比早餐穀片盒子上的字還要少。

想到我們在社群媒體上的自傳，我就想到作家尼克・懷特（Nick White）的《微甜》（*Sweet and Low*，暫譯）。他寫到一名婦女思索要如何形容死去的丈夫。「用三言兩語總結一個人的人生是一項艱鉅的任務。你會被簡單的名詞和動詞所束縛。她說：『他是醫生、父親、業餘高爾夫球手。』她停下來思考。『他會做回收。』」這常常就是我們在網路上描述自己的方式。「作家。社運人士。碧昂絲（Beyoncé）的粉絲。」

我們用來形容自己的詞語，會使我們感覺更渺小，而不是更像個人。多年參與跨宗教信仰的工作，讓我親身體會這一點。宗教對話，目的是讓參與者有機會更了解不同信仰的人，因此舉辦活動者會努力確保有來自許多不同團體的代表。但是，當你不能當史蒂文、薩米爾或莎拉，而必須當穆斯林、印度教徒或人道主義者時，會發生什麼事呢？

宗教對話的目的，是幫助我們在彼此身上看到人性，做得好的話，價值無窮。但是，如果主辦單位不夠謹慎，參加的人就會感受到一種未言明的期待，覺得自己必須好好代表所屬的團體。對與外界隔閡較深的團體成員來說更是如此，我自己所屬的團體（無神論者及性少數族群）就是這一類。這可能會製造一種隱含的壓力，不要沒事找事或搞得太複雜，不要充分展現人的特質，最好只展現出你認為對方可以應付或接受的部分。讓自己只剩下可以理解的身分。

有些人能夠遊刃有餘地應付這種壓力，還可以展現自己的本質，但對我來說，偶爾會覺得這種壓力太大了。在別人面前，我一直會想表現出我認為他們想要或可以應付的那個我。雖然想要被對方喜歡也是一部分原因，但不全然是因為如此。也是因為這是一件很有同情心的事——配合別人、讓他們見到一個不是作假，但更可以接受也更隨和的我。低調、溫和、寡言。結果，有時我在參加跨宗教活動時，會有一種距離感（在我和他人之間，以及外在和內在的我之間），即使這種感覺完全背離原本的目的。

想要取悅他人並沒有錯，但是當這種想法導致我們進行自我審查時，就很容易阻礙別人認識我們。而社群媒體平台上隨處可見想要取悅他人或至少不冒犯他人的證據。所以我才開始相信，宗教對話和網路的一大共同目的（建立人與人之間的連結，促進彼此的了解），有時會因為鼓勵人簡化自己而受到阻礙。

簡化自我（把自己限縮在一個框框內，濃縮到只有三言兩語）的一大諷刺是：它實際上會讓我們的生活**變得複雜**。當我們簡化、根據情境用最簡單的話來描述自己時，就必須在不同的自我版本之間變來變去，還要記得誰認識的是哪個版本。

我們如果不小心展現了試圖拉近距離的模樣，不管是線上線下，都可能反而增加彼此間的距離。正如葛瑞格．戈柏所說的，想要拉近不同人之間的距離，**其實**有時是對於差異感到不安的表現，很容易演變成試圖化異為同來消滅差異。但是，縮短距離並不一定要簡化自己，也不必假裝我們之間的差異不是真的。如果處理得當，宗教對話和網路可以用不一致的方式來拉近距離。正如女性主義詩人奧德麗．洛德（Audre Lorde）說的：「差異不應該只是被容忍，更應該被視為必要存在的兩極，在兩極之間，我們的創造力可以像辯證法一樣激發出火花。只有這樣，相互依賴的必要性才不會構成威脅。」

數位簡化的問題不僅在於我們分享的方式，也在於拿我們完整的生活（有高低起伏）與其他人張貼的精采片段來比較，只是我們都知道這是網路上的問題。而我們**說出口的話**，也不完全等於我們的**想法**。就像拿自己的生活來跟其他人的精采片段比較一樣，這並不是社群媒體衍生的新現象，但是情況可能會因為生活日益數位化而加劇。

在網路上表達意見時，有時會感覺好像在走鋼絲，尤其是即使在真實生活都會斟酌句子。也因此，我們想說的話與說了不會惹禍的話之間，便產生了距離。例如，我在網路上談制度性種族歧視或恐同症時就飽受騷擾。這種騷擾有時會讓我不太願意表達重要的觀點，我也不想感覺要對重要的事發言是很勉強的事。

記者強・朗森（Jon Ronson）在《你被當眾羞辱了》（*So You've Been Publicly Shamed*，暫譯）中提及單口相聲演員麥可・戴西（Mike Daisey）——他曾被揭露編造某個事件的細節而在網路受到嚴厲抨擊——曾對他說：「我從沒能成為仇恨的對象（object）。並非沒有人討厭我，而是我並非物品（object）。」我們認同的人，特別是我們不認同的人，都很容易在網路上不被當作真實的人對待。之所以會有這個結果，有一部分是因為我們簡化了，並希望其他人也這樣做。

在網路上把彼此簡化，可能會導致比例失真。當成千上萬的人因為一件相較來說算小的事情公開羞辱某人時，被羞辱的人會真的感覺好像整個世界都在對付他們，而其實那只是一小部分的人而已。

當然，Twitter 可能會讓人感覺那就是整個世界，但那絕非事實。一份二〇一九年的皮尤研究發現，從統計數字上看來，與一般大眾相比，美國的 Twitter 用戶更年輕、更有錢，政治觀點也更進步。因此，Twitter 用戶對事情的反應不一定能代表一般大眾（這也可以解釋，為什麼一些熟悉網路生態的專家對二〇一六年的美國總統大選結果如此震驚）。即使在 Twitter 中，也存在更嚴重的比例失真情況。亞歷克西斯．馬卓戈（Alexis C. Madrigal）在《大西洋》中指出，皮尤報告把 Twitter 用戶分成兩類：前百分之十最活躍的用戶，以及其他百分之九十的用戶。後一類的中位數用戶僅發過兩次推文，關注人數不到二十人，但前一類的用戶平均每月發將近一百五十次推文。

隨著時間累積，活躍用戶和非活躍用戶之間的這種差距就越不可能改變了。馬卓戈寫道：「隨著平台的發展，他們的活躍用戶就會跟一般人愈來愈不一樣。」他繼續寫道：

十多年來，許多媒體和科技界人士每天都把一、兩個小時的 Twitter 內容送進我們的大腦。因為我們周圍都是這樣生活的人，而且關鍵在於，因為許多撰寫網路新聞的記者都以這種方式體驗網路，所以我們可能會覺得 Twitter 就是這樣，美國有一部分具代表性的人口就是這樣連在機器上。但並非如此。Twitter 不是美國。

頻繁使用社群媒體可能會讓重度網路使用者無法正確感知世界。二〇一六年開始，Twitter 上常常出現一種說法，並在二〇二〇年的大選期間達到另一個高峰，那就是政治人物伯尼・桑德斯（Bernie Sanders）的支持者主要為激進的白人男性，通稱「伯尼兄弟」（Bernie bros）——這個稱號抹除了一項事實：二〇二〇年民主黨初選時，桑德斯比其他候選人得到更多有色工人階級的年輕人支持，而支持其他候選人的主要是更白、更有錢的選民。

然而，「伯尼兄弟」的認知本身，就是網路比例問題的結果。是的，有一些桑德斯的白人男性支持者發了一些過分、謾罵的推文。但是那些推文並不具代表性。計算社會科學家傑夫・溫契爾（Jeff Winchell）研究了每位二〇二〇年民主黨候選人支持者發布的推文，使用文本情感分析來判斷內容屬正面或負面，之後他跟新聞網站「Salon」的資深編輯基斯・史賓瑟（Keith A. Spencer）說：「伯尼在 Twitter 上的粉絲跟其他人的粉絲沒什麼不一樣。」然而，儘管根據所有現有證據，那些人只代表了桑德斯支持者的一小部分，但偏激的伯尼兄弟這個形象，已成為許多人普遍對桑德斯支持者的印象。而他實際上非常多元的工人階級支持者，一直在對抗擁有大量粉絲的 Twitter 專家，抗議這種說法。

並不是說桑德斯的支持者沒有製造騷擾。問題在於這種說法會生根，決定了他的支持群眾形象，掩蓋許多其他支持者的聲音，只因為那些人在網路上沒那麼活躍。正如《紐約時報》

政治記者阿斯特德・赫恩登（Astead W. Herndon）在推文提到上述的皮尤研究時指出的，最貧窮、最邊緣化和教育程度最低的人（二〇二〇年最支持桑德斯的一群人）在網路上的聲量也最小。赫恩登說：「Twitter 上關於他們的報導當然也很少。」但是，他補充說：「我們要清楚一點：他們在此之前就被已經忽略很久了。」同樣地，這不是網路特有的問題，但是社群媒體平台可能讓這個問題更為嚴重。

賈・托倫蒂諾在《哈哈鏡》中指出，社群媒體的比例失真，在各種網路扭曲我們理解世界的方式中可能「對心理最具破壞力」，因為社群媒體平台訓練我們認為，事情之所以重要，是因為那些事情跟我們有關。而這就是現在這些數位工具的諷刺之處：應該使世界變得更大的東西，因為把我們自己放在數位世界的中心，而讓世界變得更小了。

這一點可能就是比例失真的最大問題。我們能夠把自己置於事物的中心，並過濾掉不在關注範圍內的一切，也因此使自己與其他人的現實保持距離。當然，這種距離一直存在，但是現在變得更加驚人，因為維持我們之間距離的數位能力，有時可以等於、甚至超過我們之間的物理距離。

在我離開東岸、回到明尼蘇達州之前，我跟朋友在紐約市的「荒地酒吧」（Nowhere Bar）辦了一場送別會，我就在聚會上想到了這一點。我記得一個又一個朋友（多半是在網路上認識的，其中很多人都屬於 Twitter 的紐約媒體圈）開玩笑說我要回到荒郊野外等死了。他們是在開玩笑，但是言外之意確實是覺得，我真的要搬到一個在文化上完全落後的地方。可是回到明尼蘇達後，我發現自己做了各種有意義的事。即使現在整個世界以數位方式如此緊密相連，某些社群媒體圈的人卻幾乎感覺不到明尼蘇達州的存在，這件事證明，在某種程度上，網路會讓人感覺跟線上互動社群以外的人距離更遙遠。

從理論上來說，數位工具縮短距離的能力，應該能夠讓我們的世界變得更好。藉由拉近事件之間、以及人與想法之間的距離——讓人更難忽略他人的難處，又或者不能因為剛好沒看到就忽略過去發生的事——我們應該能夠更輕鬆應付挑戰、更了解跟我們處境截然不同的人的艱辛。但是到目前為止，事情並不是這樣發展的。

在《善良戰爭》中，賈米爾．札基解釋了**共情**（Einfühlung，或稱共感）的概念，這是由藝術理論家羅伯特．費雪（Robert Vischer）創造的詞。共情是「一種密切關注的狀態，它使觀看者能夠真正『看到』雕塑和繪畫背後的情感含義。」札基說，如果人與人之間的連結也與看到和被看到有關，那麼我們應該讚揚網路。畢竟，它使我們能夠接觸「千百萬人，遍及每個國家，而且是以他們自己的方式」，還使我們能夠「讓他們知道我們的生活」。借助網路，我們可以繼續擴大哲學家彼得．辛格（Peter Singer）所說的「關懷圈」，超越我們身邊的社群邊界，「最終把這個圈擴大到涵蓋全人類。」

已故天文學家卡爾．沙根（Carl Sagan）曾寫道：「可以把人類歷史看作是我們逐漸意識到自身是一個更大群體的成員。剛開始，我們是對自己以及直系親屬忠誠，接下來是對居無定所的狩獵採集團忠誠，再來是對部落、小型聚落、城邦、國家忠誠。我們已經擴大了自己愛的圈圈。」理論上，網路有能力幫忙進一步擴大愛的圈圈。但是，我們目前建立和維護的數位距離，與網路可以不斷擴展的可能性相衝突。

札基認為：「科技讓我們能夠『看到』的人數量多到前所未有，但與老式的社交接觸相比，回報卻很稀微。」在線下，我們可以獲得各種資訊——某人的聲音、臉上的表情等等。但是「在線上，社交生活被簡化為一連串的文字和圖像。」換句話說，數位距離給我們帶來的一大損失就是「情境」。珍妮．奧德爾在《如何「無所事事」》中寫道：「空間和時間的情境，都與有助於界定某件事物的周圍實體有關。情境還有助於確定事件的順序。我們在Twitter 和 Facebook 動態上受到攻擊的資訊，顯然都缺少這兩種情境。」

奧德爾繼續說：「我一邊瀏覽那些動態，一邊不禁納悶：看到這些，我應該想什麼？又應該怎麼想？」科技學者達娜．博依德（danah boyd）稱這種情況為「情境崩解」，它可能讓我們想要討好所有人，只發布感覺安全的內容。如果網路上沒有情境，我們可能會覺得只能發布不需要情境的內容。

但有沒有可能只是我們在網路上花的時間還不夠多，還沒掌握它的複雜性，因為網路太新，而我們太缺乏經驗了？這實在很難說。札基解釋說，人與人之間比大多數的物種更能發展出同理心——雄性荷爾蒙降低使得面部表情更加柔和，看起來沒那麼兇；眼白較大，方便追隨彼此的目光；臉部肌肉讓我們可以更有效地表達情緒——原因都跟身體極度相關。我們之間的關係受到螢幕介入的程度愈來愈深時，會發生什麼事呢？

或許同理心也會隨之演變。在《感覺的未來》中，凱特琳・烏戈利克・菲利普斯深入探討了人試圖使用社群媒體和虛擬實境來增加同理心的各種方式，但她承認，我們並未因此擁有一個更有同理心的未來。在很多方面，情況似乎都對我們不利。但是，在我看來，正因為如此，反而更應該朝這個方向努力。

當然，我們很熟悉以數位方式建立距離帶來的眾多優點。匿名讓人更容易對強權說真話，並在不安全的環境中以更安全的方式建立組織。但是也有其黑暗面。札基寫道：「當人要對彼此負責時（例如在小團體中），殘酷的社會代價就很高昂。」但是「匿名使人擺脫了這些限制，切斷了社會交換的煞車線，導致網路上到處都是煞車失靈的殘骸。」

網路縮短距離的力量，還可能給我們提供超出處理能力的資訊，這種比例失真讓人很難對這麼大量的人產生同理心。札基舉一張二〇一五年一群敘利亞難民死於逃難途中的照片在網路瘋傳的事件為例。雖然敘利亞難民危機已經持續了很長一段時間，但這張照片之所以能夠散布，是因為比起群眾，人更容易同情個人。在這張照片出現之前，許多人都不太能理解這個問題的嚴重性。但當他們看到這張照片，情況立即改變，捐款劇增。然而，社群媒體的時間軸一直在變化，沒多久，洶湧的同理心就不見了。對許多網路使用者而言，幾天後，敘利亞難民再一次成為面目模糊的群眾。

在人逐漸脫離宗教與公民組織的現在，我們應該會感覺更難以縮短距離，因為長久以來，我們都透過這些機構來了解其他人的難處，並採取行動解決這些問題。這些機構的理念已經由其他訴求所取代，而控制這些訴求的，就是經營社群媒體平台的那些人。艾默利大學（Emory University）教授法蘭斯．德瓦爾（Frans de Waal）在《同理心的時代》（*The Age of Empathy*，暫譯）中寫到，同情在社會中的作用「不僅是犧牲時間和金錢以減輕他人的困境，也會推動政治主張來關注所有人的尊嚴」。但是，當數位平台讓我們更難以同情他人時，我們的訴求會是什麼情況呢？

隨著我們信任的對象從舊式機構轉移到網路，我們絕對不能忽視，網路讓彼此之間保持距離，卻也因此讓人更難有同理心。德瓦爾說，世界又大又複雜，但人不必只靠聰明才智來立身處世。我們也有同理心，這是追求意義、歸屬和真實的重要成分。我們只需要弄清楚如何在網路上發揮這個特質。

二

你有多了解（以及同理）在社群媒體上追蹤的人？想想幾年前追蹤你的那個人，你可能已經不記得對方為什麼追蹤你，你也因為某件事而追蹤了他。你們仍然偶爾會為彼此的貼文按讚，有時甚至會留言。這麼多年來，你已經看過他們的個人檔案照片太多次了，要是夠認真的話，你甚至還可以從人群中認出他們。雖然不會經常想到他們，但只要看到他們的貼文，你就會閃過「嘿，寫得真有意思」的念頭。因為夠有意思，所以你繼續追蹤。

這到底是什麼樣的關係，而你又有多在乎那些人呢？為了找出答案，二〇一八年年底時，我聯絡了一個我追蹤大約十年的人，問他是否可以跟我聊聊，希望這十年來的第一次交談，可以幫助我更了解數位同理心，以及我們在網路建立和縮短的距離。

贊恩（Zain）是最早追蹤我、但不是我原本就認識的人之一。我們完全不確定彼此當初是怎麼在 Twitter 上接觸到的。我猜可能是因為我們都很喜歡蘇揚·史蒂文斯（Sufjan

Stevens）[30]這名歌手。

在開始互相關注之後的八年期間，我們的交流一直很友善，只是乏善可陳。他在 Twitter 上對我的工作表達支持，當我提到某個陌生的城市時，建議我可以去哪裡吃飯，或者對我說的無聊笑話哈哈大笑。在那八年的時間裡，我們交流了幾十條推文，私訊不超過十封。贊恩從來沒有完全從我的時間軸上消失，偶爾會在通知裡冒出來一下，譬如他在一間貝爾法斯特（Belfast）的書店裡看到我的書，或是史蒂文斯發了新專輯。但是，我們之間的關係也僅止於在漫長的數位沉默中偶爾呼應一聲。

從我在 Twitter 蒐集的一點點內容來看，他的生活看起來平凡無奇。他會貼跟旅行和政治有關的文章。他超愛史蒂文斯。他很友善。一切似乎都很愉快、很基本。我看不出來有哪一點需要進一步探究。

我根本什麼都不知道。

二〇一八年秋天，贊恩接了我用 Skype 打過去的電話，客套一番之後，我請他告訴我，他的故事。原來，贊恩一九八二年在倫敦一個保守的什葉派穆斯林（Shia Muslim）[31]家庭中出生，而五年後，二十出頭、沒什麼宗教信仰的父母生下我，我們全家住在明尼蘇達州一間政府補助租金的公寓裡。我們家至少在美國生活了好幾代，贊恩一家人來到這個國家還沒有多久。他的父親是來自烏干達的難民，於一九七〇年代去了倫敦。他的母親則是從東非來的移民，祖先可以追溯到印度。

贊恩一家人生活在一個基本上不了解他們的城市裡（最好的情況是對他們漠不關心，最壞的情況是對他們充滿明顯的敵意），平常往來的都是關係密切的移民團體。他在一屋子的人裡長大，跟父親的兄弟、祖父母和其他家庭成員住在一起。

明明和家人同住，但是他感覺關係很疏遠，很大一部分是因為他被一個親戚虐待，他認為由於他們懷疑他是同性戀，那名親戚才對他下手。因為不能跟任何人提起自己的性傾向或被虐待的事，所以贊恩感覺跟家人毫無關連、天差地別，而他們一家人本來就感覺跟周遭的每個人都毫無關連、天差地別了。

後來他父親的生意做得很成功，就把贊恩送去念私立學校，由此產生的距離讓他鬆了一口氣。學校裡有其他性格開放的同性戀學生，又能遠離家人，他得以出櫃，甚至開始成長茁壯。他終於有了一個安心做自己的空間。但是在父母的堅持下就讀大學後，贊恩的童年創傷又回來找他了。由於無法忍受痛苦，他變得非常沮喪，大部分時間都躲在宿舍裡。與家人分開，又跟周圍的大多數人格格不入，贊恩感到非常孤獨。原本感覺很舒服的距離，現在卻難以承受。

除了在網路上。

贊恩建立了一個 Tumblr 帳號，他在上面談身為同性戀的事，粉絲迅速增加。那裡成了他主要的抒發管道，他在那裡找到了群體，尤其是史蒂文斯的歌迷。而在他最艱難的時候，史蒂文斯的音樂鼓舞並安慰了他。但是他的家人可能找到的任何線上平台帳號，例如 Facebook 或 Twitter，贊恩一直保持未出櫃狀態。他的數位生活變得壁壘分明。

也因此，他和我在 Twitter 建立連結時並未出櫃，即使對方是我，一個網路上認識的陌生人，公開的酷兒，並致力於宗教、性傾向和身分的議題。贊恩出櫃的男同志身分，讓他在線上擁有完整的生活，但僅限在 Tumblr 上。至於其他地方，無論是線上還是線下，他都必須躲起來。

二〇一〇年，他移居美國，在北卡羅來納州進行了一年跟死刑犯有關的工作。他變得對美國的政治和社會公義深感興趣，也就是在那時候，他偶然看到了我的 Twitter 動態。接觸死刑犯期間，他第一次認真思考起自己的幸福。面對這麼多被奪走生命的人時，他自問自己是否真正活著。

回到倫敦後，贊恩試著繼續優先考慮自己的幸福。但在家裡很難做到這一點。兒時的惡魔又回來糾纏他，讓他非常沮喪，沉溺在奪人心智的毒癮裡。在此同時，在大西洋另一岸，我長久的戀情快走到盡頭，生活也將隨之崩解。但是，當然，我們兩人都不知道對方的處境。

二〇一五年，史蒂文斯發行《凱莉和洛維》（*Carrie & Lowell*），這是他最好也最飽受攻擊的唱片。贊恩和我就此交流了幾條推文，這是我們時隔多年第一次交流。不過，我還是不知道在《凱莉和洛維》發行那一天，贊恩剛好到了一個臨界點。他的生活完全被毒癮宰制，他決定自己必須改變。於是他收拾好兩袋行李，跟著史蒂文斯的巡迴演出飛往澳洲。他需要與自己的問題保持一點距離。

事實證明，拉遠了跟家人的距離，不僅讓他擁有新的視野，還意外幫助他拉近了另一種距離。贊恩在某個機場大廳遇到了史蒂文斯。然後在下一個機場又遇到他。下一個機場又遇到了。贊恩一路跟隨史蒂文斯的巡迴演出走遍澳洲，兩人也持續交會。每一次，史蒂文斯都非常友善大方。

史蒂文斯對贊恩的善意發揮了治癒的力量。贊恩拉近了自己和偶像之間的距離，並漸漸看到史蒂文斯平凡的一面，也因此走上一條不同的道路。那是一種解放。完成了與史蒂文斯會面的夢想之後，贊恩轉身，準備正視自己的現實。這趟旅程結束時，他下定決心，自己必須重新振作起來。於是，他花了一年時間到世界各地旅行，並戒掉毒癮，然後才確定自己可以平安回家了。

我坐在那裡吸收贊恩告訴我的一切，對於這些年來，憑著短短幾則推文和讚就將我和這個人及他不可思議的故事連結在一起，感到很震撼。我突然發現，還可以用另一種方式來看待我們的數位距離——不是只把我們的線上關係看做沒有「實物」那麼真實，或者只是「實物」的膚淺版本。我們認為沒那麼「真實」的關係，其實是不同的關係，並不是比同樣事物更好或更壞的版本。

日娜．涂費其在《Twitter與催淚瓦斯》中解釋說，社會連結有很多種，其中一種是強連結，也就是與我們非常親近的連結。當然，強連結攸關我們的幸福與意義感。但是在某些方面，這種關係比我們與同事、點頭之交或兒時的朋友必須建立的社會連結更容易維護。涂費其寫道：「無論科技如何發展，人都傾向跟有強連結的人保持關係。」但是弱連結就不是這樣，這種關係很容易消失。

不過，由於社群媒體的關係，我們現在甚至可以跟只是萍水相逢，或是沒那麼親近的人保持聯絡。涂費其說，網路使我們能夠維持比較薄弱的關係，這種關係「如果沒有網路的幫助，就可能會漸行漸遠或更疏於聯絡」。

這一點很重要，是因為人之所以為人，如果其中一個重要的特性是接觸可以挑戰、影響並幫助我們成長的資訊，涂費其寫道：「強連結的人，彼此的觀點本來就可能比較類似，所以我們比較不會對於他們在社群媒體表達的看法感到意外。但是，較弱的連結可能包羅萬象，裡面的人具有各式各樣的政治背景和社會關係。」換句話說，弱連結可以讓我們離開小團體和同溫層——這是社群媒體造成的問題，但是如果處理得當，也能對我們有益。

我們與他人保持距離，往往是為了讓自己感覺更安全、安心，諷刺的是，這麼做也等於避開讓我們更加完整的人，最後反而有害。在線上，我們有時會在需要跟不同世界觀的人交流時，意外建立起同溫層。但是，能讓我們築起高牆的工具，同樣也能讓我們建立更多樣的弱連結。

弱連結還有另一個價值：橋梁。涂費其舉例說，同事在你的 Facebook 上看到政治新聞，就轉發到自己的社交網路，其中包括他們的家人和朋友，而那些都是你平常不會接觸到的人。在這種情境中，這名同事就是所謂的「橋梁連結」。她指出，弱連結更有可能把我們跟迥異的群體聯繫在一起。此外，正如哈佛大學社會系教授馬里奧．斯莫（Mario L. Small）在《找個人聊聊》（*Someone to Talk To*，暫譯）中探討的，針對社交網絡進行的研究發現，人更可能對弱連結吐露心事。遇到重大問題、又覺得沒辦法跟強連結提起時，我們常會訴諸弱連結。

雖然有理由擔心社群媒體對強連結的影響，但社群媒體讓我們更容易接觸到弱連結，這一點也顯然值得欣喜。弱並不代表沒那麼真實；弱連結可以幫助我們變得更有深度及見識，接觸到原本絕不會經歷的故事和觀點，就跟贊恩的例子一樣。只需要我們願意走過去、縮短距離。

▬▬▬

如果你認為，了解與你相異者的經歷是讓人更完整的重要因素，那麼我們就很有必要在線上建立起通往弱連結與遠連結的橋梁。

這些年來，我在網路上認識具有穆斯林背景的酷兒，絕對不是只有贊恩一人。由於從事信仰與性別方面的工作，我認識很多這樣的人。開始聆聽他們的故事後，我投入很多心力。我交了朋友、從我的角度以支持者的身分寫了一些文章，並開始捐款給性少數族群的穆斯林組織。後來，這些經驗幫助我消弭了和原本不太熟悉的團體間的鴻溝。這份了解讓我成為現在的我。

身為邊緣團體，許多性少數穆斯林和具穆斯林背景的性少數族群，會在網路互相聯絡，也與支持他們的人建立連結。就像贊恩透過他的祕密 Tumblr 帳號建立的線上連結一樣，這份情誼非常寶貴。而在利用網路力量跨越遙遠的距離、建立有意義且往往能救人一命的眾多團體裡，他們只是其中一種。

我們確實很有理由擔心彼此在網路上連結的方式，但也很值得聽聽積極利用網路者的觀點。他們不僅利用網路建立並維持有意義的連結，也針對關鍵議題推動並轉變對話。「女性主義者瓊斯」（Feminista Jones）[32]在《收回我們的空間》（*Reclaiming Our Space*，暫譯）中指出了「Facebook、Twitter 和 Instagram 等社群媒體平台的即時性、方便性和連接性」。由於數位空間很便於使用，邊緣團體的成員（例如性少數穆斯林，或瓊斯提到的黑人婦女）可以發展和加入「自我肯定、自我保護」的線上社群。透過這些群體，我們可以拉近彼此的距離，不再感覺那麼孤立無助。

不過這一點也可能以比較隱晦的方式發生。在《從迷因到運動》中，安・蕭・米納討論到貓迷因圖如何打開人與人的連結。米納寫道：「網路出現時，社群媒體平台讓養貓人發現彼此的存在，從而打破了社會學家所謂的**多數無知**（pluralistic ignorance）[33]現象。所謂『多數無知』，是誤以為大多數人的想法都跟自己不一樣。」在網路出現之前，大多數人的自我表達管道有限。養狗的人可以在遛狗時發現同好，但貓通常喜歡待在家裡。很多養貓人不會大肆宣揚自己有多愛貓，又缺少偶然發現彼此的機會，甚至可能不知道馬路對面的鄰居養了好幾隻貓。

因此，現在看起來好像網路上到處都是貓的迷因圖，但米納表示，其實貓只是**看似**霸占網路而已，她稱這種現象為「網路貓謬論」。其實，貓迷因並沒有比狗迷因更常見。她寫道：「並不是在網路出現前大家都不喜歡貓，事實剛好相反，美國人養的貓比狗多，讓貓成為美國第二多的寵物，僅次於魚。」這其中的謬誤是，貓一直默默地無所不在，卻好像**突然**才變得無所不在。

找到跟自己有共同興趣或經驗的人，這種關係可以賦予我們力量，讓人變得更勇敢。網路讓人感覺沒那麼孤單，進而更能接受自己，了解連自己都沒發現的面貌。從這個角度來看，社群媒體可以幫助我們透過他人的眼光了解自己。正如米納寫的，「在破除多數無知的謬誤後，新的行為模式可以透過規律重複和肯定訊息而開始形成，這個過程稱為**觀點同步**。」

網路藉由突破各種障礙將我們連結，並形成新的行為模式，讓我們能夠加入政治學家和歷史學家班納迪克．安德森（Benedict Anderson）所說的「想像的共同體」（imagined communities），也就是我們可能從未見過但仍然感覺相連的一群人。這種想像共同體不僅擴大了我們對彼此的了解，也擴大了我們對自己的了解。甚至幫助我們領悟到：自己屬於一個更大的整體。

有時候，網路會破壞「多數無知」現象，證明仍有更多像我們這樣的人。還有些時候，它會打破其他類型的無知。在《收回我們的空間》中，瓊斯提到「Hashtag Feminism」網站創辦人塔拉．康利（Tara L. Conley）談到 #YouOKSis、#SolidarityIsForWhiteWomen、#SayHerName 等主題標籤所引發的討論。康利在《赫芬頓郵報》（*HuffPost*）上跟澤芭．布萊（Zeba Blay）說，沒有這些主題標籤，「我們的公開對話可能會很不一樣，或者更糟，根本沒有對話。」同樣地，如果沒有網路，我很可能會對於世界各地性少數穆斯林的特殊處境近乎一無所知。在網路上，我可以拉近自身生活與他人現實生活的距離。

雖然許多人認為數位化組織是「懶人行動主義」，但網路上的對話，甚至行動，確實具有真正的力量。例如，美國現代的性少數族群人權運動，有很大一部分是因Facebook用戶把大頭貼照加上彩虹濾鏡而引發的。米納在《從迷因到運動》一書中提到了經濟學家瑪麗．羅伊（Mary Rowe）的著作，羅伊提出了「微肯定」的概念：這是一種微小、有時甚至是出於下意識地表達對邊緣人的支持，例如陌生人看到我勾著另一個男人的手臂公開走在路上時對我微笑，更改大頭貼照片，或針對某個議題發布推文之類的事，就可以發揮微肯定的作用。米納寫道：「這些行為可能稍縱即逝，但重要的是聚合的力量。」在線上的每個

NOH8[34]標語或彩虹旗都成為一種微肯定，而對於酷兒，尤其是那些覺得受到孤立並花大量時間在網路上的人來說，人生可能就此改變。

這些小動作會改變某個人當下的經歷，包括可能發生和不可能發生的事。雖然看到「人權戰線」（Human Rights Campaign）的標誌和彩虹旗頭像，我都會很想翻白眼，但這些姿態並非毫無意義。事實是，我本來以為這個世界永遠無法理解或接受我，但是幾年前在網路上看到這些圖像遍地開花之後，我就改變這種想法了。

如果做得好，這些以數位方式改變人生故事的努力就非常有價值。在《隱形人，得到全世界的注目》（*Invisible Man, Got the Whole World Watching*，暫譯）中，作家邁可・丹澤・史密斯（Mychal Denzel Smith）認為，社群媒體幫助他重寫了自己身為年輕黑人在美國的故事，並意識到這個族群與其他族群的連結。他寫到在崔文・馬丁（Trayvon Martin）[35]被殺之後，「社群媒體成為主要管道」，對馬丁的死和全美黑人遭受的體制暴力表示憤怒。黑人Twitter用戶拒絕讓這件事消失，並譴責有線電視新聞臺和主要報紙對此事的忽視，主流媒體才開始報導。同時，史密斯繼續說：「傳統的民權組織還沒有任何作為時，網路上已經開始以不到一百四十字的推文規畫集會和守夜活動了。」要是沒有社群媒體，完全無法想像會有多少人知道馬丁的遭遇。

史密斯認為，雖然「社群媒體並不能代替直接行動和公民不服從」，但如果沒有社群媒體，很多人「可能根本就不會得知崔文·馬丁的事」。這種改寫敘事的能力，讓原本往往被忽略的事件得見天日，並繞過傳統上塑造敘事的守門人（當權者、擁有傳統媒體的富豪、民選官員），這正是社群媒體的一大貢獻。

社群媒體有助於擴大「奧弗頓之窗」（Overton Window）㊱，也就是可以接受的公眾討論範圍。在網路上，我們會發現可以採納的觀點更加廣泛。米納寫道：「（社群媒體）讓人發現彼此的存在並互相交流，因而擴大了可接受討論的範圍，滿足了一群飢渴大眾，這些人想要討論以前的年代可能從未公開討論的議題。」

這通常是正面的，但也可能有害。YouTube 演算法往往把愈來愈極端的內容推薦給用戶，也因此，YouTube 經常被視為白人優越主義運動的門戶。隨著奧弗頓之窗擴大，我們更需要保持警覺，注意哪些是朝符合我們價值觀的方向開拓視野（例如幫助別人更了解跨性別者或移民的經歷），哪些是打開大門鼓吹違反人性尊嚴的觀念。但是，在最好的情況下，網路是可以讓我們跨越浩瀚距離看見彼此的強大工具。

即使跨越了遙遠的距離並找到方法為彼此發聲，也還是會有重要原因讓我們想要消失——拉開我們和世界之間的距離。

有些人認為想要消失是某種欺騙的信號：如果被看見是常態，那麼想要隱私一定代表有見不得人的事。散文作家阿奇科・布希（Akiko Busch）在《隱形的奧義》（*How to Disappear*）中解釋說，在人類歷史中，隱形多半「與犯罪行為、墮落、惡意，甚至惡魔的行為有關」。這其中的邏輯是，如果某人躲起來，一定是心懷不軌。然而，雖然隱形可能掩護惡行，但也提供了機會，進行只有在沒有觀眾可能批評的情況下才會發生的反思和實驗，而這種探索行為對「感覺真實」可能有極大的貢獻。

科技本身讓我們更容易在需要時保持這種距離，即便我們在現實生活的距離上很靠近。我採訪過的一個人說，手機就像是在團體中暫時獨處的一種工具，這是大家普遍接受的做法。和朋友吃飯時暫時離開可能被視為不禮貌，或是很奇怪。但是，今天有人拿出手機做自己的事時，幾乎沒有人會多看兩眼。

過去這幾年，我正式、非正式地訪談了數十人，了解他們的數位習慣。或許最重要的一點是，大家把社群媒體當成是一種建立重要界線的方式。例如，有個人跟我說他有兩個 Twitter 帳號，一個私人的，一個工作上的。有時候，兩個帳號讓他覺得有點分裂，可是鎖住的（或者說私密的）個人 Twitter 帳號，也提供了一個非常必要的出口，抒發他因為擔心影響未來求職機會而不敢公開放肆的幽默感。

我訪談的另一個人告訴我，他也做了類似的事，但風險更高。

奧麗薇亞（Olivia，化名）在快三十歲時搬到美國讀研究所。她畢業後，川普（Donald Trump）當選美國總統，並在任內頒布了新的移民政策。這是她第一次申請簽證遇到問題，但儘管新政府讓她害怕，她並沒有想要離開美國。可是奧麗薇亞也完全不想非法留在美國——她母親的身體愈來愈差，她不希望有一天必須回家探望母親時卻無法離開，因為非法居留一旦出境就回不來了。於是她收拾行李，回到成長的加勒比海國家。

在美國生活期間，她不僅以酷兒的身分出櫃，也沒有宗教信仰，而且對這些事毫不避諱。她身邊的人都知道她的性傾向和信仰，她也在專業領域和社會議題充分表達意見。但是搬回家鄉與虔誠保守的家人一起生活，她的一言一行，都有可能會被家人排斥。保持沉默不僅違反她的本性，也讓她感覺窒息。

不過奧麗薇亞有一條救命索：她的祕密 Twitter 帳戶。有別於她的家人都關注 Facebook 和 Instagram，以及她稱之為「基本惡女」的 Twitter 帳號（主要寫些她喜歡的電視節目），奧麗薇亞的祕密 Twitter 帳戶從來沒有提到她的真名。她從來沒有在上面貼過自己的照片，也沒提過自己住在哪裡。打從開設這個帳號開始，她就刻意不暴露個人資訊。

不過，她在這個 Twitter 帳號上並不諱言自己的信念與身分。透過匿名帳號，奧麗薇亞在生活中的其他領域可以像過去一樣暢所欲言。對她跟其他很多人來說，要向家人出櫃是絕對不可能的，也因此，擁有安全、低風險且讓她得以出櫃發聲的空間（尤其是數位空間），變得更加重要。以這個角度來看，數位工具確實可以成為脫離主流箝制的有效方法。我們可以像奧麗薇亞一樣，暫時從我們的離線生活退開，躲進匿名帳號，進入一個可以隱藏身分、自由展現自己的空間。

對我訪談的其他人來說，數位工具可以幫助他們縮短自己在理想和現實之間的距離。我訪談過一個人，在遭受攻擊、失去信心之後，拍了裸照並張貼在網路，反而因此增加自信並找回性趣。他們以化名在網路張貼照片而得以隱身，即使從另一方面來說，他們比以往任何時候都更加引人注目。

不過還有一些人也提及棘手的問題，認為數位生活無意間仍會造成他人眼中的自己和真實生活的落差。換句話說，數位能見度讓他們感覺與周遭的世界更加遙遠，而不是更加密切與真實。

舉例來說，有個人談到她跟伴侶的關係在網路上看起來非常完美，但實際上對方是恐怖情人。她痛苦地談到在網路上的形象和現實間的距離，以及這種分隔如何讓她更難尋求資源和支持。

我訪談的每個人，幾乎都花好幾個鐘頭評估數位距離的優點和難處。從他們的故事可以清楚看到，數位工具可以幫助我們同時以正面及負面的方式被看見。在想消失的時候，數位工具可以幫助我們消失，但在不想消失時，數位工具也能讓我們躲進匿名帳號暢所欲言。

重要的不僅僅是不被看見的機會和挑戰而已。珍妮・奧德爾在《如何「無所事事」》中指出，還需要考慮**我們**看見的和缺少的。有時我們需要與螢幕保持一點距離，以便將注意力轉移到其他地方，縮小自己與實際週遭人事物的距離。奧德爾寫道：「注意力的模式（我們選擇注意什麼、不注意什麼）就是我們為自己創造的真實，因此將直接影響我們在任何特定時間覺得可能存在或發生的事。」我們注意到的，就會成為我們習慣的、在意的、會對世界產生影響的事。奧德爾說，這就是為什麼，「把注意力（從留住我們的注意力對其有利的平台）收回來，具有前所未有的可能性。」把一些注意力從網路挪出去，可以讓我們把那些注意力重新投入其他重要（且非數位）的領域。

但是在一個日益數位化的世界裡，選擇退出網路也會讓我們與他人之間產生隔閡。例如，我訪談了一對夫妻，他們決定要更謹慎使用手機和社群媒體，於是棄用手機，改用固網電話。他們並沒有完全停用網路，還是會收發電子郵件，有時也會使用電腦或是舊手機連上Wi-Fi使用社群媒體。但是，他們不用手機後立刻注意到生活發生了巨大變化。

鬆了一口氣是一定的（他們不再隨時隨地漫不經心又焦慮地滑手機看社群媒體），但也失去很多。有些朋友不能臨時發訊息問他們有沒有空，也未能因應變化調整做法，於是逐漸淡出了他們的生活。還有一些朋友因為跟他們見面需要多花一點心力，乾脆就不找他們了。他們失去了便利的友誼，社交圈也跟著縮小，只跟願意多花「力氣」拿起電話打給他們、傳電郵或事先安排的人來往。

這種限縮有其優點：留下來的人，感情會更深。當然，失去的友誼也很令人難過。選擇退出現在很多人使用的交流管道（認為應該隨時聯絡得到人、人際關係應該保持彈性、計畫應該隨機應變等期待），也表示他們斷開了與一部分世界的連結。

他們還體認到，能夠斷開連結是一種特權的體現。正如布希在《隱形的奧義》中寫的，「拔掉插頭、數位排毒和斷開連結是奢侈品，僅適用於某些專業人士、學術界或企業精英。」

同樣地，**選擇**隱身的能力本身就是特權的體現。對於邊緣化族群的成員來說，隱身往往不是一種選擇，而是不可避免的現實。對其中一些人而言，社群媒體是可以讓他們被人看見的少數工具之一，因此不可能考慮選擇退出。

然而，有特權的人想隱身時就可以選擇隱身，但這些人就算想隱身也辦不到。布希舉白人在公共場合吸大麻不會惹禍上身為例，來說明隱身能力常常讓既得利益者受益。奧德爾也承認特權能夠讓人「什麼都不做」。但是，重要的一點是，她認為「很多人未享有這項權利，並不表示這項權利失效或沒那麼重要」。而某些人無法停用網路或斷開連結，也不表示這麼做沒有任何價值。

此外，如果感覺某種方法似乎可以控制我們之間的距離（他人能看到多少、能看到什麼），最後往往也證明那只是錯覺。賈．托倫蒂諾在《哈哈鏡》中寫道：「大家以為社群媒體會給我們調整過的控制權，多少可以控制自己觀看的東西。」但實際狀況是，無論從個人還是集體的層面來說，我們「根本無法行使控制權」。即使我們想拉開自己與數位生活之間的距離，也會感覺幾乎白費力氣。也難怪會有人決定採取全有或全無的方法，就像我訪談過的那對夫妻，或者像我在為本書做最後修改時那樣，強迫自己停用三個月的社群媒體。停用的頭幾天，我出現了幾乎跟戒菸時一樣嚴重的戒斷症狀。即使感覺擺脫了某種壓力，我還是發現自己極度渴望那種並不是每次都很喜歡的經驗。

托倫蒂諾寫到，在線上，「我們表現出經典的實驗室老鼠尋求獎勵的行為，也就是把實驗室老鼠放在時有時無的餵食機前面時會出現的行為。」她解釋說，無論桿子會不會掉下食物，老鼠最後都不會再按那根桿子。但是，如果沒辦法預測會不會掉下食物，老鼠就會一次又一次按壓。她繼續說：「換句話說，**關鍵**在於社群媒體大多時候讓人不滿足。所以我們才會一直滑啊滑，一次又一次按下桿子，期望能獲得一些短暫的感覺——短暫的認可、恭維或氣憤。」

我們迎合演算法的獎勵來貼文，連數位「停機時間」有時也並未帶來煥然一新的感覺，甚至相反——彷彿數位空間裡的生活永遠在**做些什麼**，而不只是存在。我想起了一個朋友跟我說她參與籌辦「黑人的命也是命」活動時的事。她也是一個投入宗教團體工作的基督徒，她提到自己一些沒有參加宗教活動或哲學團體的朋友（也就是什麼都不信，或者更精確地說，是沒有特別信什麼的人）反而在社會運動中找到了群體、歸屬感和身分認同。她告訴我，她看到很多那樣的人辛苦掙扎、心力交瘁，不知道是否正因為沒有其他空間讓他們在重新投入工作前重新連結與反思。他們的世界就是工作，沒有單獨的空間來站穩腳步、感覺得到鼓勵與支持。我承認她指出了我在別人身上看到的現象，甚至在我自己身上也感受得到。

最好的教會也不會要我們放下世界的問題，**而是**讓人可以在其中得到暫時的喘息，拉開自己和外界的距離，以便與自己重新連結並重申自己的承諾。人可以在教會裡重新定位自己的價值，再次審視自己和一個負責任的團體該做的事，並確定自己了解為什麼要做現在做的這件事。

隨著愈來愈多的人離開傳統機構，把探求意義與歸屬的任務轉向數位平台，一種活動源源不絕的空間——有時感覺這些平台的重點是「行為」（doing），而不是「去做」（being），我們是否失去了退後一步、與世界拉開一點距離，好看得更清楚的機會？少了這種機會，我們就會心力交瘁、開始感到麻木，被超過負荷的東西淹沒。

有一段時間，我的社群媒體使用習慣落入獎勵與演算法的迴圈，這種狀態讓我感到忙碌積極，而且完全能掌握自己在他人眼中的形象。「我」隱形了（不好的那種）。但是對網路變得麻木也改變了我。我開始把數位版本的我看成是真正的自己。只不過，在線上把自己石化多年之後，在我分手後的那幾年，我本來維持的距離開始逐漸消失。令我驚訝的是，撬開我心房的，主要是一個自稱是 Twitter 怪咖的半匿名團體。

二〇一七年的春天，我的一則無聊推文在網路上爆紅後，有人把我加入一個 Twitter 聊天室。整個聊天室裡幾乎全是陌生人。我唯一認識的一個人，也就是把我加進去聊天室的那個人，是我十幾歲時的教會朋友的先生。雖然我知道他是 Twitter 用戶，但完全不知道他在有人稱為「Weird Left Twitter」的團體裡相當活躍。他們討論了我那則爆紅的推文後，決定邀請我加入，而我一進去，就被聊天室裡隨時有人交談的狀況嚇到了。幾乎不管任何時候，只要我進去聊天室，就有人在講話。雖然那個群組人數不多，但每個人都很活躍。

多年來，我一直把 Twitter 視為與個人事業和身分認同相關議題的空間，但是這個聊天室的人態度截然不同。其中大多數的人都不在個人檔案中使用「真實」姓名或照片，而且在 Twitter 上多半時間都在發廢文——講笑話和酸話。然而，我被加入聊天室才短短幾個月，就發現自己需要這群一直發廢文的朋友，這是我以前很難想像的。

在我搬家後的幾個月，我確診得了疥瘡並且躲起來幾乎不跟人聯絡時，他們（再加上兩、三個其他朋友）就是我的救生索。因為聊天室話題不斷，所以那裡幾乎隨時有人可以用幽默感讓我分心，或者聽我抱怨。他們對我很溫柔，讓我發洩絕望，並用言語同情、支持我。在我把自己孤立起來，不敢見任何人的時候（免得別人看到我的狀況有多嚴重，或者，更糟糕的是，萬一他們不小心碰到我的手臂，我很擔心把疥瘡傳染給他們），這個聊天室讓我感覺仍和世界相連，自己並不孤單。

這個聊天室的相對匿名性（實際上並**不是**真正匿名的，因為聊天室裡的大多數人都會分享生活中的私密細節、照片、姓名等等），讓我可以放心發言，不擔心會遭受批評。我感覺安全、跟他們有連結，愛講什麼就講什麼。而且每個參與聊天的人真的都這樣；這是一個能展現脆弱又充滿同理心的空間，感覺在其他地方很難做到這種程度。在我退出大部分的親密關係、對自己的困境感到羞愧時，這種所謂的「弱連結」給了我力量。

那個夏天，我親身經歷了一種意想不到的自由，讓我能夠對遠方的人露出脆弱的一面。在線上跟別人分享私事，而對方可以在安全的距離外閱讀你的文字，讓人比較不易受傷。但這並不表示它不是真的。

在線上暴露脆弱或許感覺風險很低，因為往往是半匿名，或者是在可以小心斟酌字句、組織想法的論壇上進行，但數位邊界的複雜性和滲透特質，意味著我們能控制的並非想像中那麼多。即使是低風險的暴露脆弱也無法保證一直都是低風險。無論花多少心力在隱私設定上，一旦資訊流出去，就不可能控制誰會看到了。儘管社群媒體的某些特性讓人在網路比跟朋友面對面更容易敞開心胸，但數位生活的許多方面，仍以我們未完全了解的方式公開。而即使是匿名的數位關係，隱密程度也會隨著時間累積減少，就如同我在那個聊天室的經驗。

儘管如此，我還是可以在那個聊天室裡練習說出辛苦的經歷，然後在分享的內容加進生活的其他部分。而這段經驗也幫助我看到自己有多習慣逃跑、退縮、拉開與他人之間的距離，好讓我可以從遠處安全地處理彼此的關係。一直到我搬回明尼蘇達，並加入那個聊天室，我才漸漸明白自己有多深陷在這種習慣裡。明白為什麼我在大學畢業後會搬到明尼蘇達北部一個小鎮去；為什麼我會去芝加哥念研究所；為什麼我會離開芝加哥去波士頓，然後又去了康乃狄克州的紐黑文（New Haven）；為什麼我會結束近五年的感情；為什麼我會搬回明尼蘇達，以及為什麼我會在全都是陌生人的聊天室裡尋求慰藉。

搬回家大約一年多後，我跟治療師談話時，他提到了許多酷兒會面臨的雙重、幾乎完全對立的掙扎：因為強烈渴望家的感覺，於是向別處尋求，即使後來對他們有害也不離開；另一個就是無法在任何地方扎根，難以對自己所在的地方感到滿意。這兩點我都深有同感，後者尤其嚴重，所以我常常一找到家的感覺之後就跑了。

我是這樣，贊恩是這樣（我以在數位時代尋求意義與歸屬為題談過話的許多酷兒也是這樣），逃跑的衝動有特別濃的酷兒特質。我們這樣的人，很多都在青春期時拚命想像其他世界：要不是我們跟周圍的人沒有什麼不一樣的世界，就是世界本身就不一樣，我們在那個世界裡會被接納，或者我們在那個世界裡是正常標準，而不是危險的偏差。諷刺的是，這也是我在青少年時期進入排斥同性戀的福音派教會的原因之一：他們描繪了一幅沒有痛苦的來世美景，一個理想化的他方（即使他們表明同性戀者不准進入）。

從小就夢想有一天可以去一個更美好的地方，就很難在任何地方安定下來。你會一直尋找一個更完美的地方，而這種追尋會讓你不在意目前的環境有多不完美或不安全。酷兒身上這種「逃走就不必戰鬥」的態度（隨時準備逃走）非常明顯。很多在美國鄉下地方（或世界上其他酷兒特質會帶來危險的地方）長大的酷兒，一有辦法就會搬去更安全的地方。有人稱這種現象為「酷兒離散」（queer diaspora）。

我從明尼蘇達搬到芝加哥時，發現了一些從來沒見過的團體，那是充滿酷兒特質的空間，我在那裡可以和新朋友一起嘗試新事物。在這個過程中，我變得愈來愈自在。這種遷移對於我這樣的酷兒來說，可能帶來難以想像的自由，只是往往要付出代價。為了在別的地方找到更大的安慰，我們離開了自己喜愛的人事物。離開是為了變得更像自己，但是也有可能變得更不像自己，因為我們拋棄了認識一部分以前那個自己的人。

就像了解自己的許多其他方法一樣，展開新生活的衝動也同樣會以新的形式出現在數位生活中；你不必打包一生搬去別的地方重新開始。但是，隨著障礙減少，有時即便不需要重新開始時也會想從頭來過，在沒那麼需要保持距離時也會想保持距離。

我們之所以希望跟外界保持距離，部分是因為現在對於保持聯絡的期望有點太高了。幾年前，我的Google語音信箱服務失效了，而我從來沒有想過要恢復這個功能。我很快發現沒有語音信箱真是太好了，況且沒有這個功能我也過得很好。之後我就一直覺得那是一種（很小的）反抗行動。

但是放任衝動拉開自己和周遭社群的距離，到其他地方重新開始，也會產生後果。奧德爾在《如何「無所事事」》中寫到，那些試圖退出社會的人，是「以熟悉且由來已久的反應來面對無法繼續的情況：離開並另找一個地方重新開始」。她舉了許多例子，從一九六〇年代的美國公社，到公元前四世紀的伊比鳩魯莊園學校，其目標是「不具名生活」。

奧德爾認為，儘管伊比鳩魯學校的成員明顯「深感要對彼此負責」，但也很顯然，「不可能對他人負起任何責任。他們已經拋棄了世界。」愈來愈多人在數位空間尋求連結和意義，我卻只想保持距離。我發現，從某種意義來講，這就表示要放棄世界，因為這個世界已經愈來愈數位化了。而那終究不是我要的結果。即使在最沮喪的時刻，我也不想放棄這個世界。我想找到一種更好的方式來立身處世。

最後，奧德爾在一名天主教修道士多瑪斯・牟敦（Thomas Merton）身上找到有用的例子。我在念宗教學院時也讀過牟敦的作品。

牟敦原本以為自己會成為隱士，但他最終領悟到，儘管為了明辨與反省，默觀靈修有其必要，但靈修永遠應該帶你找回對周遭世界的責任感。同樣地，登出、與數位生活拉開距離的一個價值是，它可以提供通透的觀點，帶我們回到數位世界。牟敦寫道：「即便不能選擇生活的時代，我仍然可以選擇要採取什麼態度。」

如果不能選擇要不要生活在數位時代，那麼最好的做法就是決定要如何活在這樣的時代，在需要時拉開距離，但拒絕完全退出。奧德爾認為，這個「**如何**及**要不要**」的問題，可以幫助我們「分辨（我們）真正想逃避的是什麼。」如果不確定想逃避什麼，就不能對症下藥。有時，這表示要走出來看問題，而不是退縮且坐困愁城。

當我發現自己想要完全斷開連結，或者一心一意只想在數位避風港（例如那個半匿名的聊天室）中找到連結時，現在我會想到公社為什麼會失敗。我會努力尋找可以進退自如的中庸之道。我還提醒自己，登入也可以是一種後退。正確理解數位距離，可以提供牟敦尋求的那種觀點，扭轉比例失真的問題。卡爾・沙根在他著名的《淡藍色的小圓點》（*Pale Blue Dot*）中，建議從太空深處觀察我們的小行星，可以讓我們在相對於浩瀚宇宙的渺小之中找到意義。在網路上，我們也可以將自己看作是浩瀚無垠中的小點。有時我上線，是為了提醒自己，世界很大，我很渺小。我屬於一個比自己大得多的整體。

雖然有時回家讓我感到緊張不安，但二十多歲的我四處流轉時，發生了一件讓我驚訝的事：我發現自己愈來愈想念家鄉。沒有其他地方比明尼蘇達讓我更自在。雖然家鄉沒有新地方那麼令人興奮，但我在明尼蘇達感受到的輕鬆，是其他地方無法複製的。

多年來，我一直認為那個地方太小、有些人的眼界太狹隘，覺得自己需要去更國際化的地方，現在，我又漸漸再度愛上它。以一種新的方式。距離使我體認到，瑕疵並不能否定一個地方的優點。明尼蘇達讓我討厭的事，開始沒那麼討厭了，而我喜歡的事情隨著距離增加而變得更明顯。我甚至開始給它加上浪漫色彩。從遠處看，那個地方看起來幾乎是完美的。

我那些年的生活充滿各種變化，但家鄉一直是那樣。當然，我不在時，明尼蘇達一直在改變，但每次回家，熟悉的事物總比陌生的事物多。我不管在哪裡生活都會想回去。明尼蘇達是我的恆常——它開始在我的心中擁有一個神話般、近乎不可思議的地位。從某種意義上說，我跟家鄉的關係，變成跟童年的幻想相反。現在的我，不是在家鄉想像自己去到別處，是開始在他鄉想像自己回到家鄉。

分手後的那個秋天，這份鄉愁達到了頂點。我回家的頻率是離家以來最高的。我跟媽媽一起翻舊相簿、讀了她朋友在母親去世後寫給她的一封信，我們兩個都哭了，還說到我們有多愛對方。我和兄弟姊妹、姪甥玩在一起。我走在大學時常去的街道上，踏過枯葉，回想起年輕時的樂觀，那時覺得凡事都有可能。每一次回家後，我都會花很多時間在 Instagram 上看明尼蘇達朋友們的貼文，或者貼幾張在家時拍的照片，想像搬回去住會是什麼樣子。

我們如果不夠謹慎，社群媒體平台就會成為引起懷舊之情的裝置。我們會開始透過復古的濾鏡和巧妙的標題，用懷念的心情觀看自己的生活，在回憶中把事情想得比實際上還美好，即使那些事才發生沒多久。這樣一來，我們就會開始遠離錯綜複雜的人生現實面。在數位時代，我們懷念的不僅是過去，還有重新想像的現在，甚至是未來（想想看你有多少次坐在那裡想像，要為未來的事發什麼樣的貼文、取什麼標題。我就做過這種事。我們可以在事情發生前就開始懷念）。這種逃避心態當然不是什麼新鮮事，但是社群媒體讓我們得以用各種新方式在周遭建立自我保護的懷舊心情。

我有多少次在線上看過以前的照片和貼文後，發現自己對目前的狀況一點也不滿意？馬丁・海格隆德在《今生》裡寫到躲進對往事的回憶時說：「那種『這些事情都一去不復返了』的感覺，會讓它們看起來比實際更珍貴。如此一來，你的懷舊情緒就能保護你，不受現實生活傷害，畢竟日子必須過下去。」

每個世代都有一大堆人懷著反抗現實的懷舊心態，嚮往「比較單純」的年代。對我這個世代來說，是以美化的眼光來看社群媒體出現之前的時代，而這種態度必然忽略了社群媒體的優點、它帶來的所有好處，只注意到它的缺點（當然，這種緬懷心態也會忽略或輕看了過去的缺點）。

我不同意這種觀點。雖然有時會覺得難以承受數位時代的新挑戰，但我不認為我**真的**想回到網路出現之前的時代。但是，這並不表示我們就該完全不考慮懷舊主義者的觀點。我們從改變中獲得的領悟，是有優點的。我們會從失去的（或至少不在眼前的）事物中學到教訓。也許我們把數位生活之前的某些事視為理所當然了。但是，如果一切都沒有改變，我們還會注意到少了什麼嗎？

身為酷兒，為了堅持我的酷兒特質，我不得不強硬拒絕許多異性戀本位的想法。這包括毀掉前人傳承給我的規範和觀念：也就是逃離家及在家裡學到的一切。但是在質疑並逃離這些規範後，長大成人的我，正在拉近這個距離。我在其中一些規範中看到價值，並質疑自己拒絕任何「正常」事物的衝動，而這種衝動，曾經是我求生存的必要手段。這種衝動是好事，但也許有些矯枉過正——我拒絕那些事情並不是因為那是壞事，而是因為我的反射動作就是去質問、拒絕和逃跑。

質問的一部分包括重新評估我對家的拒絕。於是，在分手後的那一年（是因為懷念往昔，但又不是完全受到這股鄉愁驅使），我決定搬回明尼蘇達。我不想再逃了。

在搬家前那辛苦的一年裡，我會幻想在家裡有多安心與熟悉。我想像每個星期都去看我媽、帶姪甥去博物館，並在那裡安定下來。可是搬家並沒有神奇地解決所有的問題。我一回到家，一切反而變得更糟了：疥瘡、失眠、對如此巨大的改變感到不安。少了東部的朋友，我很茫然，而我忘了如何向家人求助。於是，前幾個星期，我大半時間都待在家裡，感覺悲慘又無望。家不再是幻想。它是真的。

終於回到家，回到我十年前離開並渴望回歸的狀態，結果我一點也不意外地發現，現在我又渴望另一個地方、另一個時間——渴望我和艾力克斯一起建立的舒適生活，渴望大城市的活力與那裡的友誼。

這段期間終究還是有用的。它讓我看清楚，回家只是離開的另一種形式。而且回歸消滅了我的幻想。家永遠不會依我的意願任我塑造，但是一直到回家之後，我才看清楚這一點。

在線上縮短距離，也有助於打消幻想。在網路上，我們可以得到某種觀點，看到我們心理的移轉投射以及建立的幻想，甚至還可以消滅那些沒用的部分，就像我搬回家時那樣。但是，這些不會自己發生。這需要努力，有時還會很痛苦，就像那年夏天的我。但是，透過這種痛苦，我們可以理解自己逃離了什麼，又為什麼要逃。

我不知道是否有消滅逃跑本能的那一天，但消除對家（一個我先是貶低、然後理想化，到現在，終於可以把它當成跟任何其他地方一樣）的幻想，並且縮短我和最早認識我的那些人之間的距離，感覺會是很好的起點。這並不表示完全**消除**距離；我還有很多他們不了解的地方，其中有一些事，我確定他們並不想了解。但有時我們需要的距離沒有以為的那麼多。在一個日益數位化的世界，當數位平台常讓我們養成走向分離的習慣時，更應該想到這一點。

你可能也會好奇，贊恩決定不再逃跑並回家後，發生了什麼事。

我在二〇一六年加入 Instagram 時，贊恩很快就追蹤我，而我也立刻追蹤了他。那時我就懷疑他是酷兒，只是他並沒有明說。我注意到某人手臂上有一個彩虹心的臨時紋身。一條彩虹人行道。一個扮裝皇后。兩個新郎的一系列婚禮照片（看，我並沒有做什麼特別費事的偵察工作）。

當時我不知道，贊恩是故意逐漸縮短自己和週遭的距離，而一部分原因是他談戀愛了。但是贊恩不得不對家人隱瞞自己的戀情，所以即使在網路揭露自我，他還是感覺很沉重。心理上的切割處理狀態開始讓他倍感壓力，也影響到他的感情。

二〇一六年和二〇一七年，贊恩和我只交流了幾則推文。而二〇一八年（蘇揚・史蒂文斯為《以你的名字呼喚我》（*Call Me by Your Name*）原聲帶創作的那一年，這部電影是講述一對同性戀人在一段祕密戀情中掙扎的故事）的大部分時間，他就只是出現在我的動態消息中。雖然我們偶爾會為對方的貼文按讚，但並沒有互動。不過，那年秋天，贊恩的幾則貼文引起了我的注意：先是 Twitter，然後是 Instagram，兩則貼文都在講出櫃。我就是在那時候跟他聯絡，問他是否願意跟我聊聊。他跟我說了狀況：他的背景，還有他剛剛向家人出櫃，並且充分得到接納。他還說，拉近與真實的自己和家人間的距離，不僅救了他，也救了他的感情。

一個在我的社群媒體外圍、幾乎沒有互動過的人，擁有一個超越我在線上可見的完整人生，這一點並沒有特別值得注意。我沒想到的是，這個事實令我感到多麼**驚訝**。我一直以為他的生活很簡單，甚至很平淡，但他的故事讓我震驚。我知道他擁有自己的完整人生。但是我對那些故事一無所知。

每個人都過著極其複雜的生活，把可以及想要分享的，公布在網路上。但是，在社群媒體的動態消息中看到他人過濾後的生活時，很難不用簡單的假設來填補空白，或者以為完全沒有空白，以為在網路看到的部分就是他的全部。至少所有重要的都在那裡了。有時，在網路上更容易把人當作物品。

二〇一二年，在我的第一本書出版後大約一週，史蒂文斯發行了他的第二張聖誕音樂專輯《銀和金》（*Silver & Gold*）。發行那天，我發了一條推文：「剛剛買了蘇揚．史蒂文斯的《銀和金》。好想趕快聽到！」這是一條非常無聊的推文，當然也幾乎沒人在乎。它得到了兩個讚、一次轉發和一個留言。轉發、其中一個讚和留言都來自贊恩。

贊恩在回應的留言裡貼了連結，帶我去聽優美的〈正義傳遞了它的死亡〉（Justice Delivers Its Death，暫譯），這是那套專輯裡的倒數第二首歌，也是史蒂文斯的原創作品。在一系列歡快、滑稽、精雕細琢的歡樂頌歌裡，那首歌的淒涼、悲傷和優美顯得特別突出。那也是我一拿到專輯就愛上的歌。

「銀和金／銀和金。」史蒂文斯娓娓唱來，讓人以為即將聽到熟悉的經典耶誕歌曲。

但這是刻意誤導，這首歌急轉直下：「每個人都想要它／你如何衡量它的價值？／僅僅靠它給人間帶來的樂趣。」

現在聽這首歌，我問自己，我之前給了贊恩多少價值。我們有那麼多共同點，為什麼我們沒有更多連結？為什麼我沒有想過要了解他的人生？我對帳號後面那個人的好奇心在哪裡？

如何衡量我們在社群媒體的價值，以及在上面與我們互動者的價值？僅僅靠他們提供的樂趣？多年來，我在網路以便於行事的方式填補空白，沒有多分一點念頭給贊恩。就算我看到小警訊，暗示也許他遇到了什麼事（會讓我暫停一下，想到帳號後面有個人存在的事），我都沒有理會。

贊恩和我活在不同的世界，是網路把我們連結在一起。但是即使網路瓦解了距離，幫助我們與世界另一端的人建立連結，距離也可能原本就存在於社群媒體建立的連結裡。在某些方面，我們在網路會永遠保持一定的距離；我們之間可能永遠沒有辦法完全沒有距離。或者，就算辦得到，也可能需要更努力。

不過，如果我們願意的話，網路浩瀚的公共空間匿名與距離的特性，可以容許新型態的連結及脆弱。出人意料的存在和歸屬方式，可以幫助我們大幅拉近距離。這樣一來，網路就有點像紐約中央車站（Grand Central station）。在《隱形的奧義》中，布希講到一個女人在紐約這個繁忙的火車總站裡，跟一個似乎是她兒子的人道別。布希寫道：「眼淚從她的臉上流下來，這讓我想到這個廣闊的公共空間，不僅可以帶來親密的片刻，還讓那個片刻更加濃烈。」

有時候，最能夠找到自己的地方，是在自己幾乎不再存在的空間。例如我二十一歲時自己一個人搬去芝加哥，身上沒有半點積蓄，還讓自己陷入了巨大困境。又或者是二〇一九年秋天，我搬回中西部後第一次來到中央車站。我去那裡搭火車到紐黑文。跟贊恩一樣，我也有一些需要縮短的距離。

到達後不久，我去見了前男友艾力克斯。雖然我搬家後那幾年一直保持聯繫，但最後一次見面正是我在紐黑文的最後一夜，他過來幫我把行李搬上車並向我道別。

剛分手的那幾個月，我消沉到連房間窗簾都沒拉開過一次，我還告訴自己，我們從來沒有**真正**、徹底相知過。這種想法比事實更令人安慰：縮短了距離也不能保證會一直相知相惜。但是再次一起坐下來，我可以比以往看得更清楚，那是自欺欺人。我們現在只是朋友，他仍然比任何人更了解我。實際上，我搬了家讓我們得以重新當朋友，因為有了安全的距離，我們反而能夠試著相互理解。

碰面幾個小時後，我們走去全世界我最喜歡的一家餐廳，米雅小館（Miya's），跟幾個在東岸最好的朋友共進晚餐。米雅小館是一家獨一無二、擺脫框架、以永續精神經營的壽司餐廳，餐廳老闆姓賴，他們一家人在紐黑文期間也成為我的第二家人。當大家聊到曾經讓人非常憤怒的事，說得又笑又氣時，我突然納悶，幾年前，我逃離紐黑文到底是想逃避什麼。為什麼當時我會認為在明尼蘇達的生活比在康乃狄克的生活要真實得多？

但是我已經知道答案了。就像青春期的我逃離身邊的人事物一樣，總想追尋更好的。可是等我回到明尼蘇達時，情況仍然一片混亂。不管拉開多遠的物理距離，或者在社群媒體上滑多久，都不會讓問題消失；該處理的還是得處理。但是，跟那段辛苦的日子有了一點距離後，我知道不需要再逃，也不必再感覺被過去和現在的人生拉扯撕裂。艾力克斯和我可以重拾當初放下的關係，以朋友的身分重新開始；距離並沒有讓我們對彼此的愛變得不那麼真實。它只是給我們機會重新建立界線，然後以更好的方式繼續彼此的關係。

那天晚上的菜，米雅小館的「非雞（chickenots）」是一大亮點。顧名思義，這道菜**不是**雞肉，實際上是秀珍菇裹麵包屑後油炸，但不得不說，吃起來實在是太像雞肉了。只是，也許因為我已經很多年沒有吃雞肉，我並不認為那道菜吃起來「幾乎像真的」。那道菜不是因為像雞肉才好吃；「非雞」就是「非雞」，跟雞肉一樣真。那天晚上，我們都因為那道菜太好吃了而興奮大叫，吃了好幾籃還意猶未盡。我們沒有一個人寧願吃「真」的雞。就跟我們的數位生活及用來縮短和建立距離的各種方式一樣，「非雞」就是米雅小館獨特的版本，與眾不同且真實。

如果我們期望用來縮短和維持距離的數位方式，跟線下扮演相同功能的事物一模一樣，那麼也許我們會永遠感覺好像不太對（或者差很多）。

但是，如果能理解兩個世界的活動本來就有各自的特性及優缺點，那麼我們無論是線上或線下，都能克服種種限制且遊刃有餘。

聚餐結束後，我和艾力克斯在紐黑文綠地擁抱道別，然後轉身走去那晚借宿的朋友家。一直到過了好幾個路口，我才意識到自己沒有回頭，也沒有揮手。

但這並不是因為我急著走，像讀高中時那樣，或像幾年前從紐黑文逃走時那樣。那是因為我處在一種混沌的狀態，時間似乎不存在了。那天晚上的聚會拖得比我預計的要久。時間很晚了。但是我慢慢走在幾年前急著想逃離的小鎮上。我吃了一肚子像雞肉的秀珍菇，深深懷念一個曾經被我視為家、也永遠是家的城市，還有滿滿的回憶，回憶裡有一個曾經愛過的人，而現在我用不一樣卻同樣真實的方式繼續愛他。我靜靜地穿過黑暗，偶爾停下來，不只向前、向後看，也向上面、四周，以及內心看。全部看清楚。我並不急著與今晚保持距離。

我很少有這種感覺：不需要接近或離開什麼。不必去別的地方，一個可能更好、或至少不一樣的地方。我繼續走進夜色裡，手機一直放在口袋沒拿出來。手機裡有過去用來發文的舊照片。在某個萬聖節愛上艾力克斯的我。跟他一起搬到紐黑文的我。在我生命中的一切都瓦解時，回到明尼蘇達的我。但是，無論在線上線下建立了多少距離，這些也將會永遠跟著我。我去過的地方和認識的人，對我的影響會永遠留在身上。

儘管數位工具讓我們能夠逃跑、拉開自己跟周遭事物的距離，但也提供了新的方法讓過去與自己聯繫在一起。有時候，就像那天晚上一樣，感覺很自由。但是在這個充滿截圖和存檔的時代，也令人窒息。為了更了解數位生活這種新奇的永恆狀態，以及能揭示何種成為真實的道理，我低下頭去看手臂的刺青。就從那裡開始吧。

留下印記

當數位足跡即成永恆，

真實人生能夠編輯幾次？

Inked

滿十八歲的那一週，我媽帶我去了聖保羅。在各種機械修理店、二手商店和廉價酒吧中，有間不起眼的紋身店，她當年就是在這裡紋了第一個、也是唯一一個紋身。

這家店雖然有點亂，但也非常乾淨，就像一間雜亂無章的醫生辦公室，只不過裡面不是洗得乾乾淨淨的實驗室外套、鋪著光滑白紙的檢查檯及無害的八〇年代流行歌曲，而是幾名把T恤剪掉袖子且沾了油汙的機車族、一張老舊裂開的皮沙發，還有偶爾跳針的CD播放器，喇叭裡尖叫嘶吼著難以理解的歌詞——不過，同樣有不祥的螢光照明和難聞的消毒芳香味。我已經準備好跨進門，把童年拋在腦後了。

滿十八歲去刺青，實在是很老套，尤其是在美國上中西部我的家鄉這裡。對年輕人來說，有個原因讓刺青成為長期且非做不可的成年儀式：這是最終極的表現。紋身代表的是：**我非常了解自己，甚至想把某個東西永遠留在身上。我現在是一個完全成熟的人，可以做需要承擔後果的事。**

紋身槍開始發出嗡嗡聲，幾分鐘後，我媽站起來，走出店門，然後一語道破。「你現在是大人了。」她沒有往後看，對著身後說：「加油！」

當然，紋了那個圖案後沒幾年，我就討厭它了。

那個圖案紋在我的右小腿上，是一根麥稈，旁邊有一段聖經經文：《約翰福音》十二章二十四節。耶穌在這段經文裡解釋說，一粒麥子必須死亡並埋在土裡，才能結果。

只是紋身後沒幾年，我就不再相信上帝了。在我努力建立「近期成為無宗教信仰的人」這個身分時，右腿上的刺青讓我的說法變得複雜，因為它證明我以前並不是這種人。穿短褲時，我發現自己甚至會向點頭之交解釋其中的轉變，想讓對方知道我是怎麼不到幾年就從一個願意在身體永遠留下聖經詩文的虔誠教徒，變成如假包換的無神論者。我會憤憤不平地想，**我紋那個圖案時並不是真正的大人。不是像現在**這樣的我。

幾年後，我剛開始讀研究所時，一家有線電視臺購入一部性少數基督徒參加夏令營的記錄片，片中有我當年就讀中學的影像。影片每週播出一次，有時還不止，並放在電視臺網站免費播放。我人生中和其他十幾名基督酷兒少年一起在明尼蘇達州北部一個湖中島上共度的某一刻畫面，會永遠在網路傳播展示。

沒多久，就有陌生人透過我早就沒更新的 Myspace 頁面跟我聯絡。他們往往在訊息中強烈表達了難以在基督教中找到立身之處的辛苦（那種辛苦，就跟我十幾歲時清楚感受到的一樣），同時也對我以酷兒基督徒的身分為榜樣表示感激，並詢問我的信仰之路走得如何。

在他們的感激和疑問之間，我聽得出來他們的希望、期待與興奮。而我又一次不得不解釋了。就像爬在我腿上的麥稈一樣，我的數位足跡講述了一個過去的故事，而陌生人以為那就是我的現在。

———

不再相信上帝時，我感到失落，但也鬆了一口氣。放鬆的部分原因是，我不再擔心到底有沒有天堂或地獄了。

永恆總是讓我害怕。我搞不懂這種可以永遠存在的概念。無法理解，所以害怕。我有時也會懷疑，我現在做的事是否會留下永久記錄並就此決定永恆的命運。我對永恆的恐懼並不算強烈（不過這種恐懼嚴重時確實有個詞可以形容：無限恐懼症），但在我放棄對上帝的信仰時，很高興這種恐懼也跟著不見了。

不過，身為一個生活在 Twitter 時代的大人，有些以前對永恆的焦慮又回來了。社群媒體時代把我們說過、做過的許多事情都記錄下來，這種奇怪的永恆可能正在改變我們對永恆的理解，並讓舊焦慮有了新版本。而它改變的可能不只有這樣。

想留下人生記錄不是什麼新鮮衝動——早在網路出現前，我們就有日記、剪貼簿和紋身了。但是，這些記錄並不是藏在抽屜裡，或者用牛仔褲遮住，而是更明顯。更公開，也更快且容易展現。也因此，我們與記錄的關係，以及對記錄能留存多久的概念，正經歷巨大變化。

紋身曾被認為是一種邊緣習慣，是船員、士兵、流氓和雜耍藝人會選擇的裝飾，後來蔚為主流。美國兒科學會（American Academy of Pediatrics）在二〇一七年的一份報告指出，現在十八歲至二十九歲的美國人當中，有三成八的人至少有一個紋身，這點改變了許多文化行為模式。網路也在迅速改變我們的行為模式。原本異常的事（像是紋身，或經常盤點生活、每天記錄和宣傳小事等），已成為標準。

我在二〇一六年加入 Instagram 後，就開始拍攝並發布更多照片。我很珍惜其中許多照片及喚起的回憶。但是，有一些照片，事過境遷後只希望當初留給自己看。還有很多照片根本不需要，我還懷疑拍那些照片反而破壞當時正在做的事——像是跟朋友吃飯時拿出手機來拍食物。在這個新標準下，我們不斷在數位記錄上加入新條目，而它就像我以前經歷的宗教焦慮一樣，讓我把注意力放在維持一個符合最高標準的永恆記錄，而不是專注在真正的當下。

我們每個人都曾在某個時刻感受到這點：那一刻，我們發現自己伸手去拿手機，而不是單純存在並享受當下。把社群媒體貼文視為會永遠存在的內容，會導致時時想到怎麼記錄現在要做的事。你會優先考慮能不能發布。會因為拍照效果很好或可以寫成精采的故事，而決定做或不做。會根據過去貼文被轉發或按讚的經驗，來決定分享或不分享。看哪種內容適合媒體而凸顯某些部分且淡化其他部分，甚至會改變你講述事情的方式。而且，如果以前貼的較易遭受攻擊或較冒險的內容多次惹來麻煩，為了避免日後對現在張貼的內容感到不安，你很可能會決定打安全牌，以後不再貼那種東西，甚至完全避開風險、不露出弱點。

社群媒體也讓我們太容易發布**應該**保留給自己的想法，至少在想法還不成熟的時候。數位平台鼓勵我們一有想法就立刻分享，而且還是**公開分享**，不管那些想法是否才剛萌芽。

幾年前，我每星期會為一家新聞通訊社寫幾篇線上專欄文章。雖然我正在寫的題材還在發展中，有一名通訊社的員工卻老是催我寫快一點。於是，我接受了慫恿，發表了一些正在形成（有些還很不成熟）的想法，結果毫不意外，我現在很後悔在這種情況下寫出的一些文章。可是那些文字就在那裡，永遠跟我的名字連在一起。

在社群媒體上，很多人都感受到一種無形的壓力，覺得必須對每個事件發表意見，免得讓人以為我們不在意。就好像我們得不斷證明，自己不僅注意到了，也沒有冷眼旁觀。但是，近來，我變得更喜歡在某些時候保持沉默，傾聽更見多識廣者的觀點，而不是轉發**那些**觀點並強加自己的想法。

對於尚未塵埃落定的事件很難形成深思熟慮的意見，不過對那些有充分時間思考的事情，我的看法也經常隨著時間過去而改變。遇到這種情況，你會怎麼做？

把剛冒出來的想法以永久的方式來分享時，那些想法最終會影響我們對自己的理解。覺得自己需要為那些不成熟的想法辯解，而不是就讓它們過去——會阻礙我們透過實驗來成長。麻省理工學院（Massachusetts Institute of Technology）「科技與自我創新計畫」的創始主任雪莉·特克（Sherry Turkle）在《在一起孤獨》（*Alone Together*）中寫到，社群媒體「可以在積極的身分認同遊戲中發揮效用」。但是「如果所有的排練都存檔，要進行實驗就沒那麼容易了」。

把「貼文會永久留存」這一點記在心上時，最後我們往往會打安全牌並取悅眾人。特克說：「最刻意的，莫過於在建立個人檔案或用即時通訊軟體跟人對話時，花費大量心力反覆構思了。」數位通訊鼓勵我們即時編輯，因為我們發布的內容會永久公開，風險很高。然而，這會跟一切都很短暫的**感覺**互相拉扯。因此，我們會不斷分享生活中的最新動態，多多少少知道那些訊息會永遠存在，又有點認為只是現在會看到而已。

此刻發表的意見，是否會永遠把我們跟這個觀點綁在一起？而這一點，某部分而言，算是一件好事嗎？

大家都知道，記憶，甚至是短期記憶，都不可靠。在法庭案件中，現在有更多專家認為，除非可以將目擊者的證詞與可證實其證詞的其他證據結合使用，否則不應該要求目擊證人作證。二〇一三年《美國國家科學院院刊》（*National Academy of Sciences*）的一項研究指出：「記憶扭曲是人類基本而普遍的現象，不太可能有人能避免。」本來就不可靠的記憶，時間一久甚至會變得更加前後矛盾。西北大學費恩伯格醫學院（Northwestern University's Feinberg School of Medicine）在二〇一二年做的一項研究釐清了這一點。瑪拉．保羅（Marla Paul）在為校訊網站「Northwestern Now」寫的文章中提到這項研究的結果：「每次你想起過去發生的一件事，你的大腦網路就會產生變化，從而改變事件的後續記憶。因此，下次你想起這件事時，想到的可能不是原始事件，而是上一次想到的情況。」這樣說來，保留一份即時的備忘錄可以幫助我們加深記憶，並讓我們對事件的了解更接近事件發生當時的情況。

但是隨著年齡增長，我們也可能會用更新、更能欣賞與更謹慎的態度來理解過去的經驗。我們的記憶會隨著自身改變而改變。這是我寫第一本書時沒想到的。跟我的童年和二十五歲之前的事情有關的記錄，讓我對這些重要事件的理解很難有長進。許多過去的經驗讓我成為現在的自己，像是第一次親吻初戀男友、得知父母離婚了，或者參加救生員訓練後，穿著濕答答的泳衣，屁股墊著一條毛巾坐在我媽那輛車的副駕駛座上，向她坦承我是酷兒等等。但是在某種程度上，我對這些經歷的看法被永遠凍結了。

事實證明，數位永恆最顯著的特性，其實可能是它對記憶的影響。乍看之下，這似乎一定是正面的：我們為生活建立一個數位檔案，等於各自擁有一個證明記憶的資料庫。想不起來你幾個月前去過的一家餐廳？只要把你的 Instagram 動態或 Yelp[37]評論往前滑就可以了。

但即使社群媒體可以幫助我們驗證記憶，茱莉亞・蕭在《記憶如何對你說謊》中解釋，社群媒體活動也可能會扭曲或汙染記憶。蕭寫到，當我們直播頒獎典禮、在線下跟別人講話時也在傳訊息，或者跟朋友討論計畫時還在閱讀線上的餐廳評論，可能會認為自己是在「執行多工」，但實際上我們只是「讓大腦超載」。

這叫**干擾**。這絕對不是新問題，而是人類一直沒有解決的困擾。

心理學家拉里・羅森（Larry Rosen）和神經科學家亞當・葛扎利（Adam Gazzaley）在

《分心》（*The Distracted Mind*，暫譯）中解釋，干擾會以兩種形式出現，一種是「不相干資訊導致的**分心**」，例如去聽朋友的音樂會時，Twitter 通知一直吸引你低頭看手機，以及「我們試圖同時追求多個目標而產生的**中斷**」，例如想要同時欣賞及在社群媒體上直播朋友的音樂會。羅森和葛扎利承認手機和社群媒體平台確實讓某些任務變得更加容易，但「它們也有可能使大腦的目標導向功能不堪負荷」。當你在數位和類比體驗間切換任務時，必須有一方屈服，這時退讓的往往是類比。

造成這個結果的原因似乎是硬體問題：我們的工作記憶在任何特定時間只能儲存這麼多資訊。正是因為這樣，被源源不絕的數位內容淹沒的記憶，就沒剩多少容量去記住超出數位內容的經驗了。安．蕭．米納在《從迷因到運動》中寫道：「的確，雖然網路的資源似乎是無限的，但我們的專注時間卻不是。當我們在地鐵或公車上滑手機、在辦公室瀏覽網站，以及在回家的路上聽 podcast 時，我們就是在做『要用什麼方式把我們的注意力放在哪裡』這個重大決定。」

不過我們的記憶並不是只因所有的數位分心和干擾而改變。蕭寫到，把記憶即時發布到網路時，它們就成為「社會景觀的一部分」。在線上，我們的記憶不再只屬於自己，而是一個邀請別人參與的協作過程。當然，記憶愈來愈成為眾人共有的特性也有正面價值；現在我們能夠以幾十年前想不到的方式來記錄歷史事件，由許多人（而不只是具有權勢的守門人）共同製作記錄。

從這個角度來看，我們還可以回顧未能充分記錄生平的前人事蹟，補正錯誤。正如耶魯大學教授艾米・梅雷迪思・考克斯（Aimee Meredith Cox）跟線上新聞網站「Mashable」談到 #BlackWomensHistoryMonth（意：黑人女性歷史月）這個主題標籤時說的，社群媒體可以幫助我們訴說新的故事。在解釋為什麼「女性歷史月」往往未能強調黑人女性的重要貢獻和成就時，考克斯說：「黑人女性在傳統上而言，是歷史遺漏的一群——除非她是受害者。」但是今天，許多邊緣人正把握機會導正人類繪製共同歷史的方式，並即時編寫自己的歷史。從數位運動的影響來看，可以明顯看到社群媒體具有極大的力量，可以強化那些常常被忽視、刻意扭曲或消音的事蹟。

然而，即使數位記錄有它的優點，大量的數位證據也可能迅速產生記憶趨同效應，也就是我們對事件的理解深受他人的敘述影響，以至於再也說不出自己實際經歷了什麼。蕭引用了西伊利諾大學（Western Illinois University）教授布萊恩・克拉克（Brian Clark）的說法。克拉克認為，由於網路的關係，「公共記憶和私人記憶之間的區別……已經模糊到沒有區別了。」

在Twitter時代，我們對某些經驗的記憶，似乎不可能沒有多少受到蕭所謂的「事後資訊」影響。正如杜克大學（Duke University）教授丹・艾瑞利（Dan Ariely）發現的，我們歸屬群組的身分，讓我們在記憶（以及一般狀況）方面變得不理性。我們更可能讓回憶趨向跟自己人一致的說法，否定我們視為外人的版本，而這種傾向在線上又特別強烈。

但是社群媒體對記憶的影響，不僅限於我們對事情的記憶方式。它還會影響我們處理這些記憶的方式。我們生活在一個**交互記憶**的時代，不僅在線上建立記憶，也將大部分留存的記憶轉移到數位平台上，而那些記憶就在數位平台上繼續受到其他人的影響。

貝西・史派羅（Betsy Sparrow）跟哥倫比亞大學合作的一項研究發現了其中一個後果，那就是因為覺得可以隨時上網找資料，我們就比較不會努力去記憶。有鑑於此，史派羅認為：「我們漸漸與電腦工具共生，發展為相互連結的系統，寧可記得去哪裡找資訊，而不是知道資訊本身。」蕭寫到，把記憶外包可能有一些優點，包括釋放空間，讓「我們的認知資源能夠記住比較不可能立刻從別的地方取得的記憶。」但是，卸載記憶也會帶來後果，包括事後的錯誤資訊，以及需要時無法取得的風險。

蕭說，好消息是，「最基本的一點是，透過社群媒體記住人生事件，會強化對那些特定事件的記憶。」這是因為一種稱為**提取練習**（retrieval practice）的機制，即我們回想愈多次

（像是每一次瀏覽 Instagram 過去的動態），記憶就變得愈鮮明。但是我們只能提取某些記憶：我們以數位方式分享的那些。而這是社群媒體和記憶有關的事裡最讓我擔憂的一點，尤其是跟真實有關。蕭寫道：「每次我們想起某件事，組成該記憶的細胞網絡就會變得活躍，這個網絡也有可能改變和丟失我們沒有直接回憶起的細節。」

她以 Facebook 提醒你某一次度假發布的照片為例。那則貼文促使你（一次又一次地）回到拍攝照片那個特定時刻的記憶——以及你當初如何用貼文和標題框住它。反覆想到那個特定的（值得張貼的）時刻，而不去想那次經驗的其他記憶，會改變你對那整個旅行的看法。就像前面提到的西北大學研究證明，我們回顧一段記憶時，想起的往往是回憶，而不是那個經驗本身。

蕭補充說，當然，這不是只有社群媒體才有的新現象，翻閱童年時期的家庭相簿也有相同的效果。但是她認為社群媒體之所以不同，在於「那些提示照片是從你的線上人格中挑出來的，它們呈現的人生已經是一種扭曲的、適合社群媒體的版本。這相當於雙重扭曲——以先前扭曲的線上人格記憶來扭曲你大腦中的記憶」。雖然我小時候的家庭相簿也是如此（我們去密西根的旅行，代表照片是我們一家在橫渡大湖的渡輪上面帶微笑的合照，而不是姊姊為了報復被迫出門而故意挑釁、惹得我們淚漣漣的照片（別擔心，雖然那時只有她笑得出來，但現在我們聊起那件事都笑得很開心）」，但我們偶爾才會拿相簿來看，而大多數人每天都會使用社群媒體。相簿並沒有整合到我現在用來理解生活、與他人連結，並向世界展現身分的平台中，而我的數位記憶則跟這些平台結合在一起。

這就是為什麼一定要從「如何了解自己」這個角度來思考這些問題。蕭說，「讓社群媒體來決定哪些經歷是人生中最有意義的經歷」，有兩種風險：一是會捨棄那些自認為不太值得張貼的記憶，二是任何得到讚和回應的回憶會變得比實際上更有意義。因此，蕭說我們應該自問：「你怎麼知道你想起的是經歷過的現實，還是線上經過加工的現實？」她認為我們可能無法分辨。

如果數位記憶無法信任，那麼其對於自我認定的意義何在？如果記憶是讓我們成為現在這個自己的重要一部分（奧古斯丁曾寫到，沒有他的記憶，他甚至不能「說我是我自己」），那麼這是不是表示，鼓勵我們留下更多記錄的社群媒體，正在幫助我們變得更真實？或者因為它扭曲了我們的某些記憶，而讓人更難感覺真實？

實際上，兩者兼而有之，這讓我們更應該謹慎使用社群媒體。

二〇一六年夏天，分手後的那幾個月，我簡直像行屍走肉。二十多歲時，我用來維持線上形象（努力對批評我的人表示善意、在社群媒體上進行自我編輯等）的大量精力，突然被挪去別的地方，例如確保我不會開會開到一半哭出來，或者在大賣場裡崩潰痛哭。

這也表示，在社群媒體小心翼翼經營多年後，我發現要對詆毀我的人保持耐心或將我較陰暗的想法從每則貼文過濾掉，變得更困難了。就像我的朋友歐尼（Ony）說的，我已經他媽的被榨乾了。但是歐尼教我一個辦法（因為他太常取笑我了，一家地方電臺靈機一動，邀我們去上節目，而我算是半推半就被他拉去的）：接受自己小心眼的一面。

所以我就這麼做了。我開始語帶嘲諷地回應討厭的惡意評論；對平凡事物發表更多油腔滑調的意見；分享青少年的笑話和迷因。甚至承認，我，一個具有肉身的人，也有性生活。我開始不那麼擔心該說或不該說什麼（不再去想每條推文都是永久存在的條目，會被收進一個不間斷的公開記錄中），而是更坦率，分享更多真正的想法，即使有時那些話近乎沒禮貌。

沒多久，朋友就開始私下跟我說，他們注意到我在網路的發文跟以前不一樣。這算不上是干涉，但不止一次有人開玩笑說我在破壞自己的品牌。在一次這樣的談話中，一個不熟的人說，雖然他們很喜歡我逐漸變得開放，但沒想到原來我以前一直是裝的，一直是假貨，直到現在才露出真面目。

但事實是，我一直都是這兩種人：搭橋者和小心眼。我只是把這兩項特質劃分開來，並給了其中一項更多空間，尤其是公開時。這表示我會在別的地方表現出小心眼。在Google聊天室、Twitter私訊甚至線上論壇，我會以匿名帳號或在私人對話中，以不會公開表現的方式發洩怒氣。多年來，我一直是個矛盾的人。

我第一次意識到自己這種內在衝突，不是因為在網路上的行為，而是因為紋身。多年來，紋身讓我成為局外人。在哈佛和耶魯這樣的空間裡，紋身代表我跟很多同事不是同路人。每次有人盯著紋身看或有意見時，我都會翻白眼，可是心裡偷偷喜歡這種局外人的感覺。這是一種先發制人的防禦心態。我要在別人說我不屬於這個世界前，先表明這點。

這有很大一部分原因，跟擔任團體代表帶給我的龐大壓力與不安有關，尤其是在我已經因為學術背景異於他人而感覺格格不入的環境中。我接受聘任來支持、擁護無宗教信仰的人，我想幫助大家看到無宗教信仰的身分沒有任何問題，但是我也不想代表任何人。我或許在常春藤聯盟學校擔任過校牧，但並不想被那個角色定型。我穿鮮豔的衣服，身上有很多刺青，耳垂穿了一個大洞，菸一根接著一根抽。我平時不會特別讓人知道的那些面向——小心眼、叛逆、對體面政治（respectability politics）[38]的不滿——開始想從裂縫中擠出來。於是，我為它們尋找專業領域外的空間，包括我的身體，而當紋身和粉紫色的褲子都不夠用時，我就轉移到網路上。我在不同的空間是不同的人。

所有人都有需要放下袖子、遮住紋身的時候。但是，一想到任何人都可以看到我們發布的大部分內容，這樣做的需求在網上會感覺特別迫切。我們最後往往是因為害怕跟別人不一樣而變得謹慎。另一方面，因為看不到別人的不以為然，或者認為社群媒體沒有實際上那麼真實或更為短暫，所以有時我們會比在其他空間更敢表達自己。因此，我們在想太多與分享太多之間搖擺不定，有時字斟句酌，有時又說太多，視當時的時空背景而定。「Twitter 上的我和 Facebook 上的我」這個迷因（在 Twitter 上）很紅，前者放浪形骸，後者則十分拘謹。

但是，由於每個人都被鼓勵建立一個強大且一致的「品牌」，這種斷裂變得更加複雜。我在二十多歲的大部分時間裡，就有一個「品牌」。我是一個無神論酷兒，與宗教界一起追求社會正義。我經營一個有關這個主題的部落格，後來又寫了一本書。有好幾年的時間，我的社群媒體都專門討論相關議題。但是跟每個人一樣，我變了。到快三十歲時，我不再覺得自己是線上呈現的那個樣子。當然，事實是，我從來就不只是那個樣子。

當我開始放棄那個精心設計、考慮過多的公眾形象時，我發現，儘管感覺這是個意義重大的轉變，但其實改變並不多。我失去了一些粉絲（我相信在說了一個情慾芳香劑的笑話後，美國教育部就率先脫粉了）。也得到一些。不過，最大的改變應該是，我感覺在線上更像自己，而那些在真實生活中認識我的人也這麼認為。

我已經期待這種放鬆的感覺很久了。幾年前，隨著愈來愈多人看過我的書，以及在社群媒體上的知名度不斷提高，我開始受邀到大專院校和書店演講——把對話從線上轉移到線下。儘管沒有明說，但感覺這些邀請往往是因為我呈現在那本書和社群媒體的樣子（有包容力的搭橋者）而來。但是「書中的我」從來都不是我的全部，而這些年來，我愈來愈難叫他出來。雖然我不想這樣，但我開始對於「期望一個單面向的我」這件事感到厭惡。

二〇一五年初，有人告知可能受邀出任白宮的某個職位時，我的專業、公開的自我和個人的混亂狀態造成的緊張關係來到頂點。我從來沒有想要、甚至沒有考慮過那種職位，也從來沒有想到他們會找我。

我想知道，如果決定接受任命，接下來會是什麼情況，於是我找到一個為總統審查程序做準備的組織，跟他們的專員通了電話。他們開始逐一過濾可能會遇到的問題。

有沒有可能會讓我名譽受損或定罪的照片？（呃。）有沒有抽過大麻？（這個嘛。）參加過任何抗議活動嗎？（哈。）

專員繼續說，但我已經沒辦法專心聽他們在說什麼。我無法充分表達自己聽到他們初步提出的那些問題時有多震撼。我以前做那些決定時，並沒想過有一天可能會擔任公職或從政。

我問了朋友和同事的意見，幾乎所有人都不相信我竟然需要考慮。「遇到這種事當然要說好。那是歐巴馬啊！」他們說。「你的演講費會翻上四倍。這將成為你事業上的最高榮譽。別問了，去就是了。不管要面對多少焦慮，都是值得的。」

但是他們的理由都不夠有說服力。我非常投入社區營造的工作，並不想把握這種離開營造工作的機會，尤其是為了自我、地位和金錢。但是，在內心深處，我知道對地方社區的承諾不是全部的答案，甚至也不是最主要的原因。我婉拒那份工作，是因為不想時時刻刻擔心有人會拿我過去可能說過或做過的事（或我現在可能會說或做的事）來對付我。別人如何看待我已經讓我非常焦慮，若再加上這件事，情況只會更糟。

我在正常情況下，就不太會拒絕別人了，在一群鼓勵我答應的人面前說「不」簡直是難上加難。但是它也帶來意想不到的輕鬆感。回絕那個機會之後，我去刻了一個紋身。是個簡簡單單的「NO」。底下劃了線，以明確表示它不是「ON」，不過那條線也有一個附加好處，就是更加強調了那個「NO」。這個字持續提醒我學到的教訓，也幫助我實踐。

如果正確理解，社群媒體的永久性會跟這個紋身一樣，成為一種有用的工具，幫助我們降低內在衝突，變得更加一體。就像我原本沒有想到「NO」下方的那條底線可以強調傳達的訊息，我們可能也沒有想到，社群媒體的永久性，可以讓人意識到那些讓人感覺更真實的事物、原本看不清楚的事物。

雖然不是每個人都必須經歷跟我一樣的情況，但經常有人開玩笑說，由於社群媒體的關係，很快就只有一輩子都沒做過任何趣事的人才能競選公職了。賈・托倫蒂諾在《哈哈鏡》中寫道：「在網路有公開個人檔案的人」——換句話說，就是幾乎所有人——「正在建立一種讓他們的媽媽、老闆、潛在的未來老闆、十一歲的姪子、過去和未來的性伴侶、政治觀點對立的親戚，以及不管為了什麼理由來看的人，都可以同時觀看的自我。」沒有壓力才怪。

必須在數位媒體上保持一致，同時又讓每個人都能接受，會讓人心力交瘁。如果我們想對抗這種必須隨時保持連貫與一致的壓力，可以從酷兒性（queerness）中學習。這種酷兒特質往往刻意去破壞可接受性，藉以擺脫各種規範的束縛。以拒絕文化規範與期望，回應了當前網路所要求的、不可能達到的一致性。

但是即使在酷兒和其他邊緣身分上，我們還是看到了期望一致性帶來的壓力。酷兒、女性、有色人種以及其他人從小學會的編輯能力，會在網路上轉移。托倫蒂諾說，「（她）小時候學到的自我校正」幫助她「強化了『必須』在線的能力」。我的酷兒特性也是如此。我小時候學到的區隔方法，幫助我在一個要求數位連貫性和一致性的世界裡穿梭自如。

但是，也許我們笨拙地嘗試在網路上當人，提供了一個重新建構這些需求的機會，以業餘者的身分再次接近，就像那些重新建構性別要求並再度接近的扮裝表演者一樣。正如日娜・涂費其在《Twitter 與催淚瓦斯》中指出的，一九六〇年代的女權運動讓人注意到「個人即政治」這件事。涂費其指出，如今，社群媒體平台「將人的私人生活與政治軌跡融合在一起」。隨著我們在網路上從事的政治和公民活動愈來愈多，在網路上的社交活動也愈來愈多，這些事必然會交織在一起。換句話說，「許多呈現在社群媒體上的個人生活層面與互動，包括音樂品味、旅行、隨口發表對當下文化事件的意見等等，都已經成為一種政治表態了。」

這種鏈結是一把雙面刃。康乃爾大學的丹尼爾・德拉波斯塔（Daniel DellaPosta），施永仁（Yongren Shi）和麥可・梅西（Michael Macy）在二〇一五年的《美國社會學期刊》上發表的一篇論文中指出，社群媒體使文化品味成為政治身分的指標，這為表現不一致帶來了風險。他們發現，政治文化之間的關連——例如自由派喜歡星巴克（Starbucks），保守派喜歡餅乾桶餐廳（Cracker Barrel）——久而久之就會變得更牢固。雖然一般往往用自由派和保守派之間的心理差異來解釋這一點，但該篇論文證明，愈來愈深化的偏好實際上是由社交網路引起的。緊密的社會連結強化了文化偏好，讓它們更容易受到政治身分的束縛。這會導致我們不僅順從，在品味偏離時還會加以隱瞞（話說，我這個三十多歲的無神論者還在聽 K 勢力樂團，但是我不會發布在 Instagram 動態上）。

這種情況不是將我們的偏離視為需要孤立的事，反而有可能更進一步將生活的其他層面跟政治融合在一起。當你無法將價值觀視為獨立於你的其他利益以外的人生部分時，就很難迴避自己的價值觀。舉例來說，以前自認為思想先進的人，更容易欣賞排斥同性戀和跨性別的幽默，沒有意識到這與他們的價值體系相衝突。在二〇〇〇年代初期，《史都華每日秀》（*The Daily Show with Jon Stewart*）是思想先進的觀眾必看的節目，節目主持人更是政治左派的偶像。但是，史都華跟當時許多人一樣，很愛拿性少數族群開玩笑。二〇〇三年有個片段就是一個極惡劣的例子，當時他嘲笑俄亥俄州代表丹尼斯．庫辛尼奇（Dennis Kucinich），說他會提名「任何男同志、女同志、雙性戀或變性人擔任大法官」。史都華稱這是當年尋求總統提名的任何民主黨人所說的「最可笑的事」後，假裝介紹這麼一位被任命的大法官。「好的，好的。」他說：「全體起立歡迎有老二的妞（Chickwith-Dick）大法官閣下。」觀眾哄堂大笑。今天如果發生這種事，立刻會有大量 Twitter 用戶指出矛盾之處。說這種話是要負責任的。

但如果不允許人有任何不一致的地方，我們也會遇到無法克服的難題。能夠反駁自己、擁有多面向，是人類的基本特性。這就是為什麼數位世界要求一致性是很危險的事。麥德琳．蘭歌在《安靜的圈圈》中警告說，那些過度思考自己的人——「總是向內看」並探究自己行為的人——「通常會變得愈來愈沒有個別性，愈來愈不隨性」。她承認，那種人「也許比其他人更加一致」，但「也沒其他人那麼真實」。另一方面，她解釋說：「個性愈有深度、愈豐富，自相矛盾和衝突的地方就愈多。」

對一致性的要求不僅會讓我們變得沒那麼具有人性，而且網路上的騷擾往往是以彼之矛攻彼之盾。涂費其探討目前的網路特性時說：「每個人都會扮演多種社會角色，這是人類社會自然的一部分，但這一點變得愈來愈難維持了。」或者就像羅伯．麥欽尼在《數位斷線》中說的，「維多．麥爾－荀伯格（Viktor Mayer-Schönberger）[39]寫到人在網路時代永遠無法擺脫自己的過去，但生而為人，迷失是非常重要的一點。」我們還沒有完全失去這個特質。但是，它也並非亙古不變。

我有好幾個紋身都是在過渡和變動期刻的：充滿矛盾情緒的時刻，像是滿十八歲或回絕進入白宮任職的機會。紋身既是重塑自我的方式，也是鞏固這個新自我的方式。所以我才會在分手後那年去紋了好幾個圖案。

分手後的第一個紋身，是在奧蘭多夜店槍擊案發生之後，這件慘案讓我瞬間脫離了個人的傷心鬧劇。二〇一六年六月一個星期日凌晨，一名槍手進入佛羅里達州奧蘭多市一間叫「脈衝」（Pulse）的性少數族群夜店進行屠殺，造成四十九人死亡，五十三人受傷，使得該事件成為（當時）美國近代史上最大規模的槍擊事件。儘管暴力本來就是酷兒要面對的現實，但我和很多其他酷兒都嚇呆了。

在一個不斷要求酷兒修正和隱藏以確保生存的世界，同志酒吧對很多我們這種人來說，是少數可以真正做自己的空間。雖然「脈衝」的受害者大多數是拉丁裔，而我身為白人酷兒，對這件悲劇的理解本身就有限，也跟我的拉丁裔朋友們的理解不同，但性少數族群所知的安全公共空間本就不多，此次槍擊事件正代表了對這種空間的侵犯。

由於我秉持人道主義擔任社區組織者的角色，有人請我代表非宗教的觀點，去紐黑文跟基督徒、穆斯林和其他宗教社區營造工作者，一起參加一場跨宗教的守夜活動。在可以製造空間讓大家以多元方式（包括沒有宗教信仰）面對這類悲劇的前提下，我同意發表意見，同時也承認，對某些人來說，宗教用語其實會讓他們想起過去和現在的創傷。但是，當時我的生活一團糟，感到自己毫無準備。儘管過去這些年來，我作為校牧，已多次放下自己的掙扎，支持他人度過難關，但是這一次我不知道該如何穿上西裝外套，扮演該扮演的角色。

於是，要參加守夜的那天上午，我開了四十分鐘的車去一間陌生的紋身店。我去那裡紋了兩個小圖案，是我好幾年前就想紋，但一直猶豫不決的：一個是以粗體字母呈現的「QUEER」（酷兒）一詞，另一個是代表酷兒解放的三角形，兩個都紋在右手腕上。

我身高一九三公分，手長得像漫畫人物，到現在還是不知道要買什麼尺寸的襯衫才會讓袖子長到蓋住手腕。這表示，如果我兩條手臂上滿滿的紋身會讓人看到的話，他們只會注意到「QUEER」這個字。我想把它紋在一個別人看得到的位置，是因為我會很想掩飾我的酷兒性，尤其是感到不安時。但是如果經常這樣做，那麼躲藏就會成為你的預設動作。想到在「脈衝」夜店被殘忍奪走的生命，以及我身為順性別白人男同志的特權，我知道我躲夠久了。

「我們在這裡，我們是酷兒，你們習慣吧！」對於許多酷兒來說，這是一個動員的口號，但在以前，這是我很難自在接受的事實。一方面是因為我有時很難面對別人的質疑，另一方面是因為我花了很長的時間才「習慣」當個酷兒。我用了很多年的時間來隱藏自己的酷兒性。這讓我習慣了完全不一樣的事情：如果不能徹底隱藏，至少要把身分中最雜亂的部分藏起來，讓別人慢慢了解。

青少年時代，身為學校或基督教會裡唯一公開的同志，我感覺有必要成為一個更好、更容易被別人接受的我。我不能有別人可以有的缺點。我必須成為我這個社群的優良代表。幾年後，當我在跨宗教空間及媒體上代表無神論者和人道主義者，以及在哈佛和耶魯等機構從事社區營造工作時，同樣的狀況又發生了。

但是當我紋上那兩個圖案，並在奧蘭多夜店槍擊事件跟社區一起反省時，我突然發現，大家一起努力整合我習慣隱藏的那些事，是多麼重要——而我認為社群媒體也有功勞。

對很多人來說，社群媒體可以作為負責任的工具。我們常看到這種狀況。有人會在Twitter上分享一個目標，然後明確表示把目標貼出來讓他們更可能實現。上傳照片，加上標題，讓朋友知道他的「健身之路」進展如何，或者他正在刺一個大型紋身。作家在推文上加上#AmWriting（正在寫作）的主題標籤，即使嚴格說來，所謂的寫作就是寫那條推文（無意批評誰，僅是經驗之談）。

這些年來，紋身為我的個人發展提供了影像記錄，同樣地，社群媒體也可以幫助許多人為人生及先前那個自己留下記錄。我們以永久的方式——在皮膚或在網路——公開分享事情，也因此與那一刻的自己建立了永久的連結。而且由於社群媒體是命名和分享己事的工具，因此透過這份不斷累積的記錄、追蹤我們的行為模式，並看到自己在其他情況下可能會忽略的事，就有利用社群媒體來了解自己的機會。舉例來說，如果我們開始注意自己總是發文（或很想發文）對某件事表示沮喪而對另一件事表示興奮，就有可能促使我們去尋找資源、製定對策來面對前者，並給後者創造更多空間。

覺得聽起來像正念（mindfulness）練習的話，那是因為這基本上就是正念練習。雖然正念的重點在於不批評，但社群媒體有時會讓人感覺剛好相反。在一個隨時害怕會被批評的空間裡，我們要如何忠於己心呢？雖然即時的回憶錄有它的優點——我現在感覺更像個完整的人了，因為我更能面對我在 Twitter 上的碎嘴，也直接在社群媒體和皮膚上展露酷兒特質，對我分享的事也說到做到（之所以有這本書，部分就是因為我有時會貼文說自己正在寫書，所以得說到做到！）——但社群媒體永久公開的本質也會產生一些後果。

在去紋麥稈及那段聖經經文的紋身前不久，我做了一件非常殘酷的事。

那是我讀高中的最後一年，必須上最後一門數學課才能達到畢業要求。我的數學老師很聰明，但不太知道該怎麼讓只剩最後一學期的畢業班學生聽課。有時她會把對自己的懷疑說出來，而我們看出了她的這份脆弱，聯合起來處處跟她作對，趁機批評她、抗議她出的作業、逼她更改作業內容，希望能讓她更加懷疑自己。她的某些教學方法再加上我們自身的不足，當然讓人深感挫折。但是，就像所有人（尤其是青少年）一樣，我們並不是每次都能默默承受委屈，很容易就表現出殘酷的一面。

有一天，我把事情鬧大了。那時正上到特別難的一課，老師出了大量作業，對學生的抗議無動於衷，於是我走到教室後面，把一盒衛生紙清空，在盒子寫上「意見箱」，然後傳給大家，讓每個同學都可以針對老師的表現發表「回饋意見」。雖然那時有些同學有手機，但沒有 Snapchat 或 Instagram 之類的東西。因此，那件事沒有被記錄下來，沒有發布在 Instagram 或現場直播。

好長一段時間，只有當時在教室裡或輾轉聽說的人知道那件事。它沒有一直跟著我，沒有跟我的名字連在一起。直到二〇一二年，我出版了第一本書，在書快結尾時提到這件事：

我仍然是一個有壞心眼的人。那個老是要惹兄弟姊妹生氣的孩子，曾經在高中數學課時，為第一年教書、笨手笨腳、不適任的老師用衛生紙盒做了個「意見箱」，傳給全班投遞——這個偶爾有點沒禮貌、會煽動別人的靈魂仍然住在我心裡。不過我已經為這股渴望挑戰和改變的能量，找到了更有效益的用途。

雖然我在書上承認這件事，但也表示我擁有話語權，事情就看我怎麼說。我說出這件事，是為了證明自己已經**改變**了。它並沒有被上傳成為網路的永久記錄——沒有情境脈絡、不受我的控制，永遠在那裡。它會存在於這個世界，只因為我決定說出來，從有利於我的角度解釋它（她「笨手笨腳」又「不適任」；我「偶爾有點沒禮貌」，但現在為這種無禮「找到了更有效益的用途」）。

我的行為很殘酷，句點。沒什麼好辯解的。但這並不表示情境脈絡完全不重要（特別是對於那些有興趣了解**前因後果**及該如何預防的人）。當時的我過得非常辛苦：我是一個身分公開的酷兒，學校裡充滿敵意，飽受他人惡意對待。此外，在我做那個意見箱前不久，我男友的父母發現了我們的關係，在我十八歲生日那天逼我們分手，就在我打算帶他去參加畢業舞會的前幾天。我的世界裡有太多人不了解我，而他了解，可是突然他就走了。

我很痛苦——也許那星期是我在中學最痛苦的時候——並時常感覺自己無能為力。我在學校沒有足夠的資源或支持。我不堪負荷又孤立無援，於是做了一個意見箱，把我的痛苦發洩在一個無辜的人身上。

今天，用對方法拍下這種時刻，就會以突發事件的方式在網路迅速傳播，並永遠影響到一個人，而且不管有多少前因後果都無法阻止這種事發生。正因為我們都知道這點，所以在社群媒體很容易感覺如履薄冰。我們知道，只要一連串轉發就可能在網路上出名（可能是美名也可能是罵名），而且這些轉發的後果可能非常嚴重。

曾有人貼了一則關於兩名陌生人在飛機上互動的推文，讓那兩名當事人無意中成為社群媒體的明星。作家艾拉．道森（Ella Dawson）針對這個事件寫了一篇文章，標題是〈我們現在都是公眾人物〉（We Are All Public Figures Now），並在文章中寫道：「公共和私人之間的分界已經消失好一段時間了。」我們都多多少少知道這件事，但是永遠不會想到自己會受到這種監督。道森說，我們會注意自己在網路上的形象，但是「當我們在領英（LinkedIn）只有四百名聯絡人，或在Tumblr只有三千人追蹤時，我們不會認為那是公開行為。沒有人會想到被《每日郵報》（*Daily Mail*）報導或成為網路媒體的標題」。這不是誇張的說法。在線上貼文的普通人，有可能在幾分鐘內就成為網路標靶。

在世界上的某些地方，現在已經認為不讓自己的生活隨時隨地被張貼在網路是基本人權。二〇一四年，一個歐洲法庭裁定人擁有「被遺忘權」。這個裁決後的四年間，超過五十萬的歐洲人向Google提出要求，把跟他們有關的資訊從搜索結果刪除。這是一個開始，雖然目前只有歐洲適用，而且Google決定以個案考量的方式來決定是否同意這些請求。社群媒體不再有權力根據片刻的狀況來為任何人下定論，我們距離這樣的世界還有很多路要走。即使看似無傷大雅，也值得細細思量。想想看：在沃爾瑪唱約德爾調（yodeling）[40]的小孩，**真的**想永遠被定在**那一刻**嗎？

我在第一本書結尾開了個玩笑，說自己現在寫回憶錄太年輕了。雖然我不後悔寫了那本書，而且我認為任何年齡的人都可以反思過往的人生，不過現在回頭看，我確實看到字裡行間流露出很多害怕暴露的情緒。即使我在書裡分享了自己的私密細節，我還是在躲藏，掩飾對於被徹底永久觀看的恐懼。

巡迴各地推書時，有人在問答時間問我，為什麼書裡幾乎沒有寫到父親。我被這個問題嚇了一跳，卻沒辦法反駁；我爸只在某一頁出現過。當時我說，沒寫太多我父親的事是因為那些事跟那本書的重點無關。我勉強掩飾了不快，繼續回答下一個問題。

這些年來，我仔細想過那個人的問題，我知道答案並不是跟父親的關係與我對世界的看法和所做的事情無關。答案是我們之間的關係至今仍剪不斷理還亂。我不確定要怎麼講，也不想留下永遠的記錄。所以乾脆把那部分的自己跟我的故事切割開來。

我雖仍不確定要怎麼談那段關係，但是我已經不想再切割了。我想當一個完整的人，儘管網路讓這件事變得很不容易。切割往往是網路的行為模式。感覺不太可能把以前的自己跟今天想要別人看到、認識的自己合在一起。尤其是看到別人的過去被挖出來時——有時後面還會立刻湧現線上硫酸，一則又一則的留言，就像當年那名殘忍少年隨手做成的意見箱裡塞的那些紙條。但是我想要相信，我們可以將永久留存的過去跟現在的自己整合在一起，不必假裝它不存在，也不必完全被它消蝕。

———■■■■■

不管是線上還是線下，挑戰權威人士都有實質意義。我們都不該漠視民選官員、媒體人及其他有權勢者帶偏見的社群媒體貼文，例如政客貼文吸引白人優秀主義者的共鳴，或是藝人說了排斥同性戀者的話。在線上線下看到仇外心理、種族歧視、抵制性少數族群和階級歧視就以明白或委婉的方式指出來，這點很重要。因為這麼做是在表明我們不會容忍這種行為，也讓別人知道這些狀況會以各種方式顯現。

但是，作為一個寫過指控貼文、參與過公開羞辱爭議的人，我認為我們太少自問，我們到底是在向上打擊（控訴當權者）還是向下打擊（指責失權者）。尤其是因為，我是信奉修復式正義的人。所謂修復式正義是指人必須為自己的行為負責任，但也認為，一旦採取適當步驟，當事人就不必為了自己犯的錯而被終身監禁——尤其一則無聊推文這麼老套的事。每個人都有愚蠢的想法，會因魯莽的行為造成傷害。但是人可以改變，也確實會改變。不為不良行為辯解或合理化，也不無視它的存在（但仍然期待負起應負的責任），我們就可以進一步去理解在線上貼文的人，給他們成長和改變的機會。

如果各領域都不採用修復式正義，我擔心在一個大家都知道一時半刻的粗心就可以界定自我的時代，大家會憋住沒那麼成熟的想法，保持沉默，而不是放心揭露，進而引發各種討論、挑戰或讚揚。當然，別衝動把半生不熟的想法說出去，還是有優點的。但是我也不希望這個世界只分享安全、只有特定群組聽得懂的觀點。強．朗森在《你被當眾羞辱了》中寫道：「我們不要（把社群媒體）變成一個這樣的世界：想活下去，最聰明的辦法就是回歸無聲。」

當然，最重要的是要自問，誰從呼籲重視數位細微差異（digital nuance）中受益最大，還有這種呼籲通常是為了誰。那些最激烈反對所謂「取消文化」（cancel culture）[41]的人（通常是政治保守派，或者喜歡自欺欺人者），往往更關心的是保存權力，而不是鼓勵包容犯錯的人。《新共和國》（*The New Republic*）特約編輯歐西塔．瓦內烏（Osita Nwanevu）在為該雜誌寫的一篇文章裡說得非常好：

> 批評取消文化的人顯然不受新的、特強的公眾批評威脅，威脅他們的是一群後起的批評者：思想先進的年輕人，包括許多少數族群和婦女，他們大部分透過社群媒體在正義與儀節的議題討論取得一席之地，而且為了彌補失去的時間更加強力發聲。抨擊取消文化的人通常攻擊左派人士，即使保守派竭盡全力在推文和立法上封殺學者、社運人士和他們不喜歡的公司，這個事實更凸顯了這一點。

說到底，雖然應該對我們在網路「封殺」某人的衝動抱持批判性思考的態度，但權力分析**一定**要把我們如何看待這種情況納入評估，因為大家總是先姑且相信順性別白人男性，很少給予其他身分的人這種待遇。雖然這對呼籲重視細微差異來說，並沒有造成本質上的好壞，但很明顯，某些人比起其他人更容易解決數位紋身的問題。

但是，在這個永恆的時代，討論重新考慮給人彌補的機會時，我們也應該問問自己，誰的風險最大。實際上，貼文的永久性嘉惠的是既得利益者：面對網路攻擊，他們的安全網比別人都多。擁有特權者較不用擔心社群媒體的永久性，不僅是因為大家對他們的行為比較寬容，也因為就算聲譽受損，他們也較具有不會全盤皆輸的條件──財務穩定、人脈、未來的機會，他們都有。就算真的失去了事業或收入，他們也更有可能以其他方式度過難關，進而有更多機會重新開始。我們當中最脆弱的人（缺乏安全網以及特權階級優勢者），也可能是那些最容易因為一條不經心的推文被不該看到的人抓住不放，而毀掉一輩子的人。

看看在網路上騷擾有色人種的白人優越主義者、以 #Gamergate（玩家門）主題標籤攻擊女性主義者的 Twitter 帳號（這是一場網路騷擾事件，攻擊對象是呼籲關注電玩遊戲中的性別歧視問題者），以及擅自公布社運人士個人資料的網站（把個人資訊和過去的照片及貼文放在一起，意圖勒索或損害他們的聲譽和生計），就讓人震驚大家有多麼隨意使用社群媒體來鎖定並騷擾自己不認同的人，並利用對方過去或現在的落差來對付他們。數位紋身多麼容易成為自己被數位霸凌的武器。

讓不論老少都能互相霸凌的線上手段已經合在一起了；他們可以使用 Facebook、

Snapchat、Instagram、Twitter，還有或許是最糟糕的，像Whisper這種匿名應用程式。數位意見箱隨手可得，沒有人需要用紙板做意見箱。

這種欺凌的後果可能會害死人，就像二〇一二年十五歲的奧德麗．帕特（Audrie Pott）的遭遇。在一次聚會上，幾名同學性侵她，然後為她拍了裸照。第二天，這些照片開始出現在社群媒體上，大家也開始對她說惡毒的話。幾天後，她在震驚與羞愧中自殺了。可怕的是，不是只有奧德麗遇到過這種事。愈來愈多的年輕女性在網路上被公開羞辱，而一想到這些照片或事件可能會一輩子流傳，對某些人來說就是難以承受的恐怖情景了。

事情一旦放在網路上，便是永恆，這會讓受害者感覺無處可逃。以前，父母可以跟被欺負的孩子保證，他們很快就可以把走廊上跟在身後的耳語和嘲笑拋在腦後（我媽就是這麼跟我說的），但網路霸凌可能會永遠跟著你。許多惡霸都知道這一點。他們知道網路固有的力量，也就是永久性，並且興高采烈地把這種永久性當作武器。有時候，情況可能比我們以為的更普遍，霸凌並非那麼明顯。有些人並不是故意要欺負別人或蓄意使壞。他們甚至可能覺得自己給對方的關注是正面的。但是效果仍然可能讓對方難以承受。他人公開分析你和你的生活的討論串，把你永遠鎖定在當時的那個你。

有時，施暴者甚至不是其他人，而是平台本身用我們的數位紋身來對付我們。演算法會不斷挖掘我們的貼文和瀏覽習慣，然後把編譯後的資料用在我們身上，有時這種針對性會產生負面效果。二〇一八年，《華盛頓郵報》（*Washington Post*）記者吉莉安・布洛克爾（Gillian Brockell）為該報寫了一篇文章，細述她之前在社群媒體上固定寫懷孕記事，後來不幸死胎，但事後她繼續收到好幾個月的特定廣告，每個廣告都是尿布、毛毯和玩具的贊助貼文，讓她想起傷心事。她寫道：「敬告眾科技公司，我懇求各位：如果你們的演算法夠聰明，知道我懷孕了，或已經分娩，那麼那些演算法一定也可以聰明到知道我的孩子去世，並根據這一點對我發送廣告，或者，也許有萬分之一的機會，不發送任何廣告。」

有人說，如果你不想讓某件事永遠留在那裡，那就不應該發布。確實，有時用來對付我們的武器，是我們自願分享的內容。但是因應社群媒體的永久性，我們需要反思「同意」這件事。大家選擇在社群媒體上分享一些事，未必是想讓發布的單一內容來定義自己。當你分享的某件事被用於其他目的時，無論是爆紅轉發還是被人拿來對付你，都可能剝奪了你的主體能動性。道森寫道：「你沒有選擇的故事成為你人生的主要故事。就像其他人寫的敘事被紋在你的皮膚上，也取代了真正的你。」

即使如此，我們可能也不應該在社群媒體分享自己的生活。並不是為了防止霸凌，而是因為不斷且大量的個人更新和資訊，可能會導致資訊及雜音過多。

在網路上，我們對他人的了解可能會多到沒有必要。很多年來，我跟我媽都不是Facebook上的朋友，那也是我想要的關係。但是二十出頭的某一天，在離開明尼蘇達州的一、兩年後，超級想家的我，決定不管那些大學時代喝酒被加上標籤的尷尬照片，或是朋友們貼在我的牆上會透露某些事的貼文了。我想跟她成為Facebook朋友。

讓我意外的是，她拒絕了那個要求。她說，她不需要（或者說不想要）那些資訊。她相信我會把她應該且適合知道的事跟她說。除此之外的事她都可以不知道。知道太多會讓她想太多。

我們認識的人大多數都擁有我們動動手指就能看到的永久社群媒體記錄，因此我們很容易就會去「研究」一下新朋友，並根據他們的過去建立對這個人的印象，而不是給於予機會認識現在的他們。也許這樣似乎更安全——讓我們覺得知道自己會遇到什麼事——但這也可能扭曲我們跟對方的互動，讓我們根據自己認為對方是什麼樣的人（這本身就是一個拼湊的形象，來自我們對他們的過去零碎的了解）來決定要分享什麼事。

這樣說聽起來很極端，但今天這已是常態；我根本數不清有多少人在第一次約會後跟我說「我Google過你」。甚至常常是在第一次約會前就聽到這句話。每次我都覺得對方搶走了我的機會，讓我無法決定以什麼順序揭露各層面的自己。我們都會這樣，在網路上搜尋剛剛認識的人，但是每次這件事發生在我身上時，我就覺得這是在否決我的自主權。就像我腿上的聖經經文讓別人以為我仍然是基督徒一樣，現在，我在線上的過去比起線下的此刻，更能影響到初識者對我的了解。

幾年前，我和一群朋友找到一張二手ＤＶＤ，是我上高中時參與過的記錄片。當ＤＶＤ放在一個普通的信封寄到時，大家立刻擠在筆電旁放來看。影片結束後，我們發現最好笑也最恐怖的一段（可以從ＤＶＤ的目錄點選播放）是被刪除的其中一段。這段簡短的影片，標題叫「克里斯覺得受到誤解」，讓我窘到不行。

這是從「告解」室的自錄影片中剪輯出來的一段，當時在裡面裝了一臺錄影機，讓參加夏令營的人自己錄一段話，類似今天的影音部落格（vlog）。我在影片中談到，我擔心其他來參加這個基督教性少數青少年夏令營的人不能正確解讀我的行為。也許「沒人理解我」是很多青少年都會擔心的事，但在這段簡短的影片中，我的擔心到了荒謬的程度。我解釋說，雖然那個星期我一直閒晃（或許我在這部記錄片中最大的爆點是，面對有人來質問我早早起床去洗澡結果把熱水都用完了時，我大言不慚地建議其他學員去看看聖經關於寬恕的說法），但其實我是可以很認真的。

這段告解室短片，客觀來說很好笑，但我也看得很痛苦。我可以看到自己這麼努力、這麼擔心別人對自己的看法。就像我在短片中說的，非常希望「被人正確理解」。我很擔心自己若因為放開顧慮、玩得很開心，會讓別人以為我沒那麼聰明或不夠深思熟慮（從小別人就說這是我的優點，是我的價值所在），以至於我坐在鏡頭前，自言自語地為自己在夏令營玩得很開心辯護。這段影片荒謬、有趣，也讓人難過。

當時的我，察覺自己沒有給攝影機適當的素材來呈現理想中的形象，於是我進入告解室，笨拙地試圖主導自己的故事，因為我知道，當時拍攝的一切都可能永遠和我的公開自我綁在一起。即使當時才剛開始使用社群媒體沒幾年，我仍然意識到應該擔心自己的人生如何被記錄，也知道那些記錄會留存多久。

很多人之所以使用社群媒體，部分原因是希望被理解。但事實是，我們其實只想要被**部分**理解。我們想要以自己主導的方式被理解，由我們來控制他人理解的內容。那些攝影機讓我擔心，因為我不能控制它們，而它們正在攫取永久的記錄。在社群媒體上，我經常試圖完全控制故事，一個感覺臨時、短暫、多變的故事，即使實際上不是——並不真的是。這一點讓我害怕在網路上太鬆懈或太可笑，於是一直在努力呈現一個更謹慎、更穩重的形象。

覺得需要監督自己的一言一行以便被理解時，很容易一直煩惱是否有達到你的目的而過度思考你正在書寫的故事。擔心過度，就會開始感覺你是為了呈現在網路的形象而活。你試圖宣揚的故事，可能會成為代表你的故事。

這陣子，我在努力講述一個有別於我經常在網路講的故事。在這個一旦講述了自己的故事、就像皮膚上的紋身一樣永遠刻在世上的時代，會讓人覺得幾乎不可能改寫故事了。但我還是在努力。我不想活在永遠存在的陰影下。

第一本書出版一年後，我臨時獲邀去上福斯新聞網（Fox News）的《歐萊利實情》。在節目中的某個時刻，我在發言時，下方的字幕顯示「克里斯．史特曼，無神論者」。那一刻的螢幕截圖在網路上分享了很多次，並且變成流傳的玩笑（迷因真是了不起）。

但現實是，在我的書問世多年後，我獲邀到許多地方演講，我永遠只有一個身分：克里斯．史特曼，無神論者。我有了一個品牌，而這個品牌感覺要靠我保持單純來維持。一種單一性。

但我不只是無神論者。我不只是克里斯．史特曼，逗號，加上某個描述。我們都不只具有單一面向的身分。我們也不必在完整的自我與被理解間做出選擇。

為了讓別人從無神論者的角度來理解，我經常感覺必須把自己縮減到只是無神論者。這是一個很廣泛的問題：當被誤解的社群成員挑戰加諸在身上的汙名時，往往會被加上標記並變得扁平。我們國家的文化不太能接受擁有多種身分的人，所以就從這些身分中找一個最容易理解的版本，把我們簡化成單一身分。

覺得自己必須簡化、變得扁平才能被別人理解時，往往就會自我管制了。但這是一件徒勞無功、看不到盡頭的事，因為沒有一個人能完整完全符合這種品牌。

我漸漸相信，提供更多空間讓人可以表現混亂、複雜、矛盾、不完美的一面（也就是感覺真實），這不僅可以確保我們生活在一個有著健康個人的世界，對整個社會也很重要。容許人當個更完整的人，會改變我們面對差異的態度，並增加互相理解的能力。它可以幫助我們承認，所有人都帶著偏見和包袱加入這些爭論，以及我們即使會把事情弄得一團糟，但也希望在把事情弄糟的同時有所成長。

把自己的故事和身分扁平化，呈現出更容易理解的公開自我，我們的目的通常很高尚。有時我們會簡化故事，讓其他人更容易理解複雜的事物。有時是因為不想占用太多空間。有時是因為想對抗偏執、打破刻板印象，而我們相信以身作則，當個無懈可擊的代表可以幫助我們達到這個目的。

可是到最後，這麼做都會把我們帶到同一個地方：一個不被真正認識、看見、總是躲在面具後窺視的地方。而這會更難讓我們的與眾不同顯現人性。首先，我們必須成為完整的人，擁有不完美的永久記錄。

繼麥稈之後，我的第一個紋身，從某種意義上講，是否定麥稈。

那是一個簡單的水豚輪廓，靈感來自於我看到的一個電視節目，天主教會認為水豚是魚，因為有個教宗說過牠是魚。據那個節目說，即使後來明顯證明水豚是哺乳動物，但由於教宗無誤論的教義，教會無法改變對此事的立場。

雖然我一直無法驗證這個故事的真假，但那個紋身象徵了當時的自己對宗教的看法——我認為宗教是退步、過時、欠缺思考的。我把那個紋身看做是右小腿那個麥稈的平衡，彷彿這兩個紋身是對立的象徵。但是隨著時間過去，我繼續研讀宗教，也開始了解宗教的複雜性。儘管如此，水豚紋身仍然在那裡。

分手後的第二年，我決定改變。不是把它去除或遮起來，而是給它加點東西。給它更新一下，讓它變得更有細節，就像我現在對宗教更為複雜的理解。

今天，這個更細緻的水豚紋身成了另一種象徵：代表人是可以進化的。這個紋身提醒我，我們會受過去影響，但不會就此被定型。我們可以改變，也會改變，而且事情很少像原本那個紋身（或者我們的數位紋身）那樣簡單。

社群媒體迫使我們面對自己永遠在**演變**的事實。我們永遠不會完全**到達**目的地。線上貼文永遠不能完整表達我們這個人，就算是在貼文上線的那刻也一樣。正如同指向月球的手指，它們一路指向更深刻、更真實的東西，但永遠無法掌握完整的故事。我們愈早認識到這一點，就愈能了解社群媒體宛如紋身般的永久性，其實可以作為實現正面結果的工具。我們可以從社群媒體學到負責，還可以了解人永遠在進步，永遠在成長，而且永遠不完全等於他們公開的那部分，或最糟的那些時刻。我們不僅僅是自己的剪貼簿，只有精采和笑容，但我們也不只是自己最自私的衝動或輕率的殘酷行為。

身為人的一部分，而且是非常重要的部分，就是把事情搞砸。把每個錯誤且不成熟的觀點都留下記錄，會讓我們變得更加真實或更不真實嗎？也許知道一切都會留下記錄，會讓人不太願意冒險、實驗，站在眾人面前暢所欲言。如果是這樣，我想我們最好放下網路身分必須維持一致的想法，徹底接受這一點：想要感覺真實，就需要能夠自由地改造自己。你的各個部分可能互相矛盾，但仍然同樣真實。

最好的情況是，社群媒體的永久性可以讓我們更加意識到自己。畢竟，身為人的一個特點，就是從失敗中**學習**。隨著大量的人繼續離棄讓自己負責的傳統方式（宗教團體及其他民間組織的實務、儀式及共享空間），社群媒體可能會取而代之，幫助我們連結、反思，並要求自己及彼此負起該負的責任。

推文不能完全代表我們，沒錯，但推文也**是**我們的一部分。就好像我不只是我的麥稈紋身，但它也傳達了我重要的一部分人生故事一樣。一如紋身，我們使用推文和自拍照來記憶，但也用它們來進行交流並實現自我。我們就是自己發布的內容，如果我們不太能接受貼文會永遠留存的感覺，也許是因為貼文的永久性凸顯了內容的真實性。

那些感覺短暫的事物甚至也在建立我們的世界。安．蕭．米納在《從迷因到運動》中寫道：「很多人都誤以為迷因是短暫的。一時流行的主題標籤，一張廣泛流傳的自拍迷因，來得快去得也快。但是，這些迷因很多是長期現象的一部分，而那是一種政治敘事，由爆紅的迷因在街頭、媒體和世界上最有影響力的政治人物中蒐集各種反應，進而推動了這種政治敘事（political narrative）㊷。」

米納認為，如果迷因看似短暫，那只是因為它們「就像是某個故事四處飛散的種子，而這個故事受到文化、地理、教養和各種其他因素的影響，根深蒂固」。她繼續說：

光靠創意媒體，無法在短短幾年內就改變長期存在的問題，因為法律和文化的變革可能需要幾世代的時間，尤其是面對強大的反對勢力時……但是，不管是線上或線下，藝術和媒體所做的，都是創造一種文化記憶的資料庫，記錄對話和已經發生的微妙變化，讓人不可能忘記，並確保將來的對話可以繼續進行。

許多短暫的事物累積起來，就可以讓某件事持久。

此外，如果知道很多風靡一時的數位現象實際上並不如想像中持久，我們至少可以放下部分焦慮。雅絲卓・泰勒在《人民的平台》中寫道：「大家常以為數位內容將永遠存在。實際上，每隔七年我們就會丟失大約四分之一目前存在的連結，而且由於技術更迭迅速，數位文件很快就會變得難以理解了。」儘管如此，我們仍然不知道會失去什麼，又會留下什麼。

在一個一直只允許一小部分的守門人（通常是有錢的順性別異性戀白種男人）可以記錄歷史的世界裡，數位永久性可以發揮平衡作用。但是，這也可能讓人感覺像是住在一個過去的自己會被強加在現在的自己之上的世界。

不過，在最好的情況下，社群媒體可以讓我們更加為自己負責，揭露真正的自己（好的、壞的都揭露），並幫助我們變得更好。數位永久性可能迫使我們更誠實面對所有人的轉變，甚至可能學會坦然接受過去的錯誤，譬如嘲笑不明智的第一個紋身。但是，如果沒有意願，也不在意，我們也有可能創造出一個時時刻刻自我監督的世界，連我們沒有說過的話都擔心。

數位生活的永久性既可揭露也可簡化，既能發揮平衡作用，也會帶來限制。它具有讓我們變得真實的力量，也可能阻礙我們成長。這種新型的永久性將在我們的生活中扮演哪些角色，完全取決於我們能夠多坦然接受「它就是存在」這個簡單事實，而且就像我小腿上的麥稈，永不消失。但也跟我手臂上的水豚一樣，我們仍然有機會重新設計，加上一些細節。

重新設計有多種形式，但最令人愉悅和最具創造力的，是透過遊戲和實驗。為了更加理解數位生活如何為我們提供重塑自我的空間，我去請教了開發遊戲和玩遊戲的人。

我們扮演的角色

虛擬世界和真實人生的身分認同

The Roles We Play

二〇一八年夏天，我去參加一場性少數族群的表演活動，為那個週末的同志嘉年華遊行揭開序幕。那晚的節目接近尾聲時，一群酷兒詩人、歌舞藝人和龐克樂隊以堅強陣容出場，當地的插畫家和作家阿奇．邦喬瓦尼（Archie Bongiovanni）則在他們後面，以現場閱讀的方式詮釋創作的一段漫畫。在這則連環漫畫裡，兩個人正在講話，其中一個在流行的約會應用程式 Tinder 配對成功了。配對成功的人叫泰勒，他很驚慌。「人要怎麼在數位世界裡展現個性？」泰勒哀嚎一句，然後又說：「社群媒體不就是**遊戲**而已嗎？」

在鯰魚和蹭熱度的人（clout chaser，根據饒舌歌手史努比狗狗在二〇一八年發布在 YouTube 上的影片中定義的，這種人的策略，是「想辦法讓自己跟某個網紅或當前的流行趨勢沾上關係，以獲取名聲和關注」）充斥的年代，很多人都跟泰勒一樣，擔心網路只是一個遊戲。一個人人都試圖得分和升級的遊戲。不過，雖然這種擔心有一些道理，但說社群媒體只是一個遊戲，或者更確切一點，說我們在線上玩的是個作假的遊戲，就可能過於悲觀了。

是的，人可以假裝成線上的角色，就跟遊戲中的某個角色一樣。但是如果我們願意更進一步研究數位遊戲，那麼數位遊戲也可以教我們一些跟真實有關的道理。就跟一款優秀的遊戲一樣，網路基本上就是一個身分實驗室，而且提供了前所未有的機會，讓我們進一步了解身為人、合作，以及歸屬的真意。

在那場遊行活動的前幾個月，一個陽光明媚的春日午後，我把車子停進阿特拉斯遊戲公司（Atlas Games）聖保羅總部的停車場。這是一家開發桌遊、紙牌遊戲及角色扮演遊戲（或稱RPG，Role-Playing Game）的公司。

我走進去，在阿特拉斯執行長傑夫·提博（Jeff Tidball）對面坐下。提博本人也開發了一款獲獎遊戲。沒多久，阿特拉斯的倉庫經理崔維斯·溫特（Travis Winter）和RPG主管凱姆·班克斯（Cam Banks）也過來了。他們三個人加起來，玩遊戲和開發遊戲的經驗超過七十五年。顯然（不僅僅是因為他們的辦公室塞滿遊戲設備），遊戲就是他們的生命。我很想知道為什麼遊戲會吸引他們，也希望我們的對話可以幫助我更進一步理解，我們投入遊戲的想像衝動如何反映（或不反映）在我們的線上行為。

溫特說，玩遊戲是「暫時放下當家作主的責任」。他的日常生活充滿了各種責任，而遊戲給了他玩耍的空間。

在某些方面，這一點跟我們的線上生活很像。但是要探索這兩個領域，應該要先弄清楚什麼是遊戲。在《遊戲設計的有趣理論》（*A Theory of Fun for Game Design*）中，遊戲設計師拉夫・柯斯特（Raph Koster）解釋，大多數研究遊戲的人都認為遊戲是「常規」生活之外，一種自願的、有規則的「自由活動」。遊戲設計師和電子遊戲理論家賈斯伯・朱爾（Jesper Juul）說，在這種脈絡下，「不同的結果有不同的價值，玩家為了影響結果而付出努力，玩家對結果產生依戀，而活動的後果則是可選擇也可商量的。」發明「文明帝國」（*Civilization*）遊戲的席德・梅爾（Sid Meier）形容遊戲是「一系列有意義的選擇」，而作者恩斯特・亞當斯（Ernest Adams）和安德魯・羅林斯（Andrew Rollings）又添補了定義，形容遊戲是「在模擬環境中一個或多個具因果關係的一連串挑戰」。

聽起來似曾相識？對於很多人來說，社群媒體感覺就像一個「模擬的環境」，一種不同於「常規」生活的「自由活動」，而不同的結果（例如參與或擴大接觸範圍）在這個環境中也具有不同的價值。就像遊戲一樣，社群媒體也有規則，而我們使用之後，就習慣了它的存在；然而，不管是在遊戲還是社群媒體，雖然我們都對結果產生依戀，但後果感覺是可選擇也可商量的。跟遊戲一樣，有時會感覺網路的風險比較小——在網路發生的事可能沒那麼真實，也較不會影響生活其他層面。例如，如果衝突發生在網路上，感覺就比較假，至少沒有當面吵架那麼真實。

從這些定義來看，很能理解，就像溫特說的，如果我們在生活中要承擔很多責任，往往就會以遊戲的方式來放鬆。「遊戲」感覺是一個可以讓我們在低風險環境從事高風險行為的地方。無論是密室逃脫（要在有限的時間內離開房間，同時又知道自己沒有真正的危險）或是「龍與地下城」（*Dungeons & Dragons*，簡稱 *D&D*）遊戲（與虛構的怪物作戰，而不是與實際生活上遇到的真正困難作戰），玩遊戲都是一個征服挑戰的機會，卻不用擔心會有太深遠的影響——這本書進行到最後完稿時，我已經對此深信不疑，甚至去買了我的第一臺電子遊戲機，連自己都很意外。

我們的線上行為通常具有類似的功能。回顧在分手前一年的數位習慣，我明顯看到自己常常利用這個空間來滿足一些基本需求。那段時間工作量很大：我從早上一直忙到深夜，每週工作七天，而艾力克斯剛開始創立一家小公司，兩人都很少休息。我在工作之餘的短暫空檔，就會上網放鬆一下（因為這時艾力克斯往往還是很忙）。我開始用跟名字、寫作和社會運動的社群媒體帳戶無關的身分在網路閒逛，匿名在流行文化的文章下留言，對一些無關緊要且與生活毫無連結的事情大放厥詞。

那時連我自己都搞不清楚，但是在網路上以匿名的方式到處鬼混，是我當時被責任壓得喘不過氣來的一種發洩方式。在網路上，我不是一個非營利組織的執行董事，另一半沒有在創業，甚至也不是必須在零下天氣裡還得遛一隻不知疲累的小狗的狗主人——我是一個不露臉的化身，喜歡拿流行文化開玩笑並恣意評論。這感覺可能是件很小且無關緊要的事，但是有些時候，在網上輕鬆發文才讓我沒有被壓力擊垮。

我們做這一類的事，因為玩樂是必要的。玩樂不是多餘的，不是有空時才享受的奢侈品，而是可以滿足重要需求的東西。研究證明，玩樂在很多方面都可以增進身心健康，而或許最重要的一點，就是它可以降低壓力對我們的衝擊。我們沒有積極尋找玩樂的機會時，有時就會以沒那麼刻意的方式滿足這個需求，就像我躲在不露臉的化身後面，還有很多人在網路上的行為一樣。

數位玩樂可以是一種漫無目的釋放壓力、忘掉煩惱的方式，也可以是一種有目標、有成就的遊戲——就看我們怎麼玩。因此，如果我們要以輕鬆的方式使用社群媒體，那麼更有意識的做法會對我們有益。

溫特解釋完遊戲吸引他的原因之後，換班克斯說了。

「對某些人來說，玩遊戲為的不是扮演積極的角色，而是成為故事的旁觀者或記錄者。」他說：「他們喜歡保留記錄並在事後寫篇報導，但是他們在現場不會有太多動作。」

我完全能了解旁觀或講述遊戲的意義，畢竟，現在有線上平台就是專門觀看他人玩電子遊戲用的。從比喻的角度來看，我敢打賭，我們都看過一場數位好戲，也很喜歡（即使不想承認）那種當個沉默旁觀者的經驗。我們在社群媒體上玩的各種數位遊戲（變裝和暴露、指控和爆料，在時間軸上演的危險誇張戲碼）也證明了這些平台影響現實生活的力量，譬如某人因為上班時間在 Facebook 貼文而被老闆開除，或是社群媒體小編不小心在老闆的推文按讚而失業等等。然而，這些線上事件往往被視為無害的娛樂活動（即使實際上並非如此），這反映了我們普遍認為數位生活並不是真的。

因為我們常認為生活中的數位部分不是真的（或沒那麼真實），所以我們創造出在網路表達自我的有趣事物，例如迷因，通常就被認為是無聊的瑣事。但是，就像不明智推文引發的餘波一樣，那些事物其實可以是真實——且功能強大——的工具。網路迷因的協作本質（拿別人的海綿寶寶迷因加上別的東西，做出自己的迷因），感覺就像窮極無聊才做的事。但是，這個過程實際上可以幫助我們重新構思這個世界，這也是數位玩樂可以讓我們感覺更真實的一種方式。

安・蕭・米納在《從迷因到運動》中寫道：「迷因幫助我們設想了另一個世界，在實務上就稱為**預兆式政治**（prefigurative politics）[43]。」換句話說，我們用玩樂的方式來實驗並建立觀點，之後再用這個觀點來重塑我們的世界。她認為，數位玩樂「可以激勵行動，為想像力創造出空間」。就像迷因或桌上角色扮演遊戲一樣，數位遊戲也常常是以合作的方式重新想像世界。遊戲讓我們能夠一起進入預兆式政治，進而幫助我們成為理想中的樣子。

一方面，對某些人來說，遊戲確實是一個與其他活動分開的空間，可以玩一些看起來跟生活其他層面無關的遊戲。「實境角色扮演」（live action role playing，簡稱LARP）就是這樣一種遊戲，主題從模擬聯合國到科幻場面，包羅萬象。我還想到密室逃脫、恐怖電影和鬼屋，這些都是在安全環境中演繹高風險情境的方法，讓參與者謹慎地宣洩情緒。如果你平時要承擔很多責任，那麼這些方法就是很有用的抒壓管道。而我們也可以把在這些空間中學到的對自身的了解，融入生活其他部分。

但是對某些人來說，這種身分認同遊戲有更深層的意義。雪莉・特克在《虛擬化身》（*Life on the Screen*）一書中談到了ＭＵＤ，也就是「多使用者領域」（multi-user domain），這是早期的數位空間，人們通常透過文字聚在一起創造出想像的世界。史上最著名的角色扮演遊戲「龍與地下城」就是從這種模式發展出來的。特克認為參與者不只是透過ＭＵＤ上的文字來建立新的世界。她說，他們也「構建新的自我」，結果一些ＭＵＤ玩家會漸漸迷失在不同的自我之間，因為在ＭＵＤ上，人可以「隨個人選擇，扮演一個接近或遠離『真實自我』的角色」。

特克說，線上遊戲論壇的明顯匿名性就像ＭＵＤ那樣，讓人有機會「展現自我多種且通常未經探索的樣貌，隨意把玩身分並嘗試新的身分」。但是她似乎對這種身分探索的真實性存疑。她寫道：「ＭＵＤ使得身分的創造變得如此易變和多重，從而限制了身分的範疇。畢竟，所謂身分，指的是兩種特質之間的相同性，以這個例子來說，是人與其人格之間的相同性。但是在ＭＵＤ中，一個人可以有很多種人格。」

特克承認，人本來就有很多人格，但她認為網路改變了我們擁有多重人格的**方式**。她寫道：「自我不再只是在不同的時間及環境扮演不同的角色。例如，某個人以情人的身分醒來，以母親的身分去做早餐，然後以律師的身分開車上班，就是這種情形。」她說，在網路上，我們成為「一個分散的自我，存在於許多世界中，同時扮演著多種角色」。

不過，我不確定分割的自我是否為一種重大變化。以情人身分醒來的那個人，從來就沒有**停止**做母親或律師。她的那些部分在某些時候可能站在第一線，其他時候則退到背景中，但始終存在，提供她看待自己和周遭世界、以及該如何行事的資訊。我想我們應該一直擁有分別存在的自我，就像在網路瀏覽器不同分頁標籤之間切換一樣。只是也許我們現在可以更清楚地看出區別了。線上和線下，我們在多個自我之間轉換。有時我們想發揮積極作用，有時只想觀察。

▬▬▬▬▬▬

小時候，我們幾個姊弟玩過很多規則複雜、有故事情節的想像力遊戲（還有一些低級遊戲，像是「躲躲床」，這是把某人塞進沙發床的伸縮床墊裡，看他被夾在泡棉和沙發布層間可以忍多久才恐慌）。其中我們最喜歡也最常玩的遊戲，我們叫它「動物園」。

這個遊戲並不複雜。主導者是我姊姊演的角色，一隻叫「香蕉蟲」（Banana Bug）的猴子。我的大弟是她的同夥，一頭愛閒逛的美洲獅，我叫他「馬西馬西」（Mahi-Mahi）。我的小弟在遊戲裡是一隻野生松鼠，住在動物園裡，不過沒有籠子。他叫「巴拉巴拉」（Blar Blar），他認為所謂「野生」就是「瘋狂」，所以一有機會就咬人。

那我呢？我是動物園管理員，負責解決動物之間的衝突；處理問題並善後。動物角色有各自的習性和獨特的特徵，但是動物園管理員，就是動物園管理員。這並不是指它不是令人嚮往的角色，也不是說它沒有像香蕉蟲、馬西馬西或巴拉巴拉這樣有創意的名字。而是那根本不是一個真正的角色。

動物園管理員沒有個性。他只是一個職稱。跟那些動物角色不同的是，扮演動物園管理員並沒有給我機會脫離自己，成為一個新的、不一樣的角色。我還是人類。姊姊和兩個弟弟的角色是要創造歡樂的混亂，我的任務是維持秩序。他們的角色推動故事的發展；我的任務是因應和解決。對我的姊弟來說，「動物園」是一個超有想像力的遊戲。但是對我來說，有時感覺更像是一份工作。當動物園管理員時的我仍然是我，但更負責、更**穩重**。

這其實是孩子們很常玩的遊戲。小孩子常常喜歡扮演承擔一定程度責任的大人角色，例如醫生。但對我而言，動物園管理員這個角色的重點是，我是遊戲中唯一發揮這種功能的人。現在來看，我還注意到自己小時候經常被這種角色吸引——我多麼渴望扮演一個更負責任、更像個大人的自己。

長大之後，我在數位遊戲中也經常出現這種**過度扮演**的情形。有很多年的時間，我的Twitter感覺太純淨了，我幾乎只是一個職稱，只是我的專業角色。好像沒有專業之外的個性。社群媒體經常成為試圖控制他人如何看待自己的工具——這一點正是阿特拉斯公司那些開發遊戲者認為吸引人去玩遊戲的部分原因，尤其是那些想要引導遊戲敘事的人，譬如「龍與地下城」中的地下城主。

但是我小時候玩遊戲時，並不是每次都想控制遊戲。有時，我想玩的其實是**放掉**控制，擁有實驗的空間。儘管周遭的環境經常感覺限制重重，不過我算是在一個鼓勵我們打破某些社會規範的家庭中長大。例如，我媽在一個籃子裡放了很多打扮用的衣服，我們姊弟幾個就經常利用那些衣服來發揮想像力。結果我們常常穿上跟生理性別相反的衣服；我們的家庭相簿裡有好多我跟兩個弟弟穿上洋裝和裙子的照片。不是為了搞笑，而是為了真心實意扮演好各種角色。

雖然我是順性別，意思是我認同我出生的性別，但小時候我經常覺得受到社會對這個性別的期待限制，也感覺得到，只要偏離性別規範就會產生嚴重後果。但是玩樂是開始打破某些規則的地方。去實驗、多方嘗試，並探索我的個性中覺得在其他地方展現會不安心或者有危險的部分，就像我長大後在業餘者之夜看到的扮裝皇后一樣。

從這個意義來說，數位遊戲不只是控制他人如何看待我們的工具。還讓我們能夠拿身分來實驗，並以激進且通常極其重要的方式來表達自己——讓我們不僅能夠影響他人看待我們的方式，也能創造多種方式讓我們看見**自己**。

那年夏天分手後的九月，男友搬離公寓後不久，我去了華盛頓特區，在一場白宮的跨宗教合作活動上發言。

我從小就認識的一個好朋友，莉亞（Lia），剛好任職於主辦活動的大學。活動結束後，我跟莉亞敘舊，聊到童年往事，講到那次她在一間自己彩繪陶器的工作室辦慶生會，有兩個我們都認識、也參加了慶生會的朋友，沒經過我的同意就跟大家說我是同性戀。這件事的高潮是我滿手顏料追他們，一直追到工作室外，其他人都搞不清楚到底是怎麼回事。這段回憶現在想起來只覺得好笑，但我還記得剛知道大家都在議論我的性傾向時的那種驚慌；當時在我的想像中，它就像我有次在明尼蘇達公路旁看到的野火一樣快速蔓延。我仍然感覺得到，當故事的發展已經由不得自己時，那種深到骨子裡的恐懼。

不過那天她想起的往事裡，我最喜歡的是上小學時，我邀請她這個新朋友去我家玩的情景。我們去了我的房間，我打開櫃子門，把藏在毯子下的洋娃娃拿出來。這個洋娃娃是我三歲時媽媽給我的。她給了兩個弟弟、姊姊和我一人一個，希望我們學學怎麼照顧小孩。我把洋娃娃拿給莉亞看，問她覺得男生可不可以玩洋娃娃。她說可以啊，男生可以玩洋娃娃，不過她自己不太喜歡洋娃娃。她比較喜歡「石頭和泥巴」（她的話原樣照搬，相當具有指標意義）。

聽她說起這件事，我了解到，放掉想要控制自己「如何被看見」的欲望有多強大的力量，而正是這種欲望讓失控制變得如此恐怖。在莉亞身上，我看到了遊戲作為分享自己的工具所具備的力量，以及這股力量可以鼓勵別人也這樣做。

孩童很難不去滿足社會對性別的期望。我從很小就很清楚，男孩子不應該像我這樣。但是許多童年時玩的遊戲（洋娃娃、梳妝打扮及跟莉亞一起玩的遊戲等等）都給了我跨出這些界線的空間。在遊戲中，我可以偽裝出不是自己的樣子，也可以展現我**知道**屬於自己、但在「真實生活」中不能安心展現的特質。

照規則玩（「男生玩石頭，女孩玩洋娃娃」）會讓我們綁手綁腳，但玩樂也可以是開闊的——一種讓我們超越自己習慣或建構的形象，更接近真實的方法。麥德琳．蘭歌在《安靜的圈圈》中寫道：「真實的玩樂，會達到真正的專注。孩子不只忘了時間，也忘了自己。」

她繼續說：「正在玩遊戲的孩子會完全沉浸在當下。他的自我意識消失了。」換句話說，遊戲可以是一種忘掉自己以找到自我的方式。它讓你超越承襲的規範，好讓你可以更深入地發現真正的自己。蘭歌說，因為「意識到**自己**的存在，就不能完全覺察；我們必須先把自己丟掉」。在遊戲中，我們可以處理掉舊有的自己，重新開始。

「遊戲」這種重新建構的特點，在我跟阿特拉斯的遊戲開發人員談過後變得更清晰了，因為他們詳細說明遊戲可以是讓人嘗試新事物，並實驗如何了解自己的空間。不過，在我多次跟利用數位空間探索自我意識者進行的採訪和對話中，遊戲的這個特性又更加明顯。最好的例子就是我跟一位名叫梅麗莎的女人的對話。

幾年前，我在 Twitter 上認識了梅麗莎，我們開始經常交流。她說自己非常愛打線上遊戲，於是我問她是否願意跟我聊聊為什麼遊戲對她這麼重要。

她告訴我，從第一次拿到控制器的那一刻起，她就愛上電子遊戲了。那時是一九八〇年代，電子遊戲突然大幅降價，更多美國人買得起。在電子遊戲最風光的時期初期，塊狀圖形遊戲是最無性別感的，適合任何人玩。直到一九九〇年代，才有很多人開始把電子遊戲視為「更適合男生的東西」。

就是在這個特定的時期，梅麗莎，一名出生時是男性的跨性別女人，發現自己迷上了電玩和那種八位元點陣圖——很大一部分是因為那是少數男女生都可以喜歡的東西之一，尤其是在早期。她完全沒想到，她對遊戲的熱愛會把自己帶到首次出櫃的空間去。

一九九〇年代中期，梅麗莎十五歲左右，她開始參加一個ＺＺＴ同好線上聊天室。ＺＺＴ是一種具簡單圖形的電腦程式，玩家可以在其中創造自己的遊戲然後分享給別人。正是在那些每個人都只是一個名字的聊天室裡，她第一次以跨性別的身分出櫃。

這件事其實很簡單：她只是把顯示的名字改得更女性化，然後說如果有人有問題，可以問她。可是沒有人提問。他們毫無波瀾地接受——毫無異議地願意直接用另一個名字稱呼她——把她嚇到了。後來她才發現，原來那個聊天室還有不少其他跨性別者。線上空間（尤其是以創意為導向的空間，不管是ＺＺＴ之類的協作遊戲用戶聊天室，還是當今的流行音樂瘋狂粉絲論壇）通常都有一定程度的匿名性，這對需要一個安全的空間來表達自我認同的酷兒和跨性別者來說，非常有吸引力。

雖然梅麗莎的聊天室出櫃經驗簡單得出人意料，但她的線下出櫃過程就沒那麼簡單了。一開始是在一九九〇年代後期，她念高中最後一年時向家人和許多朋友坦承自己是跨性別者。有些朋友表示支持，但她的父母拒絕接受。於是，高中畢業後，梅麗莎搬去加州聖地牙哥跟姊姊一起住，在那裡，她可以穿上洋裝，在週六去同志酒吧參加淑女之夜，不用受到父母責罵。但是她姊姊畢業後搬回去與父母同住後，梅麗莎被解雇了，不得不跟著搬回家去。和不了解她的父母一起住、沒有健康保險且只有一份兼職，她覺得自己唯一的選擇就是躲回櫃子裡。她心想，**我要努力當男人。我會盡全力完成這個任務**。

但是在櫃子裡躲了將近十年之後，這個方法確定沒什麼用。每過一年，她就感覺愈來愈絕望。梅麗莎天生具有創造力，喜歡表現自己；這是遊戲吸引她的一大因素。線上角色扮演遊戲就是她能表現自我的一個管道。她很投入「無盡的任務」（*EverQuest*），這是一款大型多人幻想遊戲，用戶可以自行創造角色，組隊一起探索地牢及殺怪獸。她常跟一群她並未向其出櫃的同事一起玩，但她還是可以扮演女性角色。因為一起玩遊戲的那些人在遊戲之外認為她是男人，所以覺得她選擇女性角色是一種顛覆性的行為。「無盡的任務」是一般所說的「持續性」遊戲，意思是你會跟自己創造的角色綁在一起——不是像在「瑪利歐賽車」（*Mario Kart*）中選擇碧姬公主（Princess Peach）那樣，只有一回合有效——每次回到遊戲中就會繼續扮演那個角色。結果，很多「無盡的任務」的玩家都認為男人不會選擇女性角色。

但是梅麗莎的這個選擇不只是為了顛覆，她也是藉由這種方式表現自己無法在生活其他領域表現的那一面，進而得到在職場或在家裡得不到的理解，而且是更接近真實身分的那種理解。被視為女人，並讓人把她當女人一樣互動。

然而即使有了網路遊戲，住在家裡的壓力還是一直折磨著梅麗莎。她愈來愈睡不好，而且常常會恐慌發作（panic attacks）。但是有一天，一個她在少女時代就經常去的聊天室裡認識的人，發了一條推文，是關於一個玩「當個創世神」（*Minecraft*）的 YouTube 系列節目。梅麗莎發現這些影片具有安撫作用，看影片還能幫助她入睡。

後來她開始跟影片中的一個女人交談。聊了五年之後，她們成為好朋友，最後梅麗莎告訴對方，她是跨性別者，而且打算有一天去變性。之後，那個女人成為梅麗莎的密友和資源，幫助梅麗莎前進並改善她與父母的關係，甚至還透過 Skype 幫助她練習發聲。幾年前，梅麗莎從在某個學區的全職工作中存下足夠的錢並搬出父母家後，她再次出櫃並開始變性，兩人也開始交往。如今，梅麗莎跟女友一起經營線上遊戲社群，一個專門給酷兒及跨性別者玩樂的空間，她們想創造的正是梅麗莎年輕時獲益良多的那種友善遊戲空間。

不過玩遊戲的好處不只讓年輕的梅麗莎受益。幾年前，當她試圖弄清楚自己想要表現什麼樣的女性特質時，玩遊戲為她提供了多方探索、了解自己喜好的機會。她知道自己是女人，但是她並不清楚這對她意味著什麼。梅麗莎沒有經歷過十幾、二十歲的實驗階段，嘗試各種裝扮風格、了解哪種打扮最適合她，而這是順性別者理所當然進行自我定義與探索的時期。

玩遊戲不只是試穿不同風格的服裝而已。這是一種實驗整體美學、以不同方式面對世界的方法。即使到了今天，梅麗莎發現遊戲仍能幫助她更進一步了解自己，凸顯原本不明顯的性格特質。

不論是否常玩電子遊戲，我都認為各種環境中的遊戲都可以幫助並教會我們看見自己的新方法。我念中學時，一名教會好友辦了一個破解殺人案派對。我被指派為喪葬業者，而我們一致同意我應該打扮成我們理解中的「哥德風」。我在想應該穿什麼時，問她能不能把我的指甲塗成黑色。那時我已經以酷兒的身分出櫃了，但是內心仍然有很多對同性戀的恐懼，我也一直在努力向世界證明，身為酷兒並不表示我跟其他人有什麼不同。但這次，這個遊戲是一個實驗的機會。可以在「遊戲」的掩護下嘗試一些我很好奇、感覺有點顛覆的東西，看會是什麼情況。果然，我很喜歡，從那以後我不玩遊戲也會塗指甲油了。

這可能就是吸引許多像梅麗莎這樣的酷兒和跨性別人士玩遊戲的原因。想想看喜歡電玩、角色扮演遊戲以及桌上遊戲（例如「龍與地下城」）的酷兒人數，這種興趣絕非她獨有。遊戲讓我們實驗。我們在遊戲裡，往往不那麼受這個異性戀和順性別本位社會的慣例與規範約束。遊戲不一定是逃避現實，而是表達自我的工具：這些具創造性、合作性、建構世界的活動，讓我們可以用自己的方式定義自己和周遭世界。有了充分的實踐，這些虛擬版本的自我就可能比任何遊戲還真實。

這次對話的一個重點（尤其是在梅麗莎的故事方面）是，有時「何謂真實」這個問題，會被用在偏離規範的人身上，限制他們的自我表達。

這是拳擊手湯馬斯．佩吉．麥克比（Thomas Page McBee）在《業餘者》（*Amateur*，暫譯）中詳細探討的重點。他在這本書裡講述了身為跨性別者在拳擊運動界闖蕩的經歷。麥克比踏入拳擊世界（一個由順性別異性戀男性主導、普遍崇尚陽剛之氣的世界），感受到了隨之而來的焦慮，因為他會去猜想其他拳擊手是否知道他是跨性別者，而如果知道了，是否還會把他當作「真正的」男人。

儘管對跨性別者而言，這確實是嚴峻的挑戰，但麥克比最後發現，要以這個世界可以接受的方式成為**真的**——男人要當真正的男人，女人要當真正的女人——所有人都多多少少會在某些方面承受的壓力。而這些壓力往往以醜陋的方式表現出來，尤其是在男人之間。他寫道：「我很快就發現，所有男人都以對抗其他男人的管控和羞辱來證明自己的『真實性』。

悲哀的是，他們的對抗方式是反過來羞辱和管控對方。」在試圖對抗施加於自身的性別管控時，男人往往發現，最快的方法是反過來管制其他男人。

這種控管別人如何把玩與表現身分（在性別方面，這是一定的，不過也表現在種族、性傾向、社會經濟地位及其他身分認同層面上）的衝動，可以追溯到我們這輩子最早玩遊戲的時候。就跟拍手遊戲和捉迷藏一樣早、一樣基本。麥克比說：「大多數人很小就經歷了性別制約（研究顯示從嬰兒期就開始了），以至於我們誤解先天與後天、文化與生物本能、從眾與**當自己**之間的關係。」

邁向感覺真實的過程，很大一部分靠的是向小團體中的其他人證明這一點，並獲得他們的認可——又或者試圖讓自己超越他們。麥克比繼續說：「男孩子透過向其他男人證明自己的男子氣概而成為『真實的』，而主要的做法是冒險以及控制其他不守規矩的人。」在男子氣概的規則下，「成為男人」的這個遊戲唯一獲勝的方法就是確定有人失敗。

我跟一個跨性別或非二元性別的朋友學到，我們最終都只是在表現性別而已——只是有些人的表現得到了回報，有些人偏離了可接受的方式而受到懲罰。

正如我們都在表現性別認同一樣，我們也會展現自己的其他層面，並依據自己扮演的那部分受到獎勵或懲罰（或者強制執行獎勵及懲罰）。我們總是在跟他人的互動中表演，有時甚至連獨處時也在表演。有時這種表演是故意的，但往往是無意識或不假思索的行為。到了數位時代，這些表演變得更加複雜。

賈・托倫蒂諾在《哈哈鏡》中主張，「在線下，這個過程中會有一些內建的緩和機制。」例如，觀眾改變了；你在職場上表現的自我，不同於你跟另一半的家人在一起時表現的自我，也不同於跟好朋友在一起時表現的自我。跟這些人中的任何一個人在一起，我們都不必覺得自己好像隨時處在「開機」狀態。但是在線上，我們在各種表演間的界線變得扭曲、模糊、相融。她繼續說：「最糟糕的是，網路上根本沒有後台。」你可以回家，把工作的觀眾留在辦公室，但是數位觀眾永遠在場，就像我們的數位歷史被紋在皮膚上一樣。

很多人都有管制自身身分認同的衝動，讓人感覺根本不可能呈現多樣貌的自己。尤其有時我們會把自己通常不會在生活中跟別人分享的那些面貌放入數位身分。正如特克提到的，即使在網路上，我們所有的「彩排都會存檔」，一切仍**感覺**是祕密。

我們樂於分享的自己與不想展現的部分，這兩者間的緊張關係引出了一些重要問題：到底我們的數位自我，哪些部分是真實的？或者應該說，它們從哪方面來說是真實的？有時，人會使用數位平台來探索自己不想融入離線生活的事情。這一點最明顯的或許是跟性有關的事，不過大家會用各種方式來達成這個目的，包括採用的線上角色具有他們不想在線下顯現的特質。有時，幻想就是這樣——不是某人想要實際做的事，而是一種在想像領域中解決某些問題的手段。遊戲時，可以在一個跟生活其他部分分開的安全空間裡，探索和顛覆自己已經內化的規範。

我有一次去接受心理治療（這就是一個安全、分開的空間，讓我可以梳理一些事，有點像我們有時在遊戲中的經驗）時提到，我偶爾會發現自己被不太可能「在現實生活中」交往的人吸引。事實上，這種類型（也許可以稱為「頭腦簡單四肢發達」或「健身房狂人」）刻板且具體呈現了我通常會退避三舍的特徵。在過往的經驗中，我通常不會想跟這種人深入交談，更別說分享我的生活。可是我有時會發現自己在考慮這種人，我也不知道為什麼（除了社會制約我們這樣做之外，但那又另當別論）。我會不會只是不肯承認自己被這種類型吸引，因為它違背了我的自我形象，也與我自認應不應該被吸引的類型相抵觸？我是不是該跟這種人交往看看，不管自己有多討厭這類型的人？我真的不排斥這種可能性。但是我的治療師認為，有時我們會用幻想來釐清跟現實體驗分開的事物，以此來進行實驗，就像在其他遊戲中那樣。在遊戲中，我們可以篩選自身承襲的文化包袱，試著釐清自己與它的關係。

有些遊戲是現實生活的練習（訓練一下會帶入生活其他領域的自我），但有些只是遊戲，只是幻想。那是真的嗎？或者我們需要了解，自己身上存在著不同程度的真實——有些層面我們需要克服與探索，但不需要向世人展示（如果是這樣，我不建議你當作家）？而我們的許多數位遊戲和實驗都受到監控這一點，在這方面似乎也沒有特別的幫助。

人類學家大衛・蘭西（David Lancy）認為，兒童需要沒有大人監督的遊戲時間才能學習和成長。自我發展這件事永遠沒有完工的一天，所以大人也需要不受監督的遊戲。但是，當大量的數位遊戲被追蹤及販賣我們個人資料的平台存檔及監督時（再加上數位平台提供的是重重規定與限制的遊戲方法，也因此限制了我們嘗試新事物的能力），也許我們已經失去了那種機會。而隨著愈來愈了解平台如何監視及操縱我們，我們也學會調整自己在線上進行自我探索的方式，改為平台和同儕可接受的。這會在感覺真實這方面產生問題，因為我們最後並不是基於自己最真實的感受，而是（至少有一部分是）基於我們認為他人可能會接受的樣子，來決定如何表達自己並與他人建立連結。

我們還訓練自己，配合這些情境裡的觀眾表現價值觀。托倫蒂諾認為，這是因為在線上展現個人價值觀的「主題標籤、轉發和個人檔案，與能見度、身分認同和自我推銷已經糾纏在一起，密不可分了」。有人說我們需要擁有一個品牌，一個強大的線上身分，讓我們要發布的所有內容都先由那個身分過濾一遍。這表示，想在線上表達自己的價值觀時，我們的行為會經由高度監控的自我過濾，而這個自我永遠有觀眾，這個自我被平台塑造成把自己放在第一位。

而且由於我們已經把自己的數位內容遊戲化——參與會讓我們分泌多巴胺；讚和轉推表示**贏**了——很容易就表現出一個把自我帶入一切的數位道德認同。這個自我最終會表現出引起你注意的道德認同。我看過朋友和認識的人被它捲進去，把他們的數位身分變成一點就爆的機器，隨時針對最新的熱門事件發表意見，並把它跟自己的經歷連結起來。我也這麼做過。

這並不表示不可以把議題跟你自己的經驗綁在一起，我這樣說也不只是因為我在本書裡到處寫自己的經驗。建立聯想和連接點是很好的學習方法。這可以是一種重要手段，縮短自身經驗和似乎與切身無關的議題間的距離。但是在這個數位時代，比以往更容易把他人的經驗與我們自己的經驗搞混。特克在《虛擬化身》中寫道：「虛擬經驗可能逼真到讓我們相信自己在其中達成的比實際上多。」她解釋說，她訪談過很多數位遊戲玩家，在遊戲裡玩的是另一種性別的角色。譬如這些人就常宣稱，扮演女人可以讓男人完全理解當女人的感覺。但是特克提醒，我們透過這種媒介獲得的理解仍有限制。

凱特琳．烏戈利克．菲利普斯在《感覺的未來》中寫到，有些人想利用虛擬實境（VR）技術的進步來發展擴大同理心的體驗。有種VR體驗可以讓人體驗遊民的生活；還有一種是經過一群抗議者才能走進計畫生育診所，感受那段可能讓人很痛苦的路程。還有一些是為了理解難民和移民的經歷。但是，當然，體驗完之後，VR眼鏡就會拿掉了。

有研究證明虛擬實境確實可以幫助人變得更有同理心，但是菲利普斯也採訪過一些人，他們擔心虛擬實境會讓人在道德上產生混淆。我們可能會以為自己比實際上更了解，進而造成一種道德上的懶惰。如果以為自己已經了解其他人的經驗，我們可能就不覺得需要繼續努力來理解和同情跟我們不一樣的人。

追根究柢，我們從數位遊戲中獲得的，很多都要取決於自身對玩遊戲這件事設定的目標。我們是想用數位遊戲來釐清和實驗，還是只是想展現宜人的自我？事實是，很多人（也許是大多數人）兩個目的都有。這表示我們需要更了解自己如何及為什麼以這些方式遊戲，尤其是在一個他人隨時準備說我們違規的世界，而其實我們從來沒有同意過那些規則。

最能從違反我們「從未同意過的規則」這件事中找到價值的，莫過於獸圈（furry community）了。是的，你沒有看錯。我們現在要談論獸迷[44]了。

我轉個彎，把車子開進通往機場旅館的那條路，瞬間就看見了他們：跟我約在那裡碰面的獸迷。先是一隻狐狸，戴著一條毛色紅得不太自然的狐狸尾巴，然後是一隻咧著嘴笑嘻嘻的藍狼，活潑的舌頭從嘴裡伸出來晃啊晃。他們很快就成群結隊出現，一群又一群戴著尾巴、耳朵的人類，有的甚至穿著一身鮮豔的動物裝，全都朝著芝加哥奧黑爾凱悅酒店（Chicago O'Hare Hyatt）移動。看到巨大的毛茸茸生物出現在外面，大大方方走在人行道上，而不是躲在酒店的會議室裡，幾乎會讓我這種外行人有點不安。還有一點興奮。

那些服裝看起來又悶又熱，可是滿頭大汗的人是我。我即將見到真正的、活生生的獸迷——這是創造動物化身、有時也實際扮演的一群人。

幾週前，我在 Twitter 上認識了第一個獸迷，史蒂夫（Steve），並跟他有了互動。他把我的朋友塔里克（Tarik）畫成動物後，說也可以幫我畫一幅。我們私訊聊了一下，我問他能不能把我的獸設（也就是「獸類角色設定」）畫得跟我的狗圖娜像是一家人。我把我的 Instagram 連結傳給他，好讓他看到我跟圖娜的照片，然後他就開始畫了。幾個小時後，他把畫好的圖寄給我：一個人狗混種，超大的耳朵，藍綠條紋的頭髮，還有調皮地伸出來的舌頭。那是一個動物漫畫，但不知怎麼的，感覺就像我：那抹傻笑、眼裡的閃光，以及人類的手擺出一個和平手勢的自拍姿勢。他甚至有我的鼻環，手腕上還有我的「QUEER」紋身。

但這不是只有表面相似而已，看著那幅漫畫，讓我若有所悟。這幅畫隱含著一種不正經、甚至是胡鬧的氣質，這是我自己有時也沒發現的特質。我笑得咧開了嘴，在床上探出身子拿給圖娜看，她一會兒看我，一會兒看我的手機。也許這只是我的想像，不過她似乎認同了這幅畫。

後來我跟史蒂夫繼續聊天，雖然內心並不想當文化旅客，但我之前確實從未跟獸迷互動過。他從容又耐心地回答我的蠢問題，然後提到他跟男友過一陣子會去參加「中西部毛毛盛會」，一場有數千名獸迷參加的年度聚會。那個週末我本來就要去芝加哥，所以他提議安排我參加大會的閉幕派對，他剛好要在閉幕派對當ＤＪ。

我立刻就想說好，可是又突然焦慮起來。他說會有攝影機。如果有人看到我出現在那裡的照片或影片怎麼辦？史蒂夫理解我的焦慮。他十四歲時，他爸爸發現他畫的一些獸人作品，於是找他談了一下。他爸爸說：「我並不是說你是怪胎，但這不是一般人會看的東西。」史蒂夫覺得很丟臉，所以壓抑了自身興趣很多年。

最後，他開始在網路嘗試找回這份興趣，關注獸人藝術家並發表了一些自己的作品。身邊都是理解他的人，史蒂夫立刻知道這就是屬於他的團體。今天，他是獸迷的領頭羊——創造獸人作品，在獸迷活動上當ＤＪ，在網路上發起有關社會公義的對話，以及對付「另類右派」和納粹獸迷。

由於跟史蒂夫的交流，我現在和大量獸迷的 Twitter 有互動，甚至還上了一個獸迷的 podcast 節目。想到線上那些圖像化身以及在獸迷間很流行的動物名字，很容易就把獸迷的身分當成一種隱藏的手段。但是從史蒂夫和其他人身上，我發現採用動物身分其實可以是揭露，而不是隱瞞。

正如我在獸迷大會了解到的，建立一個獸設或穿上獸裝，會讓人更脆弱。然而，對很多像史蒂夫這樣的獸迷來說，獸設就是他們這個人的延伸。我看到自己的某些個性被一名陌生人把我畫成狗時捕捉出來，而他只根據我發布在網路的照片就畫出了那張圖，那一瞬間我就體會到了這一點。穿上獸裝或採用動物身分，可以幫助某些獸迷克服社交焦慮，表現出某些很難獨自表達的個性。對另外一些人來說，它甚至可以是一種目標——藉由這種方法創造他們可以實踐的自我版本，傳達他們正在努力成為的樣子。

獸迷是一個被嚴重誤解的社群，存在於文化邊緣。如果有人提起他們很可能是拿來當作笑柄，或帶著懷疑和恐懼的心態。但是，「普通人」（normie，許多獸迷這樣稱非獸迷）可以從獸迷擺脫羞愧感並全心接納真實的複雜性這件事中學習。因為社群可以提供各種自我發現的途徑——史蒂夫剛開始涉足獸迷界時，就慢慢發現自己是同性戀，而他也是在獸迷社群裡學會接納自己的性傾向。

史蒂夫的故事並不罕見，而他跟其他人可能在獸圈裡找到接納酷兒的人，並非偶然。實際上，根據「國際擬人動物研究專案」（由多學科的科學家組成的團隊，專門研究獸迷現象，這是真的，也很不可思議）進行的研究，有超過八成的非獸迷是純異性戀，但只有不到四分之一的獸迷是。同樣地，有百分之二至百分之二·五的獸迷確定為跨性別者，百分之十確定為性別酷兒（亦即非二元性別），這兩者的比例都明顯高於一般大眾。

我或許不是獸迷，但我了解被迫暴露弱點和被人批評的恐懼。我正在學習放下一些恐懼，所以不只去參加了大會，還接受了史蒂夫的邀請上臺。我在他當ＤＪ的場子裡，當著數百人面前跳舞，現場還有攝影機在拍攝。我望著一波波來參加大會的人，有些穿著超大的霓虹毛絨裝，有些只戴著耳朵或尾巴，還有些只戴了徽章表明他們的角色，沒有太多裝飾。他們又跳又笑，高舉手、爪子和蹄子，盡情享受著每個人都可以自由表達、不受審查的空間。而我把在大會上拍的照片和影片發布出去時，也不在意別人的想法。

羞愧可以殺人，但不是一定會殺人。更多時候，對於徹底展現自我的恐懼，會像酸性物質一樣慢慢由內而外腐蝕我們，以至於最後跟他人分享的自己，感覺就只像是一套戲服。這種恐懼會消耗我們的內在複雜性，使人變成只剩一個外殼，躲在以為能保護自身的面具後往外窺視。但是，以玩樂的方式放掉那種恐懼，即使只是跳一個晚上的舞，就可以幫助我們接納這個世界該藏起來的那個自己。

當史蒂夫的重低音音樂充斥在擁擠的飯店宴會廳時，我感覺羞愧和恐懼都消退了。我在一個不用擔心會被批評的地方，一個溫暖熱情的空間，我可以帶著史蒂夫畫的那隻狗的自信，重新進入這個世界。我絕想不到，去參加獸迷大會讓我覺得自己更有人性。

儘管遊戲有它的好處，但遊戲絕對可以變成一種逃避自己的方法。為了更進一步了解遊戲的這個特點，我問了阿特拉斯公司的遊戲開發人員，是否認為遊戲就像經常被人指責的，可能是一種逃避現實的方式。他們承認，在某些情況下，這是事實。

班克斯承認：「我確實看過。不過，線上遊戲似乎比較經常出現這種情況，因為你是自己一個人，不受外界打擾，面對的是一群只因為遊戲而在一起且歡迎你的人。那是你最快樂的地方。」他說，與離開遊戲後就毫不相干的人一起玩，可以在保持孤獨的同時仍然滿足基本的互動需求。另一方面，「龍與地下城」就需要跟人有比較多的互動。

提博呼應他的意見，他說，玩線上遊戲時，你可以一個人坐在那裡，「但實際的桌遊活動卻是跟逃避現實作對的。」班克斯又接著說：「這些體驗有助於打破高牆，而不是豎立高牆然後躲在後面。」

他們對線上遊戲的觀點是對的嗎？我們往往只是躲在牆後嗎？如果說線上遊戲確實如此，那麼我們的身分認同遊戲和實驗也是如此嗎？

特克在《虛擬化身》一書中主張，離線角色扮演遊戲（RPG）可以幫助人解決自己是誰的重要問題，因為角色扮演遊戲「介於虛幻與真實之間，既是遊戲，又不只是遊戲」。但是她認為數位遊戲跟離線角色扮演遊戲不一樣。在線上，身分認同遊戲「沒有終點」，而且邊界「模糊」。她認為，角色扮演遊戲是一個與生活分開、可以處理許多問題的單獨空間，但是線上遊戲會融入我們的生活。

雖然特克寫的是真正的線上遊戲，但我有時覺得 Twitter 就是這樣，像一場永遠不會結束的遊戲。不過也許還有另一種玩法。數位身分遊戲**可以**時時刻刻融入我們的生活，但並不表示一定要這樣。我們可以在使用時更有目的性，適時進出，而不是讓它完全融入生活。因為，儘管社群媒體對進行實驗和自我發現有幫助，但我們也需要時間了解公開展示之外的自己——與其說是為了暫時**脫離**數位生活，不如說是**為了**只有在不公開展示時才會有的那種生活。

特克認為，線上遊戲的界線模糊，除了因為沒有明確的起點和終點之外，也因為它們「模糊了自我與遊戲、自我與角色、自我與模擬間的界線」而產生問題。她說，有時玩家把「他們的真實自我描述為角色的複合體」，還有些時候則把「他們的螢幕角色作為修練（現實生活）自我的手段」。不過，從某種程度來說，離線遊戲也是這樣運作的。我們總是在兩種情況之間交替，一是把生活中的各個不同部分視為構成**自己**的複合體，一是把生活中各個部分視為處理事物的空間，處理過後再帶回其他部分的生活裡。最後，數位科技會讓你的生活複合體又多了一層——跟其他事物一樣，是一個讓你辨別何謂真實的空間。

此外，對某些人來說，數位遊戲提供了一種**大不相同卻一樣重要**的社群。音樂家兼演員唐納·葛洛佛（Donald Glover）在接受《君子》（*Esquire*）雜誌採訪時，告訴記者比揚·史蒂芬（Bijan Stephen），他可以在網路上「以普通人的身分跟人交談」，而不是名人。對於葛洛佛這樣的人，網路的匿名特性讓他可以體驗在其他地方無法體驗的事，而這些事讓他感覺更加真實。

另一方面，葛洛佛曾說過，與他「真實的」離線身分相關的社群媒體帳號，讓他覺得自己**不那麼**像個人。塔德·范德（Tad Friend）在《紐約客》中引用葛洛佛的話說：「我覺得社群媒體讓我變得更不像個人，而我本來就覺得自己不太像個人了。」數位工具有巨大的力量，我們可以用許多不同的方式來發揮這股力量，其中也包括讓我們感覺沒那麼像個人的方式。但是有時我們也需要數位空間來表達自我或實驗自己的各種面貌。特克寫到，在網路出現之前，很難像這樣「在不同的身分之間快速輪轉」。特克承認，儘管連續性有其價值，但對很多以前的人來說，無法在身分之間移動「很痛苦」。

我二十多歲時，因為覺得很痛苦，也準備重新開始，因此離開了家鄉。有時我會看著那些留下來的人——我的家人、高中和大學的朋友——覺得他們的經驗如此有限，真的很可惜。另一方面，我從一個城市搬到另一個城市，讓自己面對挑戰、走出舒適區，並在新的空間裡找到立足之地。當時的我不懂的是，那些沒有離開的人也有不同的好處：他們可以建立長久的友誼，而那對我這個經常搬家的人來說有點困難，而且他們也可以比我更深入、更透澈地了解自己所在的城市。不同的人可能適合不同的模式，就看每個人的個性以及需要成長和擴展的方式而定。但是就像輪換對我有好處一樣，他們的方法也有我沒看到的優點。

不過，特克說，當我們輪換並進行實驗時，應該自問：「這些（不同的身分）與我們傳統上認為的『完整』的人有什麼關係？他們是自我的擴張還是與自我分離？」從我們回答這個問題的方式，就能看出我們如何理解何謂真實。我們可以變得更能夠輪換、更多樣，好讓我們感到更為完整。但是如果不小心，我們也可能分裂並試圖逃離自我。

不過遊戲以及我們透過遊戲構成的身分，不一定是為了逃避現實。有時重點在於增加力量。有時，就像梅麗莎的電子遊戲一樣，遊戲是對限制重重的世界的一種抗拒。事實上，有些人覺得像大型集會這樣的獨立空間（例如我參加的獸迷大會），比生活裡的其他部分**更為**真實。數位聚會也是如此。

這也不是新鮮事；我年少時教會辦的退修會（retreat）㊺往往就給人這種感覺。即使離開退修會並不容易（它們讓我逃避生活中的艱辛部分，像是某些高中同學明顯的恐同症），那還是非常寶貴的空間，讓我可以在那裡練習更接納自己，再帶著那份自在回去繼續面對高中生活。這就是我們在遊戲中探索的想像衝動可以辦到的：幫助我們構想並實踐一個更美好的世界。

這種遊戲空間也可以是個退修會，給我們機會感覺再度活得像個人，並回到生活的其他部分。舉例來說，我在高中時參加的性少數族群活動中心就是這樣。每個星期五晚上，我會拋下一切，離開居住的小鎮去聖保羅。那幾個鐘頭我就跟其他性少數族群在一起玩遊戲、坐在沙發上胡扯、學習如何幫助人變裝、聽朋友幫我燒的ＣＤ，或是偷溜到外面去，在大樓後面跟一名足球選手親熱。在這個活動中心，我可以輕鬆自在地走來走去，這是我這輩子在別的地方都辦不到的事。這既是喘息也是反抗。那時我隨時在注意別人怎麼看我、我是否安全，那個活動中心就成了一個不可或缺的空間，讓我可以在裡面耍廢、放鬆和玩樂。

這種玩樂空間，無論是線上還是線下（在生活的這個部分，我們可以自在當自己）都非常真實。這是逃避現實嗎？是的，這些空間幫助我們擺脫一個無法讓人盡情當自己的世界之束縛。

有時我們能以更快樂、更健康的方式逃開當下現實的箝制。但是，我們的某些遊戲方式（像是賭博這種明顯的遊戲，不過我們在線上和線下隨意把玩身分的方式也算）更應該說是一種自我治療，而不是進行實驗。這種遊戲可能會讓人上癮。

紐約大學教授亞當．奧特（Adam Alter）提出資訊說明我們使用科技的程度（多頻繁），並把社群媒體比做香菸。奧特利用一個叫Moment的應用程式，追蹤使用者的螢幕使用時間，然後以蒐集來的資料在《無法抗拒》（*Irresistible*，暫譯）中寫道：「每個月有將近一百個小時浪費在檢查電子郵件、發訊息、玩遊戲、上網、閱讀文章、檢查銀行帳戶餘額等事情。以平均壽命來看，相當於十一年，非常驚人。」

有時，數位遊戲——字面意義以及象徵意義上的遊戲——會讓我們覺得自己好像在浪費寶貴的時間。人性科技中心（Center for Humane Technology）是個非營利組織，致力於培養更健康、更以人為本的科技實務，他們與 Moment 合作，詢問使用者多少的螢幕使用時間使他們感到快樂或不快樂。在不快樂清單上——讓使用者感到最不滿意的應用程式排名——Grindr（酷兒約會和約炮的應用程式）名列第一，對此我並不意外。七成七的 Grindr 用戶表示，這個應用程式讓他們覺得不開心，可能是因為它就像是一種很難玩的遊戲：一再重複同樣的關卡，好像永遠不可能贏（第二名最讓人痛苦的應用程式就真的是一款遊戲，Candy Crush Saga，而排名第五的是 Candy Crush。原來這兩款是不同的遊戲啊）。

清單上還有一個應用程式是 Reddit，排名第六。Reddit 有一些部分真的有點下流，但是也有好多區塊非常努力提供宜人的內容。那為什麼它也讓用戶不開心呢？是因為網路論戰？酸民？讓人洩氣的內容總是會浮到最上面？一個經常使用 Reddit 的朋友說：「對我來說，當我想到『啊，我剛剛浪費了九十分鐘』時，我會感覺很差。」

我玩了一場愉快的桌遊後，很少會覺得自己浪費了時間，但是在手機漫無目的滑了幾個鐘頭後，一定會覺得浪費時間。確實，似乎人在某個應用程式或網站花的時間愈長，就愈有可能覺得使用後的體驗不開心。這顯示問題不是應用程式本身的根本問題，而在於它們剛好碰到了脆弱的人類本能。

我認為這正是某些人在討論社群媒體和成癮時犯的錯誤。他們真正確定的問題，是**深度**遊戲和只是讓你一直點擊的**被動**遊戲之間的區別。當平台把它們提供的良好感受變成遊戲時，後面那種狀況就發生了。賈．托倫蒂諾在二〇一九年發表於《紐約客》的一篇文章中寫到，當我們獲得「社會認可的形式——在Facebook和Instagram被人按讚、在Twitter的推文被轉發——時有時無，無法預測」時，使用社群媒體就會變成一種強迫行為，「就好像你在玩一臺吃角子老虎機，詢問是否有人愛你。」

數位社會認可的隨機性和不可捉摸——有些推文會爆紅，有些卻不會，而當你以為自己搞清楚規則時，規則又變了——可能會讓人上癮，追逐最初給你的感覺。

但是，深度遊戲**也會**促成真正的數位社區參與，像是梅麗莎的線上遊戲，或是我在那個Twitter聊天室中透過開玩笑、創造迷因而建立的深度連結。這種遊戲會讓你感到滿足，而不是像數位遊戲化的那種被動遊戲，讓你盲目地一直丟硬幣進去浪費時間。

在《真實性的倫理》中，查爾斯．泰勒主張，「認為我們完全被困住，並且不可能在不摧毀整個『系統』的前提下改變我們的行為，這種觀點……太言過其實了。」我們可能不需要摧毀整個系統，但它確實需要改革。

如果不進行改革，那麼現有的系統可能會刺激某些我們最糟糕的本能，這其中就包括我們對無聊的厭惡。我們幾個姊弟小時候發明的那些奇怪的想像力遊戲，往往是在窮極無聊之下冒出來的。為了排解無聊，我們開發了精巧的遊戲，而那些遊戲也成為自我表達和探索的空間。在社群媒體、智慧型手機和串流媒體的時代，不再需要那種功夫了，因為只要動動手指，不愁沒有對付無聊的方法。但是我擔心我們這麼容易就不無聊（我們幾乎是強迫性地討厭無聊，不假思索地用數位遊戲來化解無聊），反而失去了寶貴的東西。

在網路出現以前，每當我感到無聊時，就不得不絞盡腦汁想辦法：嘗試在不無聊時可能不會嘗試的事、閱讀在不無聊時可能不會讀的東西、探索在不無聊時可能不會去的地方，還有發現在不無聊時可能不會注意到的事。我不是只有小時候才這樣；我一直到二十三歲才擁有智慧型手機，所以在此之前，剛成年的那幾年，我有很大一部分的時間是在等待——在公車站或機場，在醫療院所大廳，上班前在辦公室外的停車場，在上課或開會之間的空檔等等。人生的空閒時刻正是這樣：什麼事都不做。在很多這種情況下，尤其是忘了帶一本書或有其他讓我分心的事物，我記得自己就會覺得非常無聊，無聊到快要發瘋。那種時候，我的心思就會隨意遊走。有時，靈感會襲來。我會寫一首詩或一小段的歌，或者想起自己一直想跟有段時間沒聯絡的某人聯絡，或者開始思索某個問題，並覺得晚一點就得要找到答案。

無聊是培育新創意和新洞見的沃土。可是現在我只會拿出手機看一下郵件或 Twitter。我在社群媒體上獲得了很多東西，但是也失去了無聊的能力。

這個社會重視成就和活動幾乎勝過其他一切，讓我們深信自己應該從生產力和勞動獲得自我認同和人生意義，幾乎沒有休閒或漫無目的時間——不過這並不是大家往往覺得不應該無聊的唯一原因。精神病學家尼爾・伯頓（Neel Burton）在《今日心理學》（*Psychology Today*）雜誌的一篇文章中寫到，無聊「打開了遮光片，讓我們接觸到一些非常不舒服的想法和感覺，而通常我們會用一連串的活動，或以相反的想法或感覺來阻擋那些東西」。很多時候，社會文化對生產力的要求和我們想避免無聊帶來的不安這兩點下手，讓我們一直點擊。

用活動填滿時間會產生一些後果。我二十多歲的最後四年，正是我全力以赴投入耶魯大學那個計畫的時候，那可能是我這輩子最忙的時期。整體而言，這是一次帶來重大改變且收穫豐富的經歷。我得以跟優秀的人一起做很棒的事。但這對我來說也真的很辛苦。我隨時都很疲累，沒有給身邊的人做好平衡的榜樣。這份工作做了三年之後，我和艾力克斯分手了。在我們分開當時以及接下來那一年，我花了很多時間徹底反省我們為什麼會分手。我想到的最大一個原因是，我們兩個都不太會挪出時間來讓自己無所事事。當我們停下來並發現狀況不太好時，事情已經無法挽回了。我們用忙碌來逃避不愉快的真相太久了。

但是隨著關係結束，我也花了很多時間思考它的開始與帶給我的禮物。特別是，我開始想起，尤其是剛開始交往時，他是怎麼幫助我更會騰出時間來遊戲、玩樂和享受無聊。像是幫我買票去拉斯維加斯看小甜甜布蘭妮（Britney Spears）的演唱會，這是我本來想做但覺得不重要的事。他讓我看到，玩樂不是毫無意義的事。我將永遠記得那場演唱會，不只是因為我左邊一個超級誇張的同志，小甜甜布蘭妮才唱了〈香水〉（Perfume）那首歌的第一個音，他就開始抽泣，還朝著舞臺噴布蘭妮的聯名香水。艾力克斯還教我，有時候也可以什麼都不做。他住在波士頓南區，也在那裡設計鞋子，我們會在週六去逛附近那一帶的空倉庫，而在那些閒散、無拘無束的日子裡，我們更了解自己，也更了解對方。但是積習難改，最後我們兩人都陷入忙碌的洪流，離對方愈來愈遠。

談這段感情的結束，對我來說很難。感覺自己很脆弱。而真正的脆弱（不是看起來脆弱但我輕易就能分享的事，而是我自己都不想面對、更別說與他人分享的事）是世界上數一數二辛苦的事。我千方百計逃避，而這也是我逃避無聊的重要原因。因為無聊是一個容易受傷的空間。當你漫無目的想東想西時，就可能會去思考生活中比較困難的問題，可能是你一直避免去想的生命意義，以及個人問題或擔心的事。但是，逃避無聊及其可能揭露的資訊，並不能令你安全。

此外，為了**感受**，有時我們需要讓自己無用。托倫蒂諾在《紐約客》中寫到她做了幾件事來「整理」她的數位生活。她寫說，在暫停使用社群媒體的前幾天，她像強迫症一樣不斷查看電子郵件收件匣、重讀訊息，並且回去看她已經瀏覽一遍的新聞標題，尋找新的資訊——這些都是我在暫停社群媒體時做過的事。然後，她開始在遛狗時走得更遠更久（這點也一樣）。最後，她「默默地接受了乏味、愜意的空白」。一個無聊的下午，她躺在沙發上，「感覺一股心理的靜默湧上來，令人不安，卻又舒服得令人陶醉。」在這種靜默中，她「不想學習如何修復或建造任何東西，也不想發起什麼讀書會」。相反地，她寫道：「我想體驗柔和、鬆散、漫無目的的自己，而這三種特性，在我成年以後，似乎都會危及經濟狀況。」這些我也都感受到了，而這件事證明，我不想認為自己需要隨時隨地「有用」。有時候，我想感覺柔和、鬆散和漫無目的，就像當初在波士頓南區跟艾力克斯在一起時一樣，當時我們有一段時間很會讓自己享受無聊。

質疑生產力這個概念有其價值。我們能夠單純存在，獨立於為自身行為賦予價值的框架之外，這是人之所以為人的基本特質。有時無聊本身就是答案。就像深度遊戲一樣，它可以是一個充滿想像力的自我建構空間。

紐約大學教授詹姆斯・卡斯（James P. Carse）在《有限與無限賽局》（*Finite and Infinite Games*）中主張，遊戲方式有兩種：一種是有限遊戲（賽局），重點是贏和完成；另一種是無限遊戲（賽局），重點是一直玩下去。卡斯認為，要讓生活有意義，就是找到建立或加入無限賽局的方法——人際關係、藝術，或真正的遊戲等都可以。當然，有限的賽局很有趣，但是並不能滿足人的重要需求。讓童年的想像力遊戲、「龍與地下城」、獸迷狂熱、梅麗莎持續進行的遊戲，以及處於最佳狀態的網路人生如此令人滿足，是因為它們都是無限賽局。關鍵是要跟其他人一直玩下去。另一方面，有限的遊戲有時無法讓人滿足——投機、浪費時間的感覺、不用動腦的遊戲令人上癮的特性，在這些情況下你並沒有真正投入，只是想要一次又一次獲勝。我們傾向於把社群媒體看作是空洞的遊戲，是為了獲得讚、點擊、分享和觀看人次。可以是這樣。但是，數位生活也有極大的空間可以發展成為無限賽局。這不是靠運氣；我們可以決定自己要玩哪種遊戲。

並非引以為傲，不過有時候我會利用網路讓自己覺得**很酷**。

小時候，上體育課玩團隊運動時，我常常是最後才被挑走的那一個，或至少已經挑到剩沒幾個人了才輪到我。我長得瘦弱、手腳不協調，站在隊伍中等著被挑選時，還帶著一臉的擔憂。不需要明說，但是大家都知道：如果想贏，挑我並不是明智之舉。

但是遊戲就不然了。在玩圖板、紙牌或其他需要策略、機靈或知識性的桌上遊戲時（像是比手畫腳或棋盤問答遊戲），我發現大家就會想跟我同一隊。他們不是喜歡我，只不過當然有些人是喜歡我。他們是想贏，而他們知道我的成績很好。

在學校裡，大家最看重的東西（有些是有形的，像是很酷的衣服或昂貴的電子遊戲，有些是比較無形的，像是社交禮儀或運動知識），是我沒有的。所以我學會，要讓人喜歡，就要強調自己擅長的事，並懂得藏拙——所有的人都懂得這個道理，但是對酷兒來說，感覺尤其必要。就像我擅長的遊戲一樣，我發現運用策略可以走得更遠。

長大後，開始寫部落格並使用社群媒體，我開始知道，世界各地有愈來愈多的人不僅對我說的話感興趣，也對我這個人感興趣。對我生活中發生的事，甚至是我在聽的音樂或那天我和圖娜走過的地方，對這種平凡的事感興趣。在 Twitter 尤其如此，連那些從來沒讀過我寫的東西的人也開始追蹤我，並經常與我互動。在一個重視特定類型的自我表達空間（可以對各種事件發表評論的人似乎如魚得水），我發現自己愈來愈受歡迎。Twitter 感覺幾乎就像是根據我的優點量身訂做的地方，我在那裡也更容易隱藏缺點。

從這一點來看，它就有點像我小時候擅長的遊戲了。在 Twitter，我可以強調某些技能——我已經掌握的技能，像是能夠快速駁斥某個迷因或想出巧妙的標題，或者用很短的時間說清楚不同話題之間的關連——同時避開我的弱點。隨著粉絲人數增加，Twitter 讓我變得（或至少讓我感覺）受歡迎，即使規模很小（真的非常小）。在 Twitter 上，我不再是最後才被挑走的那一個。那是一個我知道怎麼贏的遊戲。

看到那些在電玩中扮演某個角色的人，或獸迷，或「龍與地下城」玩家，甚至是永遠掛在網路上的人（我也曾經有過那種時候），我們可能會說：是啊，沒錯，他們是拿身分認同來玩，但那終究是**遊戲**。但是，早在 Twitter 出現之前，我就學會了照規則來玩——成功、過關、讓人人喜歡我。這就是為什麼把透過網路進行的身分分類和表演，視為不如線下發生的事那麼真實的想法，最終只是一種自我安慰的想像。作家瑪姬·尼爾森（Maggie Nelson）在《阿爾戈英雄》（*The Argonauts*，暫譯）中說：「說自己是真的，同時暗示別人是鬧著玩的，大概、或許會讓人感覺良好。但是任何關於真實性的固定主張，尤其是當它與一種身分綁在一起時，就離精神病不遠了。」為了證明這一點，尼爾森引述了精神分析大師賈克·拉岡（Jacques Lacan）的話：「如果認為自己是國王的人是瘋子，那麼認為自己是國王的國王也一樣是瘋子。」

我認為這句話的意思是，如果我們認為身分有等級之分，認定有些線下的身分更真實，而有些數位的身分**沒那麼真實**，這就是在自欺欺人。咬定數位身分就是沒那麼真實，我們等於放棄了一個實驗和以業餘者的角度來把玩身分的空間。每個人的需求和興趣都不一樣。對某些人來說，在了解自己和與他人建立連結方面，網路並沒那麼重要。但是，無論是否常上網，在我們的數位生活裡都存在著豐富的資訊，說明人何以為人。

尼爾森借用心理學家溫尼考特（D. W. Winnicott）「感覺真實」的概念，說我們可以渴望感覺真實，可以幫助他人感覺真實，自己也可以感覺真實。她寫道：「溫尼考特將這種感覺描述為一種整體且原始的活力，即『身體組織的活力和身體功能的運作，包括心臟的動作和呼吸』，於是就可能產生自發的動作。」（我們玩遊戲時就是這樣！）「對溫尼考特來說，感覺真實不是對外部刺激產生反應，也不是一種身分。這是一種感覺，一種會擴散的感覺。先不說別的，它會讓人想活下去。」

做人並不容易。但是遊戲可以讓我們擁有足夠的活力，在感覺快活不下去的時候繼續活下去。讓人想要活下去的遊戲就值得玩。

我們怎麼知道哪些遊戲是好遊戲，哪些遊戲可以讓人活得有價值？會面結束時，我問了阿特拉斯的遊戲開發專家這個問題。

提博說，好遊戲的條件「跟造就任何正面的社交互動的條件沒有太大差異」。遊戲的核心是「獲得某種體驗的共同渴望」。聽起來似乎很簡單，但這實際上是最複雜的地方。雖然有些玩家認為，在場的每個人都想獲得相同的體驗，但事實並非如此。

提博繼續說，為了避免這個問題，成功的遊戲必須容易上手，因為每個人投入的心力和理解度不可能一樣。有些人是來玩遊戲的，但有些人主要是想跟其他人交流。稱職的遊戲主持人會了解，不同的情況會把不同的人帶到遊戲桌上來，並調整相應遊戲的方法。

與阿特拉斯遊戲公司會面之後，我在附近一間漫畫店裡參加了有生以來第一次的「龍與地下城」聚會。在這群陌生人裡立即感受到的同志情誼（他們不帶偏見的熱情，以及我同時感覺到的，什麼都不在意卻又積極投入），讓我想到自己在網路獲得的許多正面經驗，像是我前面提到的私訊聊天室。一般往往認為線上空間是眾說紛紜、充滿酸民和網路論戰的地方，但那裡也可以充滿鼓勵——一個「yes and」的空間。在即興劇場中，參與者通常會以「yes and」的態度接續彼此的表演，意思是當他們共同發展情節時不會推翻別人的行動，而是會以此為基礎往前推動。角色扮演遊戲也是這樣。我採訪過一個很愛玩「龍與地下城」的人，他告訴我，角色扮演遊戲就是盡量說「yes and」的遊戲。不同之處在於，這種遊戲歡迎目的各異的人、努力理解對方，並且不把自己的意圖投射到別人的遊戲。

我們很容易就認為大家都想擁有同樣的線上體驗，而永遠掛在線上的掙扎和願望也代表每個人的興趣和要面對的挑戰。但是有些人上網是為了張貼孩子的照片，或是找酪乳派的食譜。還有的人則將網路視為創造意義、建立連結和實驗自我認同的主要空間。

班克斯補充說，遊戲最終是讓玩家「創造一種以後會記得的經驗」。在最好的情況下，線上遊戲可以提供我們需要的工具，讓我們成為更完整、更複雜的自己。更進一步了解自己並記住自己的樣子。

數位遊戲可能會出現殘酷行為和偷窺、逃避或控制等情況。但是也可以讓人實驗自我、想像新的可能性、打造世界，以及尋找社群。這些迥然不同的目標會產生問題，因為我們往往不知道如何與他人建立關係或如何相互了解。我們玩的是不一樣的遊戲。

特克寫道：「人與人變得親密時，就特別容易受傷；人很容易在線上關係中受傷。但是由於行為規則不明確，因此也很容易認為人沒有權利覺得受傷。我們到底能為自己和他人負責什麼？」

這一點讓情況變得更加困難，因為即使我們確實**意識到**他人的規則，那些規則也往往跟自己的規則不一致——但奇怪的是，我們有時仍然感覺得有必要遵守這些不是我們制定的規則，用我們不喜歡甚至不尊敬的標準來檢視自己。有人這麼跟我敘述自己的數位經驗：「我感覺好像有一群白癡拿著一組鏡頭在檢視批評我，但又沒有其他辦法可以觀看自己。」

不一定非這樣不可。我們可以共同建立新的規則，畫新的圖板來玩。但是，我們必須先停止告訴自己，數位生活「只是遊戲」。或者，更確切地說，如果數位生活是遊戲，那麼我們就需要加深對遊戲的理解，了解運作的方式以及可能的效果。我們需要決定自己要玩哪種數位遊戲。我們可以用數位遊戲來逃避現實，也可以像一般遊戲一樣利用它來擴展視野，進而想像一個更完整的自我與更美好的世界。下一步正掌握在我們手中。

8

不確定的推文

擁抱未知，一起來做心靈體操

Uncertaintweets

隨便選一天，都可以看到很多我在 Twitter 上追蹤的人拿自己的焦慮開玩笑。突然之間每一個人都得了焦慮症。

我先是想到了安・蕭・米納的「網路貓謬論」（Internet Cat Fallacy），猜想本來有焦慮症的人就比大眾以為的還要多，而現在網路又提供了一個安全的討論管道。不過事實證明，焦慮的人確實愈來愈多。美國精神醫學學會（American Psychiatric Association）在二〇一九年提出的報告指出，美國國內的焦慮症患者自從二〇一七年以來顯著增加。

這並不令人意外；我們生活在焦慮的時代。正如記者塔莉亞・拉文（Talia Lavin）在二〇一九年為《大西洋》寫的一篇文章中說的：「美國似乎正處於全面的恐慌發作中。」也不僅僅是美國。很多國家正在經歷巨大的經濟和政治動盪。海洋在上升。制度性的種族歧視持續存在並隨情況改變。有錢人與我們其他人之間的鴻溝每天都在擴大。氣候變遷和疫情肆虐（我在為這本書做最後的編修工作時，正是新冠肺炎爆發初期，感受非常深刻）愈來愈迫使我們要重新想像自己的生活、旅行和互動方式，有時數位交流成了最佳或唯一的選擇。每年全球都會出現巨大的新挑戰，規模之大前所未有，而隨著我們逐漸將生活的重要部分轉移到數位空間（有時是必要的），我們不僅發現自己更加意識到這個世界的問題，卻也感到無能為力，什麼也做不了（或只是聊勝於無）。然後呢，好像被多半無法改變的壞消息淹沒還不夠糟糕似的，我們還常常不確定，在這個到處按讚的數位新天地裡，如何對自己和彼此有基本的了解。

所以這種普遍的焦慮，是源於我們必須在數位領域努力，以找到歸屬和真實嗎？畢竟，正是在那個超級焦慮的夏天——我的生活徹底瓦解的夏天——我才真正開始想要更進一步掌握數位真實的真諦。為了更理解這件事，為了克服自己愈來愈高的焦慮指數，我知道自己必須回到那個夏天。回到促使我迫不及待開始這場追尋的那份焦慮。我必須重新正視疥瘡。

二

我把車子開進一間不起眼診所的停車場，此處離市區約需半個小時的車程。擋風玻璃上一片雨霧，我坐在車內，吸了人類文明史上最深的一口氣，然後走進去。皮膚科醫師，也是明尼蘇達大學醫學院（University of Minnesota Medical School）教授蓉達・法拉（Ronda Farah），請我進去一塵不染的辦公室。她帶著燦爛的笑容說：「你是說，你想了解疥瘡？」

儘管確認疥瘡前後的幾個月裡，我一直在網路查閱相關資料，但還是不太懂為什麼它會對我的心理產生如此嚴重的影響。雖然這是人類歷史最悠久的疾病之一，但很多人仍然不太了解疥瘡或人類對疥瘡的反應。因此，該來請教專家了。

法拉說，疥瘡之所以如此讓人抓狂，部分原因是因為搔癢很難治療，也很難忍受。比極端痛苦更難忍受。而且會惡性循環：癢與抓的循環只會讓人更痛苦，因為一抓癢，身體就會釋放一種神經胜肽，讓人更癢。回想我在確診後幾天在公寓外走來走去的情景，不斷刷新Twitter 和 Instagram，迫切想要有一些東西可以讓我遺忘發癢的痛苦，確實跟她說的一樣。我又想到每次在網路貼文，看著通知一直進來時，只感覺到更多更強的參與渴望。數位發癢有時候似乎也難以滿足，每次抓癢只是加薪添火。

我問法拉，她認不認為疥瘡未得到充分了解或研究的另一個原因是羞愧。她同意，但補充說，雖然疥瘡特別受到汙名化，但其他**非傳染性**的皮膚病和感染也有類似的汙名。法拉說：「皮膚是我們對外的門面。」

她強調，因為如此，皮膚病問題就很有可能連帶造成精神和情緒上的問題。牛皮癬或痘疤等皮膚狀況可能會嚴重影響心理健康，導致我們以扭曲的方式看待自己。我一邊聽她說，一邊想到的是推文中微小但可見的錯字如何浮上表面成為偏執的目標而產生強烈壓力——即使很少有人會注意，甚至沒幾個人會在意。我們經常擔心自己的數位皮膚對世界傳達的訊息，或許也擔心它可能會違背我們的意願，以通常不會強加在別人身上的標準來反求諸己。

但是，雖然疥瘡的發癢和明顯可見都是因素，但我知道自己還在迴避來請教法拉的主因。我想了解自己最難接受的事：持續治療並不能保證疥瘡會消失。由於很難找到疥蟎存在的證據，而且就算牠們消失以後，皮膚也往往會像牠們還在時那樣反應，並持續很長一段時間，所以短時間內無法確定治療生效。你必須花費很長的時間處於未知狀態。

法拉認同疥瘡難以診斷和治療，她形容就像是在巨大的甜甜圈中間尋找一點點果凍（我不確定聽她這麼說**之後**，我還能用同樣的眼光去看果凍甜甜圈嗎？），這可能是疥瘡最費力的部分。她見過疥瘡對患者（尤其是生活中已經充滿不確定性的患者）的心理造成嚴重破壞。

在她說了「不確定性」這個詞之後，我恍然大悟地重複了一次。疥瘡之所以對我造成**極大**影響，是因為我很不會處理不確定性。達到強迫症的程度。不是那種隨便講講的「我**真的**有強迫症，我連書都要照顏色排列！」而是我真的有強迫症。

青春期時，由於我的性傾向和父母撕裂性的離婚（一些失控的事，更具體地說，是**我**無法控制的事）都讓我很痛苦，所以我開始出現強迫行為。我會先摸一邊眉毛，再摸另一邊眉毛；我會先把一片眼皮翻出來，然後再翻另一片眼皮。

都是很奇怪的舉動。當時我不知道，其實這些奇怪的小習慣是想在我的生活裡建立類似平衡與秩序的東西，即使只是在非常微小的層面上。這些小動作讓我感覺我可以控制自己的生活，即使只是片刻。

後來我終於接受治療，處理這些問題，而隨著這類行為逐漸消失，我自認已經沒有強迫症了。但是在確診疥瘡的那個夏天，我不得不承認，它只是休眠了。我在將近二十年後，重新發展出一套不理性的強迫行為。

從這些強迫行為可以明顯看出強迫症復發了，但其實我從未擺脫。我只是在中間這些年，更會處理明顯的強迫行為，而放過表現在小地方上的那些——包括線上習慣，因為我們很少有機會去反省數位行為，所以**特別**容易被忽略。

多年來，我在社群媒體上的許多使用習慣，都與秩序有關。我試圖透過奇怪的數位儀式，來為感覺無法控制或無意義的事件建立意義。但是，這些建立秩序的嘗試很多都沒有成功，因為就跟我的強迫行為一樣，我並沒有對症下藥。

雖然比起其他焦慮障礙，強迫症沒那麼普遍（四十個人中有一人在一生的某個時刻會為強迫症所苦），但我認為，無論有沒有強迫症，很多人都用社群媒體來試圖消除不確定性。畢竟，研究強迫症的學者認為所有人面對不確定性都會感到不安，而強迫症實際上只是對這種狀況適應不良的表現。臨床心理學家強納森．法德（Jonathan Fader）在美國廣播公司（ABC）的podcast《中輟》（*The Dropout*）中對記者芮貝卡．賈維斯（Rebecca Jarvis）說：「我們會竭盡所能擺脫不確定性，而這是進化的表現。」避免不確定性並尋求安全感是人的天性，而現在很多人都使用數位工具來做到這一點。

這並不表示「賦予生活秩序」這個衝動本身是錯的。但是，當我們不知道數位生活的隱藏結構，也沒有注意到它們帶我們往哪個方向去時，就很容易適應不良而未能滿足這種需求。這個結果表現在某些人身上，就是一再強迫刷新，或像反射動作一樣不假思索就登入。就像那個孤獨的夏日，我在感覺孤獨無依中，莫名其妙地貼了一張自拍照。就像我以為自己已經把強迫症留在青春期一樣（其實只是沒有發現它這麼多年來繼續表現在很多地方，直到它再次變得無法忽視），不知道自己如何以及為什麼使用數位工具來試圖消除不確定性帶來的不安時，我們就會失去以健康的方式掌握這種衝動的能力。

我們對社群媒體最大的擔憂是「萬一」。萬一我的身分被盜怎麼辦？萬一Facebook向試圖竄改選舉結果的人提供我的私人資料怎麼辦？萬一我很久以前說了很糟糕的話又浮上來怎麼辦？這些問題都指向一個更大的問題：社群媒體（或許在這裡我們可以比以前更容易影響他人看待我們的方式）讓人感覺自己有主控權到什麼程度？而當這個假象崩解時會發生什麼事？

強迫症的症狀是以重複行為來抵消或壓制討厭的焦慮念頭，活躍於社群媒體的人可能會很熟悉這種情況。經常查看還沒有回應我們訊息的人是否在 Instagram 貼文；反覆刷新看有沒有人對我們剛剛發布的自拍照按讚。患有強迫症的人為了消除生活中的萬一而養成的小習慣，剛開始可能無傷大雅，也很有道理：用熱水洗衣服來殺死可能的疥蟎，刷新 Twitter 通知來確保沒有人生你的氣，但是當你在不必要時也**不停地**重複這些行為好讓自己安心時，就有問題了。雖然只有在生理上容易患此種病的人會發展出成熟的強迫症，但我們每個人都可能為了消除不確定性而出現一些儀式化行為。

為了更坦然面對不確定性，我們必須學會克服所謂的**操作制約**（operant conditioning），即如果某些事情就眼前而言有效，即使不合理或會對自己造成傷害，我們也會繼續進行。例如，如果我經常洗手，然後沒有發現有疥瘡感染的跡象，即使沒有證據證明常常洗手可以避免疥瘡感染、而且實際上只會使我的皮膚愈來愈乾燥，我也可能會繼續一直洗手，只為了安心。同樣地，如果社群媒體讓我立刻有跟人連結的感覺，打破了我的孤獨感，那麼為了安心，即使沒有必要或者會影響到生活的其他部分，我可能還是會一直登入。即使當下並不孤單，我們也會上網，只是為了確保自己永遠不必孤單。

就我而言，我往往會增加使用 Twitter 的強度，以追求短期就能帶來正面而愉悅的事物——互動、連結、肯定——即使我會因此無法投入能帶來更長久連結和肯定的事。而 Twitter 也有助於避免焦慮，例如我用它來分散對疥瘡的注意力，即使它有時反而引起更多的焦慮。因為它具有強化的力量，所以我養成了即使不需要也仍使用 Twitter 的習慣。

但是操作制約的問題在於它會不斷惡化。我們會想方設法合理化自己的行為。正如「格雷松洛杉磯焦慮症與強迫症治療中心」（Grayson LA Treatment Center for Anxiety and OCD）創辦人強納森・格雷松（Jonathan Grayson）在《從強迫症中解脫》（*Freedom from Obsessive-Compulsive Disorder*，暫譯）中說的：「為什麼不呢？沒什麼大不了的，又不需要花很多時間，而且這樣一來就不必擔心了。」但問題是，「如果沒有意識到這一點，問題會變得愈來愈嚴重。**時間一久，（我們就逐漸制約自己）感覺更焦慮並尋找更多方法來避免（焦慮）**。」

很多人把這個焦慮的時代歸咎於社群媒體，特別是年輕人的焦慮，而他們會認為社群媒體是始作俑者，是可以理解的。但是由楊百翰大學（Brigham Young University）教授莎拉・科恩（Sarah Coyne）帶領的一項為期八年的長期研究顯示，在社群媒體上花費更多的時間，實際上並不會使青少年更焦慮或更沮喪。科恩在一份新聞稿中指出：「兩名青少年使用社群媒體的時間完全相同，但因為使用方式不同，其結果可能截然不同。」因此，她建議我們不要把重點放在螢幕使用時間，而是探討使用社群媒體的**原因及方式**，以了解為什麼它會讓我們產生現在這種感覺。

這個觀點讓 Moment 和人性科技中心的研究有了新的意義。這項研究顯示，上網時間更長會讓人感覺更糟，不過另一項研究又加深了評量指標。網路引起的焦慮可能與上網時間長短無關，而是與如何利用那段時間有關。積極參與者（玩深度遊戲而不是消極遊戲，會反省自己使用網路的情況並誠實自問想滿足什麼）不太可能會覺得自己是在浪費時間。

我們的習慣和儀式也可能像疥瘡一樣，難以捉摸辨識。但是社群媒體可以讓它們浮到表面。如此一來，如果我們願意對自己誠實，就可以看到驅動這些習慣和儀式的潛在動機。

並不是每個人都有強迫症這樣的焦慮症，但是所有的人都有焦慮的經驗。而人生的萬一，也就是不確定性，是所有焦慮症的核心。大多數人在第一個社群媒體平台註冊時，都不知道有多少生活會變成數位化，又有多少人會依賴網路提供安全、連結與掌控的感覺。如今，我們的數位習慣已成為把生活儀式化以消除焦慮的方法。但是就像我在確診疥瘡後發展出強迫行為、卻不知道自己想要滿足什麼需求一樣，只有了解數位儀式（我們玩的遊戲、刻在皮膚上的紋身、我們拉開與縮短的距離、製作的地圖）的目的，並且解決對於自我認同的焦慮，我們才能變得更好。

我們今天面臨的最大危機，諸如氣候變遷、極端種族主義，或可怕且難以控制的新疾病等導致極度焦慮的問題，是全國性或全球性的。但是由於網路突破地理限制把我們連在一起，我們也因此有了一起解決這些問題的機會。

就好像在青春期時讀過的書擴大了我的視野，讓我獲得遠遠超出一個在美國上中西部長大的白人孩子能獲得的經驗和觀點。那些書幫助我看到，無論我的故事是什麼，無論那個故事賦予我什麼優勢與劣勢，我都跟其他人的故事交織相連成一個大網。他們的故事跟我不一樣，是他們獨有，充滿我永遠不可能親身體驗的挑戰。但是，如果我努力，至少可以理解一部分，而這種理解可以轉化為行動，改變我立身處世的方式。網路也可以幫助我們做到這一點，讓我們更能夠看到彼此，並幫忙規畫出一條新的道路，通向一個更美好、更寬容、更緊密相連的世界。

但是，要達成這種可見度有其難度，部分是因為執行裝置和網路需要仰賴電力。從氣候變遷的角度來看，緊密相連的世界也是一個動盪的世界。隨著我們把更多生活搬到網路，我們對真實及對燃料的需求就愈來愈難區分了。尤其是在一個日益數位化的世界中，我們接收到一切都該即時的訊息：同日配送、串流影片、即時下載。這種對即時性的渴望——這種發癢——會使我們更難對抗氣候變遷，也更難因應全球性挑戰，因為要追求地球的永續生存與弱勢族群的福祉，我們需要放棄立即的滿足才行。

考慮到氣候變遷的兩難處境，我們的虛擬世界以極其有形的方式展現在地球上，就令人觸目驚心了。有人說，愈來愈多的數位生活讓人和實體世界產生隔閡，也就是說，花在數位空間的時間會讓我們與大自然更加疏離，也因此更不會投注心力去保護大自然。有些人則持相反意見，認為我們現在更能夠意識到氣候變遷如何影響到世界偏遠地區的人，因而更加有心追求改變。

為了進一步了解在提高世人對氣候變遷的認識並採取行動方面，愈來愈數位化的生活是如何有益或如何有害，我去找了「耶魯大學氣候變遷溝通計畫」（Yale Program on Climate Change Communication，簡稱 YPCCC）的數位部門負責人雍·歐札蘇特（Jon Ozaksut）。我在耶魯大學那幾年從來沒有接觸過他，不過二〇一九年秋天去紐黑文時，問他能否見個面。歐札蘇特身為 YPCCC（這個組織深入研究哪種訊息最能影響眾人對氣候變遷實情的理解）的一員，專門研究數位通訊，因此似乎正是我該找的人。

我們坐在歐札蘇特有著傾斜天花板的辦公室裡，聽他開始解釋氣候變遷是一場關於「真實」之戰的實驗場。他說，假新聞的戰爭比氣候變遷要早得多，但是現代關於真實的討論就是從那裡開始形成。歐札蘇特說，早期關於氣候變遷的爭議，暴露出確切事實不夠的問題。以至於我們需要考慮信念傳達的「情感化真實」（emotional truth）㊻。

因此，我向他提出的第一個問題：數位距離會減少我們對實體世界的投入嗎？要考慮背後的情感化真實才能夠回答。歐札蘇特說，生活愈來愈數位化，是否會導致我們減少對地球的關心，這一點有待商榷，但在他看來，很清楚的一件事是，以前用來界定社群的界線，很多都已經失去作用了。從替代新聞實境的發展、線上同溫層，以及某些形式的離線社群的解體，就看得出來。歐札蘇特認為這有很大一部分要歸因於「從職棒大聯盟到天主教會，這些傳統機構的健全度在眾人眼中大規模系統性崩塌」。

在崩塌的同時，出現了以演算法為基礎的線上社群，順著我們或許不認得的路線把人變成毫無關連的個體。歐札蘇特說，這是因為我們的社交平台「與情感無關，而是看參與度」。意思是，如果你的貼文得到更多反應，不管內容是什麼，它都會出現在更多人的動態消息中。而且，他說，激發負面情緒和正面情緒都可以輕易得到這種反應——實際上，破壞比建設更容易。因此，情感不可知論（sentiment agnosticism）以偏向讓我們分裂的內容「稍微操縱了遊戲」。而網路上言詞激烈的好辯分子，也讓我們接觸不到有助於改善氣候變遷的資訊和行動步驟。

回答我的第二個問題時，他再次提到了出現在網路上的分裂。他承認，對，現在可以了解氣候變遷的人更多了；他說，例如《紐約時報》的氣候小組就讓氣候危機出現在眾人的社群媒體動態消息上，成果斐然。但是，你會收到《紐約時報》的氣候電子報或是在社群媒體看到相關內容，很可能是因為你已經註冊了電子報或參加已經警覺到氣候變遷的 Facebook 社團。因此，同樣地，關鍵在於線上同溫層以及會刺激這些同溫層的內容。

歐札蘇特觀察到，社群媒體平台促成了分裂性的內容，而且這一點比社群媒體拉開我們與現實世界的距離這個問題更為迫切。這證實了我的感覺，亦即我們想用網路來變得更加真實會面臨巨大的問題。一個比大多數問題更嚴重的問題：我們今天使用的網路，基本上是由利潤優先順序造就而成的。

我們本來應該努力確保社群媒體是讓我們連結、而不是讓我們分裂，但實際上反而必須抗議這些平台賺錢至上，甚至不惜犧牲我們的福祉。恐懼、焦慮和憤怒讓人滑個不停，而這些平台目前就是靠用戶不斷使用來賺錢。當賺錢最重要時，任何能讓人一直掛在上面的事，平台就會推動。漫無目的、焦慮的滑動是他們要的；用心使用則不是。Facebook 不在乎我們是否享受在線上的時間，只要我們在線上就好。

羅伯・麥欽尼在《數位斷線》中寫道：「這種情況未必有什麼陰謀，而是源於資本主義本身顯而易見、毫不掩飾的邏輯。」他繼續說：

> 資本主義是一種以任何必要的手段來獲取無窮利潤的系統。永遠不嫌太多。無止境的貪婪——在所有非資本主義社會中被識為精神錯亂的行為——是經濟頂層那些人的價值體系。這種價值觀明確拒絕考慮太複雜的社會因素或「外部成本」。

因此，幾乎不可能跟主事者討論如何確保社群媒體鼓勵我們開放而非築起高牆。到最後，在利潤高於一切的模式下，關於道德的討論將被視為複雜因素或外部成本，而不受到重視或完全不予考慮。

這些外部成本就包括，由利潤驅動的網路將不可避免地鼓勵我們把自己簡化為明顯的識別符號：我們做什麼工作、吃喝什麼，以及把錢花在哪裡。在資本主義的幸福觀（物質累積、工作與成就、地位等造就了幸福）支持下，以利潤為重的平台會激勵我們，把自己簡化成只貼這一類的事情。眾平台限制（或者至少強調）我們分享有關地位、成就和成功的最新動態，不斷更新這些事只是為了加強資本主義對於何者讓我們真實、完整和有價值的觀念。如此一來，我們會把自己完整的生活（包括所有的失敗和生活瑣事）拿來與他人的成就和地位象徵相比，進而興起有為者亦若是的念頭。結果我們最後就為了知名度而相互競爭。馬丁・海格隆德在《今生》中寫道：「我們的實際身分與所屬的社會密不可分。」如果我們的社會「彼此間主要的關係是爭奪資源」——無論是財富資源還是數位關注——「我們就會認為自己主要是爭奪資源的生物。」

當然，把自我跟事物融合在一起的問題不是網路獨有。但是這種跟事物融合在一起的自我，被平台本身加強了。在大數據時代，透過社群媒體投射的形象會被商品化。你放到數位廣場的自我，會因平台藉由蒐集你的相關資料再發給你量身訂製的廣告，而回到你身上（它們就是這樣賺錢的）。

平台先取得我們的信任，讓自我簡化變得更容易。就像我們從未細看的隱私權聲明和使用條款一樣，我們相信，它們會把我們的最大利益放在心上。並且由於信任與樂觀，在我們開始把尋求意義、歸屬和真實的任務移到網路上時，多半不會去仔細檢視數位平台。他們就順勢把銷售的意圖跟我們的自我探索和發現融合在一起了。儘管資本主義下的自我一向受到資本主義的行為模式影響，但網路又讓這種情況變本加厲。資本主義本來就有很大一部分是祕密運作，在早期的數位時代，更是完全銷聲匿跡。

不過，即使是這種情況，監控資本主義實際上有多了解我們，仍然見仁見智。追蹤我們的工具，是依據我們在線上分享的內容來了解我們，但一再有人說，那些東西沒那麼真實，甚至不是真的。因此，它們在沒有全面了解我們的情況下，就以大家有時會在線上分享的簡化版自我為範本，繼續把我們往那個方向推進。這些數位平台現在是很多人反思生活、處理重大事件、建立連結的空間。即使對某些人來說那不是主要空間，但在大多數人的生活中，它們是拼圖的一部分，而且是一個愈來愈大的部分。因此，這些平台在設計上鼓勵特定（較膚淺的）用法，抑制其他用法；鼓勵人不斷滑動、點擊；把情況變得更複雜，讓我們更難以做真正的自己。這些情況都值得憂心。

最後，當數位平台將我們的線上活動——建立的連結、實驗和表達自我的方式——都變成可以用金錢來衡量的活動時，這些活動就成了一種勞動。如果我們在空閒時間做的事情變成一種勞動，那段時間就不是真正空閒（自由）的。這就是為什麼必須讓愈來愈多人用來理解自己並形塑自我的數位論壇，跟利潤脫勾。

我們如何組織社會，會透露我們的本質，也會影響我們未來的樣子。如果網路應屬公共空間——由所有人共同創造，讓所有人在此尋找意義、歸屬和自我身分認同——那麼現在這一點又更複雜了，因為就像雅絲卓・泰勒在《人民的平台》中寫的，「愈來愈多公益資金是由私人提供。」而這些錢使得公共空間罔顧所有人的利益，往公司團體的利益方向傾斜。

最後，就跟氣候變遷一樣，要解決以利潤為導向的網路問題，只有個人行為改變是不夠的。我們需要在平台本身內進行系統性的變革。海格隆德寫道：「把問題簡化為個人選擇和品格，就是無視資本主義制度下的剝削是**系統性的**。作為個人消費者，我可以選擇不購買某些產品，但是如果不對交易系統進行集體變革，我就會繼續參與資本主義的剝削。」

我們傾向從個人行為改變的角度來思考數位挑戰，部分是因為把焦點集中在從這些情況中冒出頭的個人。只有在一個超級資本主義的世界，我們對自我的概念才會那麼個人化，而不是從「自己是集體的一部分」這個角度來理解。

從這些平台首先強調個別性和自我表達的做法，可以看到這種強調以單一性定義自己的方式。Facebook 問「你在想些什麼？」如果你每次都給它答案，它就會給你獎勵。傳統機構基本上是要幫助我們看見自己屬於更大整體的一部分，而這個世代脫離了這種機構、轉而使用鼓勵我們視自己為獨特個體的平台。身為這個世代的我，擔心這些平台會訓練我們把自己的價值放在能增強它們價值之處，不管這會如何影響到公眾利益。

簡單來說，如果我們在線上構建的自我，是在以賺錢為目的的場域裡建立，就可以預知我們會變成什麼樣子。而且由於這些平台也鼓勵我們將自己視為個體，而不是更大整體的一部分，我們就會開始愈來愈從自己的需求和利益的角度來思考。以自己的角度來思考，會讓我們共同面對的問題感覺大到無法解決，讓人非常焦慮。隨著愈來愈多的自我建構活動在線上進行，我們可能會因而變得更加焦慮。

就像受到製圖慣例限制的製圖師一樣，我們只能在架構平台者創造的範圍內活動。這表示，必須改變的不是只有使用這些平台的方式。我們用來連結、反思和分享生活的平台本身，也需要改變運作方式，摒棄利潤優先的模式。

同時，選擇退出傳統機構，就是把那些機構的任務轉移到了新機構。現在，數位平台為我們提供了相互連結和分享生活的空間，但是這些平台是否願意加強我們的能力，讓我們更了解自己、探索賦予生命意義的事物，並建立有意義的連結？

許多人離開存在已久的體制奔向網路，相信我們是為了創造自己的劇本而拒絕那些體制提供的腳本，但**其實**大多數人只是接受了不同體制提供的不同腳本而已。在一個以資本主義看重的事物引領的數位世界裡，很多人已經用主張生活能換錢的品牌打造的腳本取代宗教腳本，所以才會有這麼多公司把**自我守護**和**真實自我**這類的流行詞掛在嘴邊。我們可能以為自己是離開體制，自行闖蕩世界，不過克雷格・馬丁（Craig Martin）在《資本化宗教》（*Capitalizing Religion*，暫譯）中指出，這種新的自由在很大程度上是照著市場力量的腳本在走，並受其確認及控制——意思是，它根本不是真正的自由。

我們家非常重視獨立，因為要獨立才能生存，也因此，成年後，我很容易告訴自己，我是個非常獨立的人。我的家人都住在明尼蘇達州，我卻搬到了舉目無親的芝加哥，後來又去了更遠的新英格蘭。自從十幾歲離家以來，我就財務獨立，並且在沒有退路的情況下遇到了幾次財務危機。我從一份自己努力得來的工作換到另一份工作，一路摸索前進。因此，儘管我從別人那裡得到了很多幫助，我還是能夠告訴自己，一個人也可以過得很好。我不需要任何人。

但是這個說法在染上疥瘡的那個夏天瓦解了。我回到了家鄉，也是開始的地方。我至此努力追求的事業，以及原本應該成為事業高峰的工作，都結束了。我突然失業，幾乎沒有積蓄，僅剩的一點存款也很快就被醫療費用和搬家費用耗盡。大部分清醒時（由於疥瘡在晚上更嚴重，所以我大部分時候都是醒著），生理狀況都很悲慘，又痛又不舒服。之前用來證明獨立自主的事——事業、離家千里、身強體壯——都沒了。

不過，雖然我會一下子感覺非常孤單，但其實不然。要是沒有那些關心我、幫助我的人，我熬不過那個夏天。新、舊朋友，自己也忙得要命的家人（姊姊在我確診當晚就過來，戴橡膠手套、穿橡膠鞋幫我洗衣服），尤其是線上那些人，成為我的救生索，保留空間給我發洩和哭泣。在我隱居起來、跟認識的每個人保持距離——我怕我會害他們染上疥瘡，也為自己陷入一團混亂而感到羞愧——時，往往是網路上的人，像是 Twitter 私訊聊天室中不怎麼熟的網友，或是人在遠方、多年不見的朋友，透過我的手機，陪我走下去。那個夏天讓我看清楚，我自己一個人就可以過得很好的想法，一直是迷思，只是一個為了自我保護、想讓自己安全的說法。

如果我沒有仔細審視自己的數位習慣，這個迷思可能會一直存在。諷刺的是，我身邊隨處可見這個說法不正確的證據，而不僅僅是顯現在一路幫助我的人身上。我在手機電池電量不足時會驚慌，也常常為了避免太耗電而開啟低耗電模式，甚至在電量還很多時也這麼做。我持續不斷貼文，遇到困難時更是如此。這些都是證據。但是一直到那個夏天，在我發現手機一下子成為度過自我隔離和退縮期的**唯一**途徑（它常常是我通向外界的唯一救生索，一想到沒有手機，我該如何度過那段時間時，我都會打冷顫）之前，我並沒有意識到我是如何使用手機。

發現自己可以不跟外界交流的時間愈來愈短，而我們卻認為自己比以前更加自主、更不需要社群或體制。看一場電影從頭到尾不看手機都變得如此困難；手機不見了就讓人幾乎寸步難行；一感到焦慮、一出現不安的想法，我們就伸手去碰裝置；跟我很熟的朋友與我共處時，看手機的時間比看我還要多。我知道自己也曾經是那種人。

然而，我也不信一切如此黯淡無望。不完全是。在有手機之前，即使是跟我愛的人在一起，我也會幻想自己跟別人在一起。得不到的總是最好的。有沒有手機，我們都不滿足。

即便如此，如果不小心，把我們綁在各種裝置上的獨立迷思，還是可能會在關鍵的時刻成為彼此共同的故事，給我們下定義，而其實我們需要的是相反的故事：承認彼此密不可分的故事。傳統體制幫助我們理解自己屬於一個更大的整體，然而愈來愈多人離開這個體制，轉而嘗試在線上滿足這些需求，而我們還可以在線上依個人需求自訂體驗，並把各種關係分隔開來以規避責任，這種發展的風險是，我們可能反而覺得自己跟外界的連結減少了。

但是社群媒體這種工具，具備讓我們看到彼此間連結的力量：刻意以不同的方式使用，它就能突破以往的極限，幫助我們與更多人建立連結。在一個彼此的挑戰愈來愈息息相關的時代，全球性的問題迫使我們面對自己的行為會如何影響他人，這個工具可以幫助我們找到前進的路。

我們永遠無法擺脫不確定性；我們只能學會一起接受不確定性。不再透過其他體制，而是轉向由利潤驅策的平台，以個人為出發點追求意義和歸屬，諷刺之處在於這些平台就目前看來是讓我們把注意力放在自己身上。承諾提供架構和秩序、聲稱將簡化我們的生活並提供安全保障的應用程式和工具，永遠無法履行它們的承諾，也就是消除不確定性，因為不確定性會隨情況改變。如果試圖抗拒生活的這一面，就會對生活的不確定性產生適應不良，就像強迫症的情形一樣。但是，除了走上封閉和像反射動作一樣直接確定之外，還可以選擇另一條路：我們可以利用網路、把建立連結放在第一位，並要求平台改變，以達到我們的目的。

這麼多人離開了長久連結眾人的體制，轉到分化眾人可以產生經濟利益的平台，實在很難想像個人的故事能有所改變。這就是為什麼，看到媒體標題「寫什麼都不信」的人數大增，跟我一樣無宗教信仰者為之歡呼時，我反而感到擔憂。

我慶幸我們生活在這樣一個時代，更多的人能夠一輩子不靠宗教力量去改變生命、縱情生活或單純過一生，而不必像過去那樣害怕社會報復，但我也深感憂心，我們這些沒有宗教信仰的人，在需要時能向何處求援。沒有宗教信仰者（甚至是有宗教信仰，但不參與宗教活動者）要在哪裡了解自己是誰以及歸屬具有什麼意義，而這些說法是否有助於他們看到自己的幸福與他人的幸福息息相關？

從我過去十年來輔導無宗教信仰的年輕人，再加上我跟社會學家一起進行了無宗教信仰方面的研究，可以清楚看到很多人都在網路尋找答案。隨著人離開教會和橋牌社，改以新的方式去感知真實，這些人也將在別的地方尋找故事。而由於我們把愈來愈多的生活移到網路，網路正迅速成為主場，提供眾人用來建構生活的定義性敘述。如果我們不努力改變社群媒體的故事及使用方式，就是把網路讓給講述不同故事的人。希望充分利用這些新技術來分裂、利用恐懼、使我們倒退的人。而在這些人當中，有愈來愈多無宗教信仰的白人男性，在線上鼓動一個令人深感不安的現象：白人優越主義。

二〇一六年三月，作家和評論家巴拉圖戴・瑟斯頓（Baratunde Thurston）榮登西南偏南互動多媒體名人堂（Southwest Interactive Hall of Fame），他在得獎演說中提出了這個問題：

演算法來勢洶洶，而且我們知道它們既不單純，也不客觀。像記者一樣，它們也挾帶了創造者的價值觀。它們反映了周遭的社會。但是，如果創新就是要讓世界變得更美好，而聲稱以此為目標的演算法和程式碼，是源於這個非常不完美的世界（因種族歧視、性別歧視和嚴重貧困而病入膏肓），那麼它們不就可能讓世界變得更糟嗎？

我們在網路上看到了這一切的影響。正如瑟斯頓說的，這些影響包括「用戶資訊的損失、政治宣傳、社交平台造成的精神健康傷害，以及遍布各地的納粹分子」。我們需要撥亂反正，而且動作要快。

如果不這樣做，大家脫離的體制留下的空間就會被填滿；那些空間不會一直空白。取而代之的可能是非常積極正面的東西，新的存在和歸屬方式，但誰也不能保證。當以利潤驅動的數位平台鼓勵任何提升參與度的事情時（分享煽動性的內容更容易達成此目的），那麼挪進那些空間的東西就很可能愈來愈極端了。

二〇一九年夏天，在德州和俄亥俄州發生大規模槍擊事件幾天後，凱特琳・烏戈利克・菲利普斯在一份電子報中抨擊了網路上滋養仇恨的空間：「如果我們認為這些槍手是受到激化的人，那麼就應該問為什麼，又是如何形成的。」根據研究，原因往往跟一個人感覺自己的價值受到威脅有關，而且人還需要感覺自己很重要，屬於某個群體的一部分。這些都是人的需求，而如果我們要防止愈來愈多的網路激化現象發生，就必須了解這些需求。菲利普斯寫道：「很多最後去了8chan——就是艾爾帕索槍擊案凶手和其他人發布殺人計畫的論壇——之類的空間活動的人，都想要尋找社群、同理心和肯定。他們往往找到了自己要找的東西，可是提供那些東西的地方都以仇恨和暴力為出發點。」

以這種扭曲的方式找到歸屬並不是新現象，但是今天，這種情況跟以下事實脫不了關係：即使我們在網路上尋找連結，孤獨感還是愈來愈重。有人稱這個現象為網路矛盾（internet paradox）：我們渴望與人建立連結來消除孤獨感，然後我們在網路上找到了，而且網路上的連結感覺沒那麼混亂。可是我們找到的東西並不是每次都讓人滿意，也許是因為我們期待它跟在現實生活中體驗到的一模一樣，所以事與願違時，就感覺更加孤獨。因為愈來愈渴望歸屬感，並且希望用線上版本完全複製在現實生活中體驗到的方式，我們就可能更願意犧牲自己的價值，只為換來那種感覺。

查爾斯·泰勒在《真實性的倫理》中主張，今天，我們應該擔心的不是「專制控制」，而是「碎裂化——成為愈來愈沒有能力建立共同目標並加以實現的人」。是什麼導致碎裂化？泰勒說，「當人愈來愈把自己視為與他人無關的個體，換句話說，愈來愈少與同胞因為共同目標和效忠對象而連結時，碎裂化就出現了。」所以說我們應該關注大量的人脫離自古以來幫助人參與社會的體制，進而轉向由利潤驅動的線上平台，把人進一步推向個人主義的現象。

社群媒體通常是為了滿足短期需求，例如當下的孤獨感，而它也積極鼓勵我們從這種角度來考慮需求。可是人生的大問題都不是短期問題。那些都是需要花一生的時間去探索的東西，有時要慢慢來，跟我們的日常生活節奏分開。

此外，說來或許奇怪，但對人來說，孤獨或許是必要的。當數位體制讓我們一天二十四小時彼此連結，我們從未讓自己感到孤獨時，會發生什麼事呢？今天，我們可以設計一個讓自己永遠不必感覺孤單的生活。雖然獨處有放鬆、恢復活力的效果，但孤獨感往往帶來巨大的痛苦，尤其是如果這種感覺永遠得不到緩解時。但是，如果我們**從來沒有**感覺孤獨，我們可能會失去對人類非常重要的東西，即使只是因為孤獨可以幫助我們珍惜不孤單的時刻，而非把生命中的人視為理所當然——因為我們常覺得只要真的願意，任何時候都可以跟人建立連結。

二〇一九年，大衛・羅伯茲（David Roberts）在 Twitter 對氣候政治發表意見，他在這則現在已經刪掉的推文中寫到，「隨著氣候變得愈來愈混亂，全世界都感覺充滿威脅和不確定性。」極端保守的政治理念可能會更受眾人青睞，而非更不討喜。他在Twitter寫道：「威脅和不確定性讓大家變得更加保守。」這就是為什麼，隨著愈來愈多的人離開舊體制，並在眼花繚亂的數位世界和同溫層裡尋求連結和理解，我們更需要發展可以引導我們走向合作的數位系統。我相信這是有可能的。在我試圖了解如何在網路上感覺更像個人時，我遇到了很多在網路上達成這件事的人：有蓬勃發展的社群，也有找到慰藉和意義的時光，還有各種網路**並未**讓我們碎裂的方式。

我們不會平白無故就成為自己希望成為的人。我們需要養成習慣，去突破自我建構的同溫層，幫助我們認識到彼此相互依存的關係——尤其是因為，不管我們多努力都無法逃脫體制的束縛。就像我們把宗教換成「自我守護」的資本主義一樣，我們也用數位體制來取代實體體制。海格隆德寫到，「我們從來不是從頭開始的，我們始終承襲依循前人腳步前進的傳統。重要的任務是建立體制慣例，承認並讓我們能夠培養有意義、有目的的生活。」我們告訴自己，在網路上我們不受體制束縛。但這是謊言，而且讓人有機可趁，利用我們的孤獨製造分裂。

要改變故事、改變習慣，第一步是接受數位生活的不確定性——這是在我們建立新體制時出現的挑戰，也是機會。

一個霧濛濛的三月天，我開了一個鐘頭的車前往位於明尼亞波利斯西北的小鎮，在一家連鎖咖啡店跟聖本篤學院與聖約翰大學的哲學教授艾芮卡・史東史崔特（Erica Stonestreet）見面。我想更進一步了解何謂「真實」，而我猜哲學家有可能讓我更接近答案。

「生活是創造和發現同時進行的過程。」史東史崔特開口時，幾呎外的櫃檯後，一臺磨豆機正轟轟運轉著。要了解人**真正**的本質時，會發現：認識我們之外的因素如何型塑我們，以及創造：打造自己成為某種樣子的存在。許多人現在都在網路上做這兩件事。

然而，她說，即使在我們打造自己也由他人打造的過程中，還是會懷疑是否存在著某種核心，某種絕對**必要**也**不會改變**的東西。但是史東史崔特指出，固定的自我，亦即真正的自己，是一種非常歐洲的概念。可以用很多別的方式來看這個概念。舉例來說，一種是佛教的「無我」概念，認為沒有「固定的你」，世間一切無常。看看自己的習慣和行為，再看看能夠依不同的情境變換多少面貌，就會看到不固定的自我。

史東史崔特說，歸根究柢，如果一切無常、隨時改變，那麼我們就是「在任何特定時刻告訴自己和他人的故事。但是會受到可採用故事的限制。」她介紹我去看希爾德・林德曼（Hilde Lindemann）的作品，進一步了解這點。林德曼在《受損的自我認同，敘事性的修復》（*Damaged Identities, Narrative Repair*，暫譯）中談到「大敘事」（master narratives）——我們將自己置放其中的更大的故事——並不是永遠那麼正面。實際上，這些大敘事可能會損害我們的利益，就像性少數族群，常常就以負面的敘事呈現。

看看我們的數位生活，很容易懷疑以數位方式吸收的大敘事是否也有害。如果讓我們真實的，是對自己述說的自我故事（如林德曼等人主張的那樣，根據自身的經驗、角色與身分、關係和大敘事，匯集在一起賦予我們的生命意義），那麼就值得問問，數位工具是否能幫助我們好好地把故事編織出來。

一個可能的答案是，數位工具證明，我們有更多可以選用的敘事方式。真實對不同的人來說有不同的意義，但是在絕大部分的人類歷史上，背離多數就很難保持真實。舉例來說，與跨性別朋友交談以及閱讀湯馬斯・佩吉・麥克比這樣的跨性別作家，就會對真實有不同且重要的理解。跨性別者往往把真實的概念當作武器。我們看過很多跨性別者以這種方式面對以文化之名強制施行的真實傳統，而他們也以驚人的毅力和力量，打破了許多這類傳統。雖然這些人一直是在為自己的尊嚴奮鬥（一場他們原本不該承擔的戰役），受益的卻是我們所有人。因為，正如麥克比在《業餘者》中寫的，我們所有人都以不同的方式「證明（我們的）『真實性』」，而這些方式，可能跟講述我們本該是誰、又如何向世界傳達這個訊息的大敘事一致，但更常見的情況是背離的。即使是天之驕子，也不一定各方面都與大敘事一致，而有更多條路可走，對所有的人都有好處。

小時候，當我看到可以走的路愈來愈少時，我就開始探求真實的意義。尤其是在飽受性傾向問題及保守信仰困擾的青春期。他們教我不要相信自己的直覺、扭曲我看待自己的角度，還要我相信**自己**不是真實的，因為我對自己的理解不符合世界對我的期望和要求。但是，在我分手之後，以及後來混亂的兩、三年，何謂真實的問題又回來了，而且幾乎將我吞噬。我想了解什麼是真實，進而真正了解自己。

為什麼我這麼在意能不能弄清楚要怎麼成為真的？我現在明白，那是因為在我的世界以及我認為自己身上真實的部分大量瓦解之際，我又一次希望得到自己在青春期時尋求的那種確定性。

為什麼要買自我成長的書來看？為什麼要培養新的運動習慣、買新衣服或投入政治活動、培養嗜好或某種飲食法，或是使用新的社群媒體平台？為什麼我們會在基本教義派或以自己為尊的無神論確定性中得到慰藉？為什麼要把生活細節發布在社群媒體的最新動態上？我們希望被理解——被他人理解，也被自己理解。我們記錄生活，是希望也許能有自我實現、**真正**了解自己和周遭世界的那一天。

一部分的原因，可能是我們試圖達到一種狀態，不論是這個世界或我們自己，都不能叫我們意外。不管我們是否賦予它這個目的，這都是在追求開悟。因為，如果弄清楚自己是誰、歸屬何處，那麼我們就永遠知道該怎麼做：如何立身處世，以及自己是誰。如果你真正了解自己（完全清楚自己是誰、為什麼有那些念想），遇到困難時就知道該怎麼做，甚至也知道如何防範於未然。

在人生的過渡時期，像是青春期或重大的分手之後，就會更強烈想要對自己有這種理解。在我分手、離職、搬家並對抗寄生蟲那辛苦的一年，促使我去算塔羅牌、在搜尋引擎上問何謂真實的，就是對安全感及深切了解自己到底是怎麼回事的渴望。我不懂自己為什麼做出那些事、為什麼原本對人生的想像跟現實不一樣、為什麼這麼煎熬。我很困惑，而我想知道答案。

我想要解決身為人——我**這個**人——的問題。我想要一條捷徑。分手讓人措手不及，我沒有預料到會分手，而我不想再這樣措手不及了。我想了解自己，這樣就可以不讓自己傷害到自己。變得真實，這樣就可以避開不確定性。

奇怪的是，應該讓「成為真的」變得更容易的事情——原本應該讓我們的存在更簡單、更順暢的數位生活——卻往往讓「成為真的」感覺更難了。那個炎熱的夏日，當我上傳那張自拍照並想著**我還在這裡，我還在這裡，我還活著**時，我感覺到真實了。這件事反映了，我有多需要藉由線上其他觀看者肯定我的存在，來得到確定性和安全感。那一刻，我拚命想要抓住一點什麼，因為一切都感覺如此不確定。

我突然失去一切保障：人際關係、事業規畫、離家獨立的生活，所有支撐自我形象的東西。於是我轉而向經常提供給我這種安全感的一樣東西求助：網路。只是它也沒能讓我感到安全。現在我明白原因了。多年來，我一直用網路來尋求確定性。利用網路來否認自己的脆弱，製造一個自信和獨立的形象給自己和全世界看，希望這個形象能夠讓自己相信，一切都在掌握中。即使在最低潮的那一刻，我的本能也是發布一個光鮮亮麗的自我，讓自己努力符合那個形象。但是我在自己的臉上看到了謊言。

阿奇科．布希在《隱形的奧義》中寫道：「我們並非出於某種自戀的衝動才想要了解自己，而是因為我們知道自我認識與自我意識，一種篤定的身分認同，才能讓我們開創出一條大道，通往一個充實與豐富的人生。活出最完整的自己，才可能讓我們充分體驗生命，並且徹底將自己奉獻給理想、給子女、給我們所愛的人。」的確，尋找真實的自我，絕對可以是尋找確定性來抵消不安全感，或者僅僅是鑽牛角尖的自戀，但未必要如此。我想要竭盡所能了解自己、心中的願望和需求，以便學會更有效地應對這些需求，留出更多空間來滿足他人的需求。做到像布希呼籲的那樣：「確定你是誰。然後放手。」

因為真實問題始終存在，我們要學的重要教訓存在於不確定性中，而在這個以數位優化生活的年代中，我們可能會失去這些教訓。生命就是變化、不確定、不一致、矛盾。抗拒無常，問題就來了。經過數年努力想在線上和線下營造一種（想像中的）安全感，然後一切都炸開了。無法再抗拒變化的我，獲得了以新方式面對不確定性的機會。

賈姬．佛斯特在《美國社會學評論》（*American Sociological Review*）裡的一篇文章中解釋，她發現雖然有些無宗教信仰者確實感到焦慮和社會孤立——這一點符合一些憂心的社會科學家的預期，他們認為宗教參與式微有害無益——但是有更多無宗教信仰的人感覺到不確定性是「從先前的焦慮和孤立感中**解放**」。

有些人努力擺脫不確定性，但也有些人全心接納，並在其中看到學習的機會。我以前一直屬於前者，但是我正在努力成為後者。這一點很重要，因為正如佛斯特解釋的，不確定性常常被稱為具時代意義的挑戰。但是，如果我們面對這個挑戰的前提是，我們一直渴望確定性，而不確定性有百害而無一益，那麼，佛斯特說，「我們可能會忽略了現代人能透過在不確定性中尋找意義，進而以新的方式理解自己的人生。」

因此，不確定性有可能是數位時代最好的禮物。在線上，我們一直有機會看到存在基本就是不確定的，而我們是什麼樣的人也是不確定的。不管是在我們的數位遊戲、線上紋身、地圖和彼此的距離中，都可以發現我們天生就是矛盾的生物——既虛偽又混亂、既殘忍又慈悲。我們可以同時是怪物也是天使，這並不會讓其中一個成為「假的」，另一個成為「真的」。

做人，就意味著包含眾多面向。意思是要不斷努力變得更善良，讓自己和他人為彼此負責，因為這不會自然憑空發生。但這也表示無法達到這個目標並非人性的缺失。這不是錯誤，而是特色，是身為人的一部分。我們要認識並理解這一點，進而採取措施來解決我們的缺點、改變行為，以更靠近我們渴望實現的價值觀。學習和改變，並幫助他人不要重蹈我們的覆轍，是做人的基本。

複合的事實令人不安：社群媒體可以讓我們減少人性，也可以讓我們更有人性，就看如何使用。這表示我們不能照著十個步驟做就擁有更美好的人生，用再多的應用程式也不能優化我們的幸福感，更無法以固定的形象邁向成功之路。這也表示大多數人不能只是拔掉插頭、永遠登出就解決問題了。相反地，如果想在一個日益數位化的世界裡活動又保持平衡，就需要時常努力好好使用社群媒體，小心謹慎地運用社群媒體的力量。這條路感覺更危險、更困難，因此跟強硬好辯者的確定性相比，就沒什麼吸引力了。但這是前進的道路。

解決之道不是更加追求確定性，而是要接受不確定性——這是舊體制通常沒有提供的，但如果學會好好使用網路的話，網路就可以提供了。我們就是透過不確定性、接受無常與變化而變得更加真實。從分手到結束工作到臭蟲和疥瘡，一樁樁破壞力強大的事件，讓我無力在線上展演一個特定的形象。最後，事實證明，我因此得到自由。

在我這輩子最辛苦的時候，我爬上床，拉起被子蓋住頭，希望全世界都不要看到我的痛苦。但是有了臭蟲和疥瘡，連床都感覺很危險。我不能假裝成別人——一個經過修改的、更光鮮亮麗的我。我不能展演自己、不能躲起來，所以只能呈現原原本本的自己：傷心、傷痕累累、一團混亂。

很慘。但也帶來自由。

數位時代的一大教訓是，即使是最安全的空間也無法保證永遠安全。如果我們想經得起打擊且變得真實，就必須面對真實代表要冒險的事實。隱藏和編輯救不了我們，因為隨時會有暴露的風險。那麼，答案就是開放自己，讓其他人更常看到我們較混亂的一面，而不是只有遇到危機時才這麼做。

本書的第二章是「焦慮推文」（anxietweets），並不是玩輕浮的文字遊戲。我常常有意無意地用社群媒體來試圖管理我的焦慮。但是我們需要一點焦慮來讓生活變得重要，也因此焦慮才會成為某些哲學經典的核心，例如沙特（Jean-Paul Sartre）和卡繆（Albert Camus）的作品。海格隆德說：「如果不擔心自己把時間用在哪裡，就會無法分辨哪些活動值得或不值得我們這樣的人去做。」這就是花太多時間在某些應用程式上會讓我們不快樂的原因。浪費時間感覺就像違反了根本不該違反的原則，因為在某種程度來說，我們對自己擁有的少量時間感到焦慮，正是這種焦慮，幫助我們確定什麼是重要的事，什麼讓我們感到真實。

在線上，我們必須相信一些不確定是否有用的事。但是信仰不必然等於確定。事實上，我認為信仰不應該等於確定。相信等於確定是一個普遍的誤解，而雖然大多數無神論者並不認為自己是有信仰的人，但這個觀點也適用於無神論者。無神論與確定性之間的關連，在很大程度上要看為無神論發聲的人是誰——「新無神論者」，代表了一種非常特殊的無神論，是在非常特殊的生活環境和經驗下產生的。但這不是唯一的無神論。雖然強烈反宗教的理查·道金斯提倡的無神論是最常見的無神論，但它也沒有反映出許多無神論者的觀點。二〇一四年，我為《宗教新聞社》的一個專欄去採訪理海大學（Lehigh University）教授莫妮卡．米勒（Monica Miller）時，她說，像道金斯這樣優秀的白人無神論者「需要承認人生是不確定的，才有可能謙卑。白人特權與感覺確定、安全、安心有很大的關係。如果無神論者真的想解決這些長期存在的問題和挑戰，那麼採用根植於不確定性的無神論或人本主義，就是很好的開始」。就像我們並不知道是否應該相信自己所看到的（對方是真的人還是鯰魚？）就賦予數位生活信任一樣，我們經常不得不尋找方法，在不確定的情況下運作。信仰是大膽跳躍。

對某些人來說，**信仰**只是**信任**的另一種說法，不過神學家保羅．田立克（Paul Tillich）將信仰定義為具有「終極擔憂」。在《今生》中，身為無神論者的海格隆德提出了一種世俗的信仰，而其終極擔憂的重點，在於生命會結束。你所知道的一切，你所愛的一切，最終將不再存在。因為一切都會結束，所以世俗信仰的重點是「擔憂」。這是什麼意思？海格隆德寫道：「即使我想要的一切都完全實現了——生活在一個實現社會正義的世界，跟我愛的人過著幸福的日子，事業也蒸蒸日上——我還是會擔心，因為我關心的一切必須長久維持，也終將會失去。而且，這種失去的風險正是我在乎、在意發生什麼事，以及不得不保持信仰的部分原因。」換句話說，即使得到了想要的一切，仍然可能會失去。即使認為自己完全理解數位生活，也可能會失去這種理解。總會有未知和不確定性，所以我們必須珍惜並關注自身在意的事。海格隆德說，不確定性是我們生命中的一切會有危險的唯一原因。他說，事物之所以重要，必定是因其容易失去。

管理強迫症的第一步，是學會接受萬物皆有可能失去，並把「可能失去」這一點視為讓生命有意義的部分原因，而不僅僅是壓力的來源。治療強迫症的目標，是學會與不確定性和隨之而來的焦慮共存，而不是找到完全避免不確定的方法（我有時就是這樣處理數位分心的）。這是一個接受現實的過程。接受了現實，才可以在實際世界——而不是理想中的現實——找到幸福。否則，強納森．格雷松寫到，強迫症患者為生活中的萬一所困，可能會失去「我們唯一的指望：現在」。對網路上的人來說，情況也是如此：即使我們會努力改善現狀，也應該在現狀中追求幸福，並且理解我們在網路上做的事是真實、有形、可失去的。

——■■■■■

當我的人生在邁入三十歲開始崩解時，一個親愛的朋友充滿同情、但也特別強調地說：「啊，你應該是走到土星回歸期（Saturn return）了。」

沒多久，又有一個朋友這樣說。然後又一個。一直有人說。他們的口氣都好確定。

我從來沒有聽說過土星回歸，所以第一次聽到朋友這麼說時，我打開筆電開始搜索。從前幾個連結的內容看來，一般認為土星回歸是指人生中的某一段時間——通常是二十九歲邁入三十歲前後——據認為是由於星體變化而引發重大的個人變化、轉變及結束。在你的土星回歸期間，人生會除去你習慣用來界定自己的一些事物。這些改變會要求你重新評估自己的人生和選擇，而如果你願意，就會做出其他選擇。據我所知，土星回歸結束之後，你應該會更了解自己。打掉重練才能有收穫：失去了虛假的自我，找到了**真實**的自己。

我上一次有類似的感覺，是幾年前戒酒時。有些人稱戒酒為「恢復中」。「恢復」（recover）一詞的含義，是找到或重新獲得丟失的東西，或者回歸健康安好狀態。這讓我想到**宗教**（religion）一詞的一個字根，就是提醒並重新連結，也就是重新認識自己及重視的事物。認清我們使用社群媒體習慣中不喜歡的部分，就可以嘗試找回一些失去的東西。但是，我們也可以放掉一些習慣，重新構思。戒酒之後，我學會以更好的方式處理讓我訴諸酒精的根本原因，例如社交焦慮，並在重新構思新方法應對那些問題的同時，更加了解自己。

隨著我們愈來愈數位化，現在不是哀嘆，而是質疑、重整旗鼓和重新構思的時候。正如伊莉莎白．羅許在《上升》收尾時所寫的，我們需要自問，要如何講述氣候變遷的故事，「才能讓氣候變遷不僅是一首輓歌，也是這種離奇時代的記錄，更是號召行動的吶喊。」我們的數位生活也一樣。但是這兩種情況的困難之處，都是我們必須在前景不明的狀況下這麼做。羅許形容，在知道海平面不斷上升的同時努力恢復沿海濕地，是試圖「把已經失去的找回來，同時又要做好準備，面對一個我們不甚了解的未來」。我們知道網路帶來的好處——賦予我們連結與組織、進行實驗、尋找可能方案及資訊的能力，但是我們也需要了解自己失去了什麼，或許也試著把一些失去的東西找回來。我們要如何在不知道要往哪裡去的情況下辦到這件事？

大多數的改變都具有這個特性：漸進，以至於你甚至還沒有意識到任何變化之前，改變就成了新常態。不管是氣候變遷（氣溫略微升高，天氣模式開始有點波動，但剛開始一切都在可接受的變動範圍內，直到路易斯安那州外海的島嶼突然不見）還是我們的數位生活——我們慢慢加入一個又一個平台，先是Facebook，然後是YouTube，再來是Twitter，接著是Instagram，突然之間平台就無所不在，完全融入了我們的生活。如果這就是現在的世界，那麼問題就變成了該怎麼面對這個世界。如果我們處在土星回歸中，是會把握機會進行變革並把發現遺失的東西找回，還是會堅守陣地抵抗？

葛瑞格．戈柏（Greg Goldberg）在《反社群媒體》（*Antisocial Media*，暫譯）中提到，

有學者擔憂，我們的休息時間漸漸轉移到數位平台，模糊了工作和娛樂的界線——有人稱之為「玩工」（playbor）[47]。但他認為，這些擔憂實際上表達的是一種更深層的焦慮，「擔心批評者重視的特定形式關係（集體的、公共的、盡責的、負責的、犧牲的等等，用一個字來形容，就是社會的）受到了侵蝕。簡單說，他認為那些人最擔心的，是舊有的歸屬方式，亦即他們個人習慣的方式，正在消失。

我們不該絕望，而是該抓住新的機會來解決古老的真實問題。即使行為模式發生了變化，我們這個人的種種層面——如何造就自己、如何相互理解——還是會繼續彼此相關，即使是以與過往截然不同的方式彼此相關。查爾斯・泰勒主張，我們終其一生，都將自己定義為「始終與生命中的重要他人想在我們身上看到的身分進行對話，有時甚至與之對抗」。換句話說，雖然有時人會認為自己主要是透過內心反思來形成觀點和信念，但其實很少是這種情況，尤其是在身分認同方面。

我們為了解自己而做的事，甚至也會影響身邊每個人。我們在線上把自己塑造成的樣子（包括感覺短暫和不負責任的方式）也同時塑造了社會。馬克思說：「我**自己的**存在**就是**社會活動，因此，我造就自己，是為社會造就，也意識到自己是社會人。」無論我們的關係是什麼形式，我們都藉由彼此的連結成長擴展。無論是短暫還是永遠，我相信我們的連結方式必須始終考慮他人的需求。用詩人格溫多林・布魯克斯（Gwendolyn Brooks）[48]的話來說，我們是彼此的事。

霧氣在我左邊的咖啡廳窗外翻滾，艾芮卡・史東史崔特繼續向我解釋：「在歐洲哲學界，人格（personhood）長期以來都是關於理智、理性、自主、自動自發、個人主義的。但是我們可以將個人主義與個性分開來——我們都有自己的個性，但是個人主義是這種凌駕一切之上、非常美國的思考方式，認為我們是一堆方便時才互相碰撞的小原子。」

我補充說：「認為我這個人獨立於其他所有人之外。」

史東史崔特說：「對。但是一九八〇和一九九〇年代女權主義哲學家出現了，然後說，『事實上呢，人剛開始是依賴的——而且，如果想到跟地球上幾乎所有其他動物相比，人類在嬰兒時期多麼無助，就知道人類是**超級**依賴。』」她繼續說：

> 如果你運氣好，可以活到壽終正寢，那你會再度變得依賴。同時，如果你決定在中間某個時刻成家，就會有人依賴你。我們在某些時期相對來說擁有較多自主權，更能為自己負責也更獨立，但我們永遠不可能完全獨立。因此，如果你認同人類不只是四處彈跳的原子，而是深陷這些網絡中——我的同行琴・凱勒（Jean Keller）用「受羈絆的自我」（the

encumbered self）一詞來形容——那麼顯然你始終是跟其他人連結在一起的。

「受羈絆的自我」似乎特別適合描述現代人的狀況，不過原因可能跟有些人想的不一樣。**羈絆**（encumbered）這個字有負面意涵——從字典的定義來看，是指受到限制、拖累、壓制等，負擔沉重、無法脫身。但我認為這是承認我們彼此束縛，也承認我們的自我意識比以往更脫離不了他人。畢竟，我們之所以在線上貼文，正是因為有人觀看。麥德琳·蘭歌在《安靜的圈圈》中寫到，「我們對自己很重要的唯一可能原因，不是因為我們有自己就夠了」，而是因為生活中的人給了我們意義，讓我們成為真的。

個人的自我概念，讓人很難以非常深刻的方式了解自己，因為其中牽涉到某種否認。多年來，我跟父親的關係一直很複雜、很緊張。二十出頭時，我主動與他保持距離，並告訴自己和別人，我跟他一點也不像。在某些方面，否認我跟他相似，讓我無法看見自己像他的地方，看不見與他相似的掙扎，與他相似的力量，也就不能面對這些問題。直到我對自己承認我們的相似之處——我們共同的掙扎與力量——我才得以著手處理這些問題，並且改善與父親的關係，進而更了解他及自己。不是只有完全正面的關係會讓我們真實。還有想去愛以及被愛的行動帶來的緊張、複雜及混亂。我跟父親的關係，那亂七八糟的一切，是讓我真實的部分原因。

我們彼此的關係裡必然包含了一些東西，例如責任，但有時我們對這一點的理解很狹隘，這件事很值得探究。擴大思考，就可以設想做人的新方法。這是日益數位化的世界提供的機會：透過業餘者的嶄新眼光來觀察這些事的機會。

在我據說是土星回歸的一次低潮時，我把自己想像成一臺當機的筆電。有時，電腦沒反應時，就得長壓電源鍵，讓整臺電腦重新啟動，希望重新開機後就能正常運作。坐在那裡看著彩虹輪轉呀轉，等著看它會不會自己復原，並不是辦法。有時候，你需要願意從頭來過，按下思考的重新啟動鍵，從根本重新設想情況，就像我戒酒時那樣。直到我完全走出原本的框架，並設想出一種完全不同的前進方式，我才得以重新接觸這輩子大半時間都很難釋懷的事。這就是數位生活所能提供的。一個跨出舊有的存在和歸屬方式——那些體制提供了有用的結構，但其確定性往往也讓人窒息——從頭來過的機會。

如果要說這個年代最鮮明的焦慮，那並不是我們的生命被永遠存檔了。不是不能孤單、永遠需要登入、能夠連結的焦慮。也不是親密和距離的焦慮。雖然所有這些焦慮都非常真實，但我認為還有一個勝過這一切的焦慮：對不確定性的焦慮。

有些人可以接納數位未知，但很多人都會在使用社群媒體時追求確定性。我們開啟簡訊的已讀回條。如果別人沒有在幾分鐘之內回覆，我們就心慌。如果貼文沒有立刻被按讚，我們就會刪除。難以啟齒的事，我們會傳訊息而不是當面說，這樣就不必看到我們害怕的反應在眼前成真。

但是焦慮也是在意的訊號。如果數位生活讓人焦慮（我會！），那是因為網路上發生的事是真實的。不管承不承認，我們都在乎。

海格隆德在《今生》中說，不確定性標示了「我們當下的經驗本身，而那個當下正在成為過去，也正在跟未來產生關係」。這正是海格隆德主張我們必須有信仰的原因——因為，就算再怎麼確定，「過去與未來都不可知」。

他說：「假設你與過去和未來的關係取決於信仰，你可能會被你自認確定的事情所蒙蔽，被你認為理所當然的事情所誤，被你從未想到的事情打擊。」這種必要的信仰讓我們變得脆弱。信仰某種東西，確實可能會失望。但是為了生存，我們必須找到與不確定性共存的方法。

也許這是唯一確定的事。

我還記得高中用即時通訊軟體跟朋友講話時，聊到一半，甚至是已經聊完了，對方沒說再見就突然下線的感覺（或者是我自己突然下線，而這通常是因為我媽要用電話，要我下線，我沒理她，她就直接拔掉網路線了）。

每次遇到這種事，我都會慌到不知所措。是我說錯話了嗎？或者，如果突然下線的是我，那他們會不會以為是自己說錯話了？當某人毫無預兆地下線而且一直沒回來時，事情就沒有完結，留下許多空間，讓人想像各種離譜的原因解釋他們的驟然離開。

就算即時通訊沒有意外中斷，我也總是不太會結束對話。我總是無法決定下線時機，拖長了對話，尋找各種跡象，證明這次談話對對方來說是一次愉快的經驗。我告訴自己，再寫一句，或再私訊一次，我就停了。

我曾經以為這只是顯示了不安全感（老實說，這確實是一部分原因），但其實很大一部分是因為我們習慣了面對面講話，純文字的對話感覺就是不太對。從某些層面來說，這種對話比較平面。雖然文字交流有附加的優點可以彌補缺點，像是能夠把你要說的話想得更清楚，但要適應另一種交流方式確實有點難度。也因此，面對缺少資訊的不確定性，我的大腦試圖填補空白。

在一個隨時隨地連結的時代，如果你願意，要感到安全和確定並不難。你永遠不必退出，永遠不會孤單。你可以繼續在討論串中留言、編輯和加入提醒，並根據大家的反應來即時調整發言內容。但這不是一則 Twitter 動態，也不是部落格文章，而是一本書，所以最後必須收尾結束。有些事情——對話、人際關係、工作、生命中的各種時期——需要結束。有些時候我們必須下線。土星回歸的根本，就是結束。而結束正是為新的開始提供機會。

對我來說，放開對某些確定性的需求，感覺就像邁向真實的第一步。這表示真實不是蓋棺論定，而是發生在你身上的事。是我會繼續努力的事，是我必須培養和練習的習慣。用蘭歌的話來說，「自我不是一成不變的……自我是不斷成為的過程。」為了要進化，我們必須不斷努力，「從自私的自我——自我形象——走向真實」。

但是，僅僅因為真實不受限於靜態的定義，而是一種動態展開的狀態，並不表示我們不能以言詞來表達實踐真實的方法。在本書的第三章中，我闡述了自己在探索數位生活時很早就注意到的一點：有人擁護網路，也有人批評網路。早在九〇年代中期，網路評論剛出現的時候，雪莉．特克就注意到不僅有那兩個陣營（她稱其為烏托邦論者和末日論者），還提到了第三類，功利主義者，也可以說是「強調新生活方式的實用面」的人。那些人承認，雖然數位無法提供簡單的答案，但它確實「提供了新的視角來檢視當前錯綜複雜的狀況」。

有一段時間，我認為自己屬於此類，並希望能提出一些簡單的修正辦法。但是，修正辦法絕對不可能簡單，而且問題不只是平台本身，雖然我確實認為，讓平台跟利潤脫勾就可以朝正確的方向邁出一大步。更準確地說，我認為最大的挑戰是，人本來就不是簡單的動物。因此，除了烏托邦論者、末日論者和功利主義者之外，我還要誠惶誠恐地建議加入第四類：不確定推文者（uncertaintweeter）。

這一類人帶有一些樂觀主義者的希望、末日論者的批判眼光，還有功利主義者願意接受新現實並找到可行解決方案的務實態度。但是這類人又跟其他三類不一樣，不只是因為名稱很好笑，也是因為跟不確定性的關係。與功利主義者一樣，不確定推文者也希望進行改革、提問和實驗。不過，最重要的一點是，他們不僅承認我們其實不確定什麼是最好的前進辦法，也不清楚這種不確定性的價值。日益數位化的生活蘊含不確定性，並不是絕望的原因，反而可能成為我們尋求真實的**資產**。

這一類人強烈具有詩人濟慈（John Keats）所謂的「消極感受力」（negative capability）。濟慈在一八一七年寫給兄弟的一封信中寫到，一個偉大的思想家「能夠置身不確定性、神祕、疑慮之中，而不會焦躁不安地想追求事實和理性」。能夠發揮消極感受力的人，即使某個討論串會導向不確定和混亂、而不是確定答案，也能夠繼續關注。消極感受力是不願意二選一，不是拒絕就是接受。應用到數位生活中，是認為我們不是只能隨波逐流或選擇退出，而是可以看到網路的危害和機會，並體認到數位生活在某些方面是兩者並存的。具備消極感受力的人知道，在線上尋找真實與連結的不同觀點，可以是互相矛盾對立的。我們用來繪製現今生活的數位工具，跟我們一樣都是複雜且不斷改變的。

我認為我們應該是不確定推文者，也就是應該發揮消極感受力來面對數位生活，部分原因是，雖然我們知道虛假是什麼意思，但真實的含義卻比較難捉摸。成為真實的基本，在於追求真實這個行為本身。真實是願意放下對確定性的渴望，去滿足好奇心。是往改變和未知傾斜，而不是故步自封，對僵化的自我抱持僵化的了解。

羅許在《上升》裡提到她在緬因州跟一名嚮導划皮艇的經驗。兩人出海回來，累得癱在沙灘上時，她的嚮導蘿拉（Laura）說，便利的現代生活帶來的安全感，不見得總是對我們有益：「它可能鈍化了感官，讓我們沒那麼容易察覺到此時此刻就在眼前發生的事。」我也懷疑，我們有時透過數位平台想要尋求的踏實感——無時無刻連線、上網、分心——是否也讓我們變得遲鈍，減少了對周遭世界的覺察、關注與欣賞。這種方法是不是提供了虛假的確定性，而不是讓我們擁抱生命中令人不安的未知。

墨爾本大學（University of Melbourne）教授尚恩・克里斯多福・墨菲（Sean Christopher Murphy）和布洛克・巴斯提安（Brock Bastian）在二〇一九年發表的一篇論文中主張，一般認為，正面或負面的經驗更可能產生意義感，其實應該說是「最高點」的經驗（也就是更激烈的，不管是正面還是負面）讓我們感覺特別有意義。當我們嘗試優化生活，或無時無刻以數位方式讓自己分心時，就幾乎沒有餘地去搞破壞，不管是真破壞還是建設性的破壞，結果生命就會感覺沒那麼有意義了。我們不應該為了避免不確定性和痛苦，迷失在數位慰藉裡，因為正如我從自己的土星回歸裡領悟到的，意義是在最高點找到的，而不是在無波無浪的中間。

很多成長的故事，講的都是迷失方向又把自己找回來的事。但是對我來說，成長在網路發展的早期，就好像迷失了方向，卻沒有把自己找回來。不過，也許這是另一種故事。一個迷失了方向，並在意想不到之處找到其他人的故事——在半匿名 Twitter 帳號的私訊聊天室裡、在跟網路上認識的人去參加的獸迷大會上、在地圖圖書館裡，還有遊戲開發人員、各種留言板和 FaceTime 上，在零與一之間。迷失了方向、然後發現我不是只有單一自我，而是好幾個不同的自我，並學著如何以每個不同的自我過著不確定的生活。

也許我的土星回歸是一種分裂，但最後的結局並不是重建一個整合的自我，而是認識到我**始終**就是分裂的，始終不是只有一個自我。當我再也無法忽視線上和線下自我之間的裂痕時，我不得不面對且接受這個事實。容許自己在不同的空間，甚至在同一空間，成為不同的人。看出這些分裂不是失敗而是機會，想清楚該如何遊刃有餘面對自身以及與他人之間的矛盾與複雜。不把它們看作是成為真實的道路上需要解決的問題，而是讓我們所有人真實的關鍵要素。

社群媒體幫助我看到了自己身上這些不確定性和矛盾。但是你不必使用社群媒體來實踐消極感受力，也不必放棄它。而且，你絕對不必待在你的土星回歸期裡。老實說，我不是真的相信這種東西。但是你確實需要好好想一下。它不會無緣無故發生。它不會被某個宇宙事件、被星群或演算法的變化觸發。它存在於你內在的某個地方，如果你努力挖掘，努力檢視自己的習慣和行為，並嘗試理解它們傳達的訊息，你就可以找到它。

我們見面後不久，史東史崔特寄了一封電子郵件給我。她寫道：「那天我開車離開時有個想法。如果有人來問我，要怎麼搞清楚自己是誰，我可能會先問，他們為什麼會認為自己不知道。釐清問題可以幫助你思考該去哪裡尋找答案。你為什麼要問這個問題？是什麼刺激你去深究？有什麼東西讓『成為真實』變得困難或難以捉摸嗎？」

十幾歲時，也就是在我們家有網路之前好幾年、在我能自己騎腳踏車到圖書館去上網之前、在我想到要在電腦上輸入「我是同性戀」這幾個字之前，很多時候我都是自己一個人，待在房間裡，在腦袋裡，試圖弄清自己是誰，還有我為什麼會是那個樣子。我很小的時候就發現，音樂是反省、思考時的好伴侶。串流媒體要很久之後才會出現，所以我會去翻我媽的CD櫃，選一張拿回房間聽。有一天，我挑了一張「藍色少女合唱團」（Indigo Girls）的專輯。我媽有很多她們的專輯。這是收錄〈近乎安好〉（Closer to Fine）的那一張。

在這首歌的合唱部分，她們提到去看醫生、去山上、去讀聖經、去運動，到處尋找意義，最後才明白「這些問題的答案，不只一個蜿蜒曲折地指向了我」。最後，讓她們更接近安好的，是放下想要「確定答案」的渴望。

當時的我一定沒聽懂這個道理——事實上，我當時是一邊聽，一邊讀我那本邊緣印了基本教義派評注的青少年聖經，想為困擾我的問題尋找具體的答案——但，我想，我現在慢慢懂了。

我開始寫這本書時想要找到答案的那些問題，不一定有答案。或者，我的答案跟你的答案不一樣。我知道這樣結束一本書，不算太好。很抱歉；我希望我能給你一些確定的東西。斬釘截鐵的東西。如果那是你要的，有別的書聲稱可以做到這一點。

我一開始想在數位時代中尋找真實時，是想找到答案的。在即將結束探索的此刻，我了解到，只想找到答案，就是還沒搞懂。其實沒有答案；有些習慣和生活方式，會使我們更接近真實。養成誠實提問的習慣，永遠能帶給你更多收穫。用牧師和哲學家郎尼根（Bernard Lonergan）的話來說：

> 我們並不十分了解自己；我們的未來無法照表操課；我們無法完全控制環境或外界對我們的影響；我們無法探索潛意識和前意識的機制。我們摸黑行進；我們只能粗略掌握；我們必須相信、付出信任、放膽冒險……到手的事物始終岌岌可危：它會滑脫、跌落、破碎。必須做的事可能會不斷擴大、加深。面對困難，就會引發進一步的發展，帶來更大、更嚴峻的挑戰。

沒有答案不表示只要接受現實，或安於不知道就好，這實際上是一種「心靈修練」，如果願意，它會督促我們往更深處去挖掘。了解我們知道或可以知道的事有其限制，並不表示就不再試圖弄清楚。神祕並不表示只要接受沒有答案就好。但也不表示沒有答案也要假裝有答案。它真正的意義是，在釐清狀況的努力中找到樂趣。

我們應該高興自己仍有不了解的領域。高興我們面臨的挑戰是學習和成長的機會。高興在身為業餘者、在不確定性之中存在著真實。那不只是我們必須包容、學會與之共存的東西，更是豐富的資訊來源。是我們可以學習的地方。在線上，還有很多我們不了解的事。使用網路時，我們可以自欺欺人地感覺到安全和確定，但網路根本不安全也不確定。這使得網路成為非常適合學習和成長的空間。

如果誠實面對網路，不要害怕，那麼網路就會讓我們看到一直存在的東西：無常的人生、複雜的人，以及混亂的當下。面對這個事實，有人持美好幻想，有人持悲觀看法，因為這件事確實很**棘手**。但無論如何，都是事實。在我放下對確定性的焦慮渴望時——當個不確定推文者，練習消極感受力——我就可以用網路來尋求意義、連結和真實，而不只是想要擺脫焦慮。因為就像會愈來愈嚴重的強迫行為一樣，想用社群媒體來安慰自己，並不能解決根本問題。這樣只會加劇焦慮。但是當我們更願意接受不確定性時，就可以利用網路幫助我們變得更像自己。

一個寒冷的日子，立志停用社群媒體三個月的期限即將達標，我在茫茫荒野中閱讀克莉絲汀．斯莫伍德的文章《不確定年代裡的占星術》。斯莫伍德在文中解釋說，因為網路的關係，也因為人對宗教團體之類的機構失去信任，大眾對占星術的興趣正在增長，不過也是因為，在危急時刻，「人會尋找可以相信的東西」。最後，一個熟悉的聲音出現了，說了一句熟悉的話。

「重點在於消極感受力。」我之前提過的「占星詩人」共同作者，亞歷克斯・迪米特羅夫，跟斯莫伍德講到占星術的吸引力。「基本上，你這一生唯一能做的事就是忍受懷疑——不去努力追求意義或答案，並忍受當下的狀態。」

讀到這句話，我很驚訝。我不僅在別人的話裡看到了自己的旅程，更特別的是，那個別人是**這個人**。雖然我和亞歷克斯的人生志業截然不同，但實際上我們已經認識很多年，還建立了意想不到的友誼（他總是因為我不相信星座而嘲笑我，還說這是因為我是牡羊座）。一個詩人占星家和一個專業無神論者，對於要如何因應一個日益數位化的世界，得出同樣的結論，這個例子就可以證明，當我們放下對確定性的渴望並更願意接納未知時，會有什麼收穫。

也許你可以猜猜我和亞歷克斯是在哪裡認識的。給你一個提示：這是一個極其不確定的空間，充滿了可能性，而且只要我們願意，它絕對是真實的。

尾聲：絨毛兔習慣

所有的連結與分離，

讓我們成為現在的自己

The Velveteen Habit

幾年前，一個我深愛的人——教我開車，在我上中學媽媽要加班晚歸時做晚飯給我吃，還開車橫越美國到波士頓來睡在我公寓地板的充氣床墊上，只為了把我小時候養的狗帶來，讓我在她離世前看看她——得了阿茲海默症。

我對繼父的確診並不意外。多年來，我們一直覺得這天即將到來，這也是我後來決定搬回明尼蘇達州的一個原因。但是當他終於確診時，他再也無法掩飾自己的病情，很多事情就必須迅速安排。他辦了退休，和我媽搬到市區一間較小的房子，而我媽在他還可以參與討論時，幫他把所有的事情都安排好。

幸好她這樣做了，因為沒多久，我們就沒有辦法跟他進行正常的對話，然後很快地，他就沒辦法一個人安全獨處了。從那時候開始，我每個星期會陪他幾天：弄午餐給他吃、陪伴他、幫他找東西、跟他一起著色和拼圖、帶他去雜貨店或麥當勞，還參觀很多博物館——他老是想去美國瑞典學會（American Swedish Institute）。雖然我很喜歡那裡，但對沒有喪失記憶的人來說，兩個月內去參觀七次，實在興奮不起來。

自從他確診以來，我們常常在一起，而這些相處的時光讓我對本書探索的許多問題有了新的看法。在他人生中的大部分時間（尤其是在我十二歲那年，他進入我的生命之前），他的工作、他的獨立、總是騎摩托車跑來跑去——不管是在他自己還是他人眼中，這些點點滴滴造就了他。這些事讓他成為**他**、成為一個完整的人。可是確診之後，他再也無法做這些事了。不僅如此，連他的故事、他的記憶、他對周圍發生之事的理解，以及他自己是誰，也開始發生變化、衰退、模糊。而或許在某些人看來讓他最真實的事情——他與最愛他的人之間的關係——也改變了。他不能再像以前那樣支持別人，自己還更需要別人的支持。

儘管有些東西逐漸消失，但還是有新的東西出現。他出現了新的特質：新的嗜好、消磨時間的新方式、新的問題和興趣。他開始做過去從沒做過的事——我們開始一起去散步；在生意興隆的市區餐館裡，擠在卡車司機之間的吧檯座位；去看《看狗在說話》（*Homeward Bound*）和《柏靈頓熊熊出任務》（*Paddington 2*）之類的電影，笑到把爆米花噴出來。他跟我一起去辦事，跟我去一間位於舊倉庫、散發濃濃酷兒味的髮廊看我剪頭髮，還一起帶圖娜去散步（我們每次都會在我家附近的咖啡店停下來，這樣他就可以看圖娜把腳掌放在櫃檯上，好像她正在跟店員點單，這畫面他百看不厭）。這段日子充滿了我們以前絕不會一起進行的活動。隨著他出現了新的特性，從很多方面來說，我們之間也建立了全新的關係。

寫一本關於真實的書，同時跟他長時間相處，我自問，他的這些改變是否讓他沒那麼真實了。當然，我不能代表他和他的經歷發言，但是我感覺並不是那樣。

在他確診之前，我所知道的他，至少跟我在一起時，都是有點保留的。他通常會跟人保持一點距離。即使我們關係這麼好，我也不會說他對我完全放開心胸。我相信，這不是因為他不願意這麼做，而是因為他跟我在一起時就是這樣。他的世代祖先都沉默寡言，他們是屬於北美平原的男人，而那裡的人，尤其是男人，就是不會跟人講述某些事。

因為這樣，尤其是在我更年輕的時候，很容易就發現我們之間明顯的差異。他住在農場上，每年參加在南達科他州斯特吉斯（Sturgis）舉行的超大型摩托車節，還有隱密持槍許可證。我是吃素的酷兒，小甜甜布蘭妮的瘋狂粉絲，也是民主社會主義者。最起碼，我們兩個不太可能成為哥倆好。

但在他的獨處能力衰退、而我們有很多時間一對一相處之後，我們的關係開始改變了。也許是阿茲海默症降低了他的壓抑、移除了他的偏見，也可能是我們愈來愈親近。我猜兩者都有吧。不管是什麼原因，他開始告訴我一些從未聽過的事。他往昔的豐功偉業、他失去的，還有他對身為同性戀的兄弟及兄弟伴侶的感情（那是我在真實生活中最早認識的同志）。這些故事講到第二遍、第三遍時，某些細節可能會改變，而且不是每次都說得通——但都是他人生中屬於個人的故事，他以前從來不會跟我說這種事。這些事還沒完沒了。他開始跟我講個不停，用往事將我淹沒。就跟我社群媒體動態上的貼文一樣，我不是每次都能判斷他說的事有多少是真的，但是感覺幾乎所有的事都是**真的**。

大家還不是很了解阿茲海默症。這種病沒辦法治療，而且主要發生在老年人身上。我猜很多人都認為得了阿茲海默症的人，已經一腳踏入棺材，甚至算是「完了」，而其中一些人（即使沒有明說，從態度就看得出來）認為阿茲海默症患者已經失去了自己的價值與意義，對社會再也不可能有貢獻。或者，他們乾脆視而不見，認為這是人生快要結束時才會發生的事，大概不需要太擔心。

但是我認為很多人不願意多想阿茲海默症的事，還有一個原因：它讓我們看到自我有多脆弱，而且我們的真實會改變，往往是劇烈改變。讓我們成為真實的事，很多都是微不足道和偶然的。

一個下午，我跟繼父一起在廚房桌子上著色，並看著雪花飄落在我們右邊的窗臺，這時繼父把一張他正在用棕色和紫色蠟筆著色的紙拿給我看。是一隻兔子和兔寶寶的插圖。插圖下面有一些字，是插圖內容的說明。他用蠟筆指著那些字，慢慢唸給我聽：「兔寶寶生下來時沒有毛，也看不見。」

我敢說我以前一定知道這件事；那就像是小時候學校會教的東西。但是在那一刻，那句話感覺像是全新的資訊（那一天他接著又唸了幾十遍給我聽，所以我相信以後不會再覺得那是新資訊了）。

他教我兔寶寶的知識時，我非常驚訝兔子剛出生時竟然那麼脆弱；原來兔子是那麼互相依賴，小兔子可以說沒辦法獨自活下去。我看著那個教我開車、讓我認識第一個同性戀者的人——這個人現在已經無法獨處，對我來說也比以往任何時候都更加真實——我想到自己那樣脆弱的時候，是在童年時期，然後我又想到了小時候最喜歡的故事。

小時候，我很愛看《絨毛兔》的故事。我們家有一捲改編成電視節目的VHS錄影帶，由演員克里斯多夫．普拉瑪（Christopher Plummer）主講，於一九八五年播出，那也是我出生前兩年。從我第一次看到這個故事那一刻起，我就認為那是世界上最棒的事。

雖然我們家沒有大電視，我還是一直求媽媽放給我看。她答應時，我就會坐在電視機前的地板上，全神貫注，眼睛眨都不眨一下，完全沉醉在一隻非常想要成真的玩具兔子的故事裡。

《絨毛兔》實在不是個適合兒童一看再看的故事。小男孩的愛讓玩具兔子變成真的，可是他生病以後，他所有的東西，包括兔子，都必須丟掉。兔子因此被拋棄，像等著收去焚燒的垃圾一樣隨意丟棄。但是，這個過程（包括得到愛又失去愛這所有的一切）造就了兔子。《絨毛兔》這個故事的核心，在於發現自己並不孤單後又再次回到孤獨的經歷——從被愛和被理解中得到安慰，以及愛與理解被奪走時所經歷的劇痛——如何把我們磨得更滄桑，卻也更真實。

現在，三十多歲的我，還是很喜歡《絨毛兔》。但是我現在喜歡它，是因為我懂得了故事中的黑暗面，而那是我小時候不懂的。在我眼中，我認為那不是黑暗，而是誠實。正如故事裡的兔子學到的，我現在明白了，不管是連結還是斷開，所有的悲歡離合都讓我們成為現在的自己。

與外界的關係是讓我們變得真實的重要因素，即使是喜歡獨處的人也不例外。人是不可能獨立認識自己的。自從開始照顧繼父以後，我就知道阿茲海默症的研究認為，維持良好的社會連結有助於減緩病程，而對大多數患有阿茲海默症的人來說，最糟糕的一件事就是與社會隔離。我們在與他人的連結中才能變得更像自己。

但是，連結只是「了解自己是誰」這個過程的一半而已。斷開連結對於成為真實也非常重要。我們需要機會退後一步，花時間獨處，藉此了解我們從愛和被愛中獲得了什麼。

初嘗分手滋味後，我記得我媽說，你出生時是一個人，死時也是一個人。你會用有意義的關係填滿中間的時光，這些關係將造就你的樣子，但萬事皆無保證。人會因為很多原因隨時離開。那並不表示就不要投入感情、不要去愛。而是表示無論那些關係對你有多大的影響，你都需要在自己身上找到獨立於那些關係而存在的能力。要能跟自己好好相處。

從那以後，她一次又一次地重複這些話，在我們面對繼父的阿茲海默症時也是。那就是兔子體會到的——他因為被愛而變得真實，但後來他又必須找到沒有那份愛也能活下去的方式。他發現自己確實可以活下去，因為即使是那段關係讓他成為真實，他也不會因為關係結束便變回不真實。凡走過必留下痕跡。而失去更讓他看清楚，是那段關係幫助他變得真實。

即使我仍然很喜歡《絨毛兔》的故事，但在一個隨時連結的時代——生活中的數位部分不像是有界線的動作，我們可以進去，也可以出來，而是幾乎無縫整合地融入時時刻刻的生活裡——我總覺得這個故事聽起來不太舒服。如果成為真實的過程既需要連結也需要斷開連結，那麼持續登入會不會導致短路？

人生中有些最痛苦的時刻，是必須獨自面對的。我最深切、最慘烈的痛苦，幾乎都是在孤獨中爆發。像是某年十二月的一個晚上，我自己一個人待在廚房裡時，收到了一封私人電郵。那是我親愛的朋友亞歷克斯（不是我之前提過的亞歷克斯），他是我認識的人裡數一數二真實的人，在我受疥瘡所苦的那個夏天，他經常透過電話、簡訊和視訊通話幫助我度過難關。而他在那封信裡告訴我，他已經自殺、解釋了原因，並向我道別。那種感覺就像是我小時候得了流感吐到整夜沒辦法睡，可是我媽安慰過我之後不得不去睡覺，因為她隔天早上還得去工作。像是爸媽跟我說他們要離婚時，我一直打電話給朋友卻找不到任何人，我不得不獨自面對紛亂的思緒和感覺。像是我的前任艾力克斯在我們分手後搬出去，我突然又一個人住，不得不獨自面對現實生活的各種挑戰。還有我確診患了疥瘡時，發現自己完全不知所措，無依無靠。在這些時刻，每一次都還因必須獨自忍受而痛上加痛。但這些都是重要的時刻，因為我必須靠自己的力量找到方法，依照往日與他人的關係學到的經驗，實際練習。

然而，現在向內在尋求並找到解決辦法，似乎愈來愈難了，因為我一感覺有一點點寂寞，就可以點開 Twitter，或發個訊息給某個人。這表示愈來愈難知道我自己一個人時是什麼樣子，因為現在這種情況實在太少了。

我花了很多時間逃離自己的思緒，害怕跟各種想法相處太久。二十多歲的大部分時間裡，我用工作、聚會、感情和朋友——還有也許是最重要的，上網，填滿空閒時間。智慧型手機的發明，對我來說是最好也最糟糕的事，因為這表示我永遠不必孤單，我可以隨時讓自己分心。

直到那個夏天，我終於撐不住而崩潰了。因為過度偏執，害怕讓疥瘡傳來傳去，我至少一個月沒有碰筆電。我在城市裡走到發癢，又不能一直用手機，因為手機會沒電。醫師還叮嚀我不要開車，因為他開的一種止癢藥有副作用，所以走不到的地方我就不會去。但是最主要的原因是，我的慘狀實在見不得人，所以我既不想見任何人，甚至也不想在網路上貼文。

這表示我有很多時間獨處。這種情況有時會非常痛苦，但也讓我領悟很多事。像那隻兔子一樣，我必須放棄以前讓我感覺真實的東西——那段最久的感情、事業、遠離家庭的獨立生活。但是在蝕人的痛苦中，我得以問自己一些問題，探索什麼對我最重要，並認清楚自己失去了什麼。我可以把有用的留下來，把其他的丟掉。沒有那段被迫反省的時間，我不確定會不會反省這些事。

我想，如果我們想在數位時代中感覺真實，就需要養成斷開連結的習慣，與會積極阻止我們登出的平台對抗。我們需要刻意挪出時間來進行換位思考。否則，只有在環境所迫、事情崩解時，我們才會這麼做。

這一點很重要，因為我們的行為代表了自身這個人。艾倫．唐斯在《絲絨之怒》中寫道：

「很容易想像，像是換工作或結束一段感情等重大決定，會給生活帶來最大的改變，但其實不然。最常見的狀況是，做了重大改變後，很快就會發現自己又重蹈了改變之前試圖逃避的混亂狀態。大動作會引發動盪，分散注意力，不去執著造成困擾的問題，但原來的問題終究還是會原封不動地回來。」他認為，真正的意義存在於每天的細微變化裡。

在搬家之前的幾個月，我讀了唐斯的書，當時的我並沒有意識到自己做的正是他警告的事情。那時我沒發現，但是我現在明白了，在了解自己這件事上，能夠帶來最大改變的，並不是搬家或換工作這種重大的、里程碑般的時刻，而是一些小事，像是使用社群媒體的方式等日常行為。居住的地方或職稱，並沒有像我們日復一日做的事那麼能夠代表我們這個人。這些重大改變可能令人興奮（有些情況也可能令人害怕），也可以激勵我們採取寶貴的行動來改善自己的處境，但那些場域不一定能讓我們成為最真實的自己。扮演關鍵角色的，是我們日常生活的場域，不管是不是數位活動，也因此更適合從日常活動中開始養成專注的習慣。

有鑑於這一點，為了紀念寫作這本書，以及我尋找數位真實的計畫「結束」，我決定在寫完這本書後停用三個月的社群媒體。有些朋友認為我連三天都辦不到，我自己也不是那麼確定。頭幾天確實很慘；我無法專心，出現多巴胺戒斷症狀，朋友還注意到我一直以推文和迷因的形式發簡訊給他們。不過後來我就適應了。

結果一定有些轉變。甚至是重大轉變。我突然多出了很多時間——手機上追蹤螢幕使用時間的應用程式告訴我，第一週的手機使用時間減少近五成，這真的很誇張，因為那個星期我用手機做筆記、寫東西的時間，比平常要多很多。我也感覺比較平靜，好多早就習慣的數位焦慮都慢慢消失了。我變得沒那麼在意跟某些人在網路上的交流。我其實不認識那些人，但不知道為什麼，以前深受吸引。現在他們顯得很陌生。當然，我也感覺自己搞不清楚狀況，知道自己錯過了一些事件和評論。但是在其他方面，除了沒有在網路上跟人互動或創造意義之外，生活跟以前大致相同。

我在離線時感受到的平靜和輕鬆——放鬆的感覺和多出來的時間——我想應該很類似某些人去閉關靜修一段時間的感覺。

那是一種暫時的喘息，而且很有幫助，但是如果我想在這個世界生活，就不可能長久維持下去。尤其是，在這段休息時間裡，感覺最困難的那些事。例如，雖然剛開始我很徹底停用社群媒體，但到了最後一段時間，我就開始經常在網路上潛水——其實都跟我不再出現在往日對我來說很有價值的空間有關。我退出了那個世界，卻沒有變得更加如魚得水。

無論我們是繼續上網、減少使用網路或以不同的方式使用網路，或者幾乎不再上網，身為人的挑戰仍然存在。當人很辛苦，會引發焦慮、帶來壓力。但是焦慮之所以存在，是因為我們在意。減少跟世界的接觸，就比較不會有壓力。所以雖然我考慮過完全退出網路、無限期延長停用社群媒體的時間，但是跟世界的這部分往來，也是造就這個我的其中一個因素。我可以改變自己跟數位世界的關係，學會更謹慎地使用，並建立更健康的界線：例如考慮試試看不在手機使用社群媒體，改成只有坐在電腦前、目標明確時才使用。不過，雖然不知道未來會怎樣，但我不認為自己會完全放棄網路。

尤其是在數位時代，需要努力才能專注。當一切感覺短暫、可取代、可刪除時——推文寫得不好也無所謂，因為很快就會被其他動態淹沒；東西壞了沒關係，因為在網路上買新的都比修理費便宜；一切都成了消耗品——那就什麼都無所謂了。我們可以跟自己的生活和周遭世界分開來。但是那種令人放心的分離，是假話，是自我保護的故事。

我一直很會用自欺欺人的故事來自我保護，但是六個月內先後感染臭蟲和疥瘡後，那個假象再也無法維持下去了。這兩件事都很慘，尤其是發生在我這種特別容易焦慮的人身上。但是在惹到臭蟲之後那麼快又感染疥瘡——儘管有強迫症的我已經過度謹慎了！——最大的問題之一是驗證了我的疑心病：**會出錯的事就一定會出錯**。接下來那幾年，我只要感覺發癢、在皮膚上看到斑點，或在旅館的床單上發現一點點髒汙，我就會想，**啊，你以前擔心是**

對的，所以你現在擔心一定也是對的。最壞的情況不是成真一次，而是兩次。為了保護自己，我告訴自己，最壞的情況每次都會成真。

我必須努力改變這個故事，提醒自己，我每次都想到最壞的情況，並不表示最壞的情況一定會發生。同樣地，只因為有時社群媒體會讓我們感覺沒那麼真實（把我們變得更像是商品、更不注意身邊的事物、由表面的事物來定義我們），並不表示**一定**要這樣。

有時，我們看到網路充滿虛假、前景堪憂的樣子，會讓我們想到最壞的情況。這實在太容易了。我們遇到幾次糟糕的經驗（被鯰魚耍了、發的某條貼文引來騷擾）就開始小題大作。但是，退出並不是解決問題的辦法，就像我不能遇過臭蟲就永遠不出門一樣。尤其現在網路已經成了創造意義與連結的場域，想參與其中的人更不可能退出網路。有些人選擇另一種做法，不遠離網路，而是冷眼旁觀網路的一切，認為那一切都沒那麼真實，都是可拋棄的。但這其實也不是辦法。我們應該關心網路發生的事，就像我們關心其他地方發生的事一樣。

因為關心身邊發生的事情、關注自己的生活，而不是以撤退換取「安全」，生活就會變得更有意義。與其撤退或追隨 Facebook 創辦人祖克柏（Mark Zuckerberg）的口號「快速行動、打破陳規」，我們更應該關心生活中的人事物，用心對待。了解一切不是可丟棄、可取代的，而是帶有破壞力的東西——如果失去了那些，**我們**自己會受傷，就像兔子失去愛他的男孩，或像我失去朋友亞歷克斯時。我們就是這樣開始感覺真實的。失去的風險，是讓我們的關係深入到足以產生意義的重要部分。

在數位生活中培養絨毛兔習慣（velveteen habit）——關注當下、換位思考，並認為我們的人際關係與行為都是真實且會產生後果的——需要我們誠實面對自己的行動、動機和記憶。

一旦明白這一點，就很容易懷疑自己。回想起那個促使我去尋找真實的悲慘夏天，我立刻感覺到了這種懷疑，並疑惑在記憶中的那個夏天是否比實際更糟。知道記憶有多不可靠且誇大記憶有多普遍後，就很容易開始懷疑自己的經歷了。但這時我看了自己貼在 Instagram 上的那張照片，就想起來了。我的臉上滿是愁雲慘霧。那張照片把我帶回到當時的感覺。

回想當時的情景很痛苦，但我可以在自己身上看到那件事帶來多大的影響。在我開始懷疑記憶也懷疑自己時，我可以看一下那張照片，確認自己的懷疑是錯的。我認為保存那樣的外部記錄，是社群媒體的價值所在。謹慎使用時，可以幫助我對自己更誠實。因為即使照片的說明寫著「我不會忘記這段經歷，也不會忘記它帶給我的領悟」，但事實是，我已經忘記了。具體細節已經模糊了，一部分是因為我不**想**記住那些細節。但是那張照片幫助我記住那一刻。

這就是社群媒體的正面功能。在意義重大的時刻，它可以讓我們感覺沒那麼孤獨——它可以救我們一命，就像那個夏天，我的朋友亞歷克斯和私訊聊天室裡那些愛講屁話的半匿名朋友，給了我需要的愛與支持，但又恰到好處，不至於超出我的負荷，就這樣救了我一命。但是，更重要的是，即使經過篩選和編輯，它還是可以幫助我們更誠實地看見自己。如果我們願意以審視的眼光看待自己在社群媒體上的貼文，就可以在篩選與編輯（以及假面破裂的瞬間）這些動作中，看到能夠幫助我們活得更像人的東西。

這是好事，因為我可能再也不會像那個夏天那樣不經篩選就貼文了。現在我沒那麼常編輯照片，也試著逼自己除了好看的照片之外，也貼一些不一樣的——但是到目前為止，我發布的照片都還是經過仔細挑選，呈現自己比較好看的角度。不過，我在努力中。例如，二〇一九年三月，我發了一條推文：「再過幾個星期我就滿三十二歲了，單身，跟我的狗一起住在小套房裡，正在寫下一本書，所以沒賺什麼錢，還有一個星期會照顧一個親愛的人幾天。跟幾年前相比，我的生活並不符合傳統上的成功定義，但是感覺更有意義。」我不太確定為什麼要寫這段話；也許我是想說出來，這樣我就知道自己的生活真的更有意義了。我以為頂多只會有十個人按讚吧，所以它在幾個小時內累積超過七百個讚時，我很意外。

也許只是對的推文在對的時間讓對的人看到了。我們的數位成功往往就是這樣發生的，內容和時機恰好對上，所以最好不要過多解讀。但這次感覺不一樣。我覺得有人在網路上承認人生摻雜了喜怒哀樂時，大家會感覺鬆了一口氣，而這件事算是證明了我的懷疑。因為社群媒體常常讓人感覺是兩個極端，不是討拍求助，就是一連串炫耀放閃。

我還是不太擅長特立獨行。我希望我可以說，自己已經擺脫了想要得到肯定的壓力。但是這種戰役的戰場，不是只有在網路上。

有一次，我到外地去演講時，在 Tinder 上遇到了一個非常有魅力的男人。我根本不知道自己為什麼要上 Tinder，因為我只在那個城市多待一天，但我們配對成功了，他長得很帥，而我很無聊，所以我們開始聊天。當時我就跟他說明只是去那個城市出差，無意尋找對象，但是他說沒關係，如果我有興趣的話，他還是想見面聊聊。我跟他說，要看活動結束之後累不累，因為我在演講結束後通常都累得要命，不過，我會再跟他確認。

果然，演講完，我已經累壞了。我發訊息說抱歉，沒辦法跟他見面。他試圖說服我說出來打個招呼就好。我繼續說不了，很抱歉。他不願意接受不能見面的事實，說的話愈來愈難聽。簡短的對話到了最後，他堅持、氣憤、極力強求。最後，他寫說：「**我只想知道，這一切有一點點是真的嗎？**」我又開始打字，想跟他說對不起（身為明尼蘇達州人，事情出差錯時，這是少數我知道可以說的一句話），可是我送不出去，因為他已經封鎖我了。

整個過程只持續了幾分鐘。我不懂他為什麼那麼生氣；我們根本沒聊過幾句話。那天晚上，我一直待在旅館房間裡，幾乎沒走動，咀嚼那句話。**我只想知道，這一切有一點點是真的嗎？**

這些年來，我跟很多人聊過，尤其是在網路上，從這些談話中，我感覺大家愈來愈渴望建立真誠、有意義的關係。這表示，如果不小心的話，我們可能會在空白的地方投射真實感。我有過很多次這種經驗。但是不論在 Tinder 上跟我配對的那個陌生人有什麼感覺，真實都不會一下子就出現。數位時代有時會讓我們覺得一切都可以、也應該立即發生，但是真實其實是一個過程。舊玩具馬跟絨毛兔說：「你不會一下子就變成真的。是慢慢變成的。需要很長的時間。」如果我們想感覺到真實，就需要有耐心。我們需要誠實面對當下的狀況，還有自己真正想要什麼。

如果我們不能先對自己誠實，那麼絨毛兔習慣也沒有意義。但是，當「誠實面對自己和他人」成為我們的數位習慣時——而我們也跟業餘者一樣學會接受不確定帶來的不安，我們就會離感覺真實更近一點。

阿茲海默症最讓人害怕的一點（這也是有些人會想把阿茲海默症患者藏在社會黑暗角落的原因之一），是它揭露了一個身為人難以接受的事實。這個事實就是，我們的本質，我們的身分以及自我意識，非常脆弱，被我們往往無法控制的事物所束縛。

我們喜歡認為自己的性格是固定的，但其實人永遠在變動中。患有阿茲海默症的人，這個特質就很明顯，但其實所有人都在不斷改變。哈佛大學心理學家丹・吉伯特（Dan Gilbert）說：「人類還在發展中、卻誤以為自己已經進化完成。」

真實也不是固定的；它會改變。因此，在一個有時感覺真實正在消蝕的時代，其實可能只是真實的習慣正在改變。現在真實可能代表別的東西，這樣一來，《絨毛兔》就成了一個很好的接觸點。因為這不僅是關於真實的驚悚故事（這個故事告訴我們，變得真實必須面對自己內在難以面對的事物、經歷失去、忍受改變），但是，就跟阿茲海默症一樣，它也從根本上挑戰了所謂「真實」的基礎。在故事中，兔子從無生命的物體變成了有血有肉的兔子，全都是因為有人愛他。

有時候，我確實會擔心要怎麼在一個愈來愈難判斷真假的世界裡活下去。我的意思是，我們已經生活在這樣一個世界裡——想想看有多容易被編輯過的圖片欺騙（我就被騙過！），或是 Facebook 上那些假新聞。情況只會愈來愈糟。因此，重要的是，我們必須投入心力來推廣某些價值觀，以對抗操縱和撒謊的衝動。這表示對外要督促平台改變，對內則要培養自己的批判性思考習慣。這也表示要將數位平台視為發生真實生活的空間。

我上過一堂讓人生為之改變的社區大學文學課，因為那堂課讓我認識了作家芙蘭納莉·歐康納（Flannery O'Connor）的短篇小說〈好人難尋〉（A Good Man Is Hard to Find）。故事的關鍵時刻是，決定控制身邊一切的女主角，強迫她關心的人屈服於她眼中的理想，最後無意間害自己被殺人犯盯上。在她被殺害之前，我們第一次看到她流露了真誠的同情。「她本來可以是個好女人的，」兇手在她死後說，「如果她能感到人生的時時刻刻都有人要朝她開槍的話。」她在面對自己的死亡時，喚來了最好的自己。這種情況讓她把自己看清楚；如果她一直**當作**有人要殺她，那她就會一直是處在那個情境下的自己。

幾年後，我在主修宗教期間，研究歐康納的作品，我的指導老師洛莉·布朗特·海爾（Lori Brandt Hale）介紹我認識路德會神學家潘霍華（Dietrich Bonhoeffer），而後者寫到，我們應該**當作**沒有上帝存在。他主張，我們不應該期望有至高的力量插手人類的事；相反地，他認為基督徒應該努力找出代表上帝為世界服務所需的道德行為（以他的例子來說，這包括參與暗殺希特勒的計畫。確實是狠角色）。

我不確定是否已經充分說服你（或我自己），數位世界是完全真實的。但是，無論我們認為網路是真的還是假的，如果把數位環境當作是真的，我們會好過得多。這表示要把我們在其他地方的價值觀和目標帶到數位生活，並認為生活中的數位部分就像其他部分一樣，能夠讓我們更了解自己，一樣是尋找意義和歸屬的空間。畢竟把事物當成什麼，就會把我們跟那些事物塑造成那樣的關係。

十幾歲時，我訓練自己說話要低音沉穩。這是為了保護自己、守護酷兒特性，以免受到這個敵視如我這種人的世界所傷害。壓低聲音感覺像是攸關生存的問題，一種躲藏的方式，確保我不會暴露自己。因為我在成長時期是用這種低沉的「氣泡音」（vocal fry tone）說話，所以直到今天，我還是常常用這種方式說話。隨著時間過去，我的身體適應了我要它習慣的事；我只要它在一定的範圍內運作，而它服從了我的指示。興奮時，我的聲音確實會變得比較高亢，但總是很快就回復低沉了。現在低音域是我的聲音最舒服的狀態。

如果我在青春期時沒有花時間調整音調範圍，我今天說話的聲音可能就不一樣了。但是我也不會說現在的聲音是「假的」。這不是我裝模作樣的結果。我現在的聲音是以前努力的結果。是我透過練習得來的。

我們是什麼樣的人，有很大一部分是我們的環境和行動的結果，尤其是我們透過不斷重複而強化的事情。今天，有很大一部分的自我，是在鼓勵重複行為的數位平台上、透過大大小小的行動建立和重建自己打造出來的。我們應該更有意識地思考這些行動的後果以及行動本身。

我們做人處世的方式，透露出自己會成為什麼樣的人。由此可知，使用社群媒體的方式也會成為我們面對生活其他領域的方式。每一條推文都透露我們會成為怎樣的人，每一次狀態更新都是打造自我的行為。

我們在網路上使用的聲音，會形成我們如何說話及讓人聽到的方式。那就是我們的聲音。它是真的。那聲音聽起來怎麼樣？我們是不是把聲音壓低，希望改變聲音可以保護我們，讓我們更安全、更討喜、更有價值、更真實？

還有，不管音色如何，我們又將如何使用這個聲音呢？我們會說什麼？

有好幾年的時間，家人都叫我「Tiffer Talks a Lot」[49]，因為我從小就很愛講話，總是說得激動萬分、表情豐富。可是等我意識到自己是同性戀並覺得需要加以掩飾時，我就安靜下來了。我壓低聲音，變得溫和平淡。我可以從自己現在的聲音裡，聽出那些年來為適應周遭世界的期望所做的努力。削減、壓抑自我，為了得到安全感及愛，我願意付出一切。有些時候，看著過往的推文和部落格文章，以前的自拍照和廢文，我也有相同的感覺。我可以看到自己非常努力讓自己看起來更聰明、更有趣、更有吸引力、更善良、更有價值。

但是那些貼文讓我成為現在這個人。我手臂上的刺青、十幾歲時寫的部落格文章，二十幾歲時的推文——這些刻意的自我建構行為，每一個都造就了今天的我。只是我並不是從頭到尾都意識到這件事。

我花了很多時間，試圖把自己裝成另一個樣子。這個世界就是這樣教我的。我不為此感到羞愧，但我正在努力學習，更用心、更清楚自己的意圖，減少這麼做的情況。我現在能夠更全面地理解問題、發現自己的缺失，並嘗試撥亂反正，絕大部分要歸功於社群媒體。

剛開始寫這本書時，我會跟別人說，我想要釐清在今天當個「真的」人是什麼意思。不用我提示，這些對話都會自然而然地回到網路。不管是在咖啡店、戶外酒吧，還是蚊子嗡嗡作響的後院，很多人告訴我，他們花了很多時間研究怎麼樣在 Instagram 貼出最美的照片，結果卻發現自己無法判斷其中有多少是真正表現自我，又有多少是為了別人。有些人會張貼讓自己顯得比較有趣的事，而隱藏其他事。有些人則看到朋友把說好要保密的事貼在網路上。有些人說他們看別人的留言和按讚，覺得朋友不是完全、真正理解他們。有些人說他們感覺自己永遠連線卻又永遠孤獨。有些人則拿自己最低潮的時刻跟別人的精采片段相比。

這些事對我來說都不陌生，我也在線上遇到過這些狀況，不過，這不只是發現彼此都有共同的數位習慣而已，聽起來，困擾大家的就是我這一生都在面對的問題，也是多少世代努力想解決的問題。

是的，這些問題以不同的面貌出現，強度可能也不一樣，但問題根源是一樣的：我們都在摸索要以何種面貌呈現在眾人面前，以及如何了解自己和他人。社群媒體凸顯了一直存在的精心規畫、裝模作樣和自我編輯。也許現在的生活更加外顯，而在這種生活裡，我們都是業餘者，但是這讓我們更容易發現問題，也可望更容易解決問題。

我一直想到愛因斯坦（Albert Einstein）說過的一句話（我已經感覺有人在翻白眼了）：「我們創造的這個世界，是我們思考的過程。不改變想法，世界就不會改變。」我們使用網路的方式，是我們自己的渴望、需求和興趣的產物。但如果誠實地檢視自己的渴望、需求和興趣，就可以改變。把生活中的數位部分**當作**不是真的或沒那麼真實，也無法鼓勵我們在網路表現自我的價值觀。

不過，要小心不要把絨毛兔習慣變成另一種自我提升的工具。在凡事優化的時代，手錶可以計算步數、應用程式可以監看深睡情況，自我提升無處不在（或者應該說，就在我們的指尖）。這些不是新的衝動，但是當我們追求確定性時，就更容易沉迷其中，因為我們覺得這些事可以讓人免於危險和傷害。

追根究柢，這種自我提升、更廣泛地尋找意義的想法，可能只是另一種讓自己忙碌的方法——讓我們不斷點擊。我一生都想**朝著**某個方向努力，成為不斷成長的人。在常春藤盟校擔任牧師，提供學生機會去做跟成就無關的事，用探索存在與變化（being and becoming）去取代完成與炫耀，往往感覺是一件反文化的事。但是，在這些脫離了表現和成就壓力的活動中，學生才能探索許多賦予生命意義的事物。

在自己與他人之間縮短距離、建立界線的方式；如何公開及私下記錄生活並讓自己被他人看見；永久及短暫地標記生活的方式；找到意義和歸屬的地方——這些才是讓人成為真實的事。這些才是讓生活有意義的事，是讓我們彼此連結的習慣。不論我們怎麼看待社群媒體，在線上做這些事已經是這個世界的重要一部分了，至少現在是**如此**。或許我們應該相信網路可以改變我們。讓我們抱著業餘者永遠進取的心態，變成在黑暗中摸索的數位菜鳥。

十幾歲時，有一天，我去社區大學上文學課，繼父去學校接我，說要教我開車。他要我把車子開到家附近的一條路上，我害怕開那條路，因為那是全鎮最陡的一條山路，路的最高點有個紅綠燈。我們家規定每個人都要學開手排車，而對剛開始學開車的人來說，就算在平路要讓手排車上路就夠難了。要在陡坡上停車再開，後面還跟著一堆車，幾乎是不可能的任務。開到山頂、停紅綠燈時，我哭著說我做不到。我一定會撞到停在後面的車。我會把車撞壞，然後面對怒氣沖沖的陌生人。但是他轉向我，說我可以辦到自己不知道能達成的事。

正如麥克比在《業餘者》裡寫的：「（心理分析學家）榮格認為，面對並承認最困擾你的事物，是人類非常重要的道德任務。」因此，我想在開始的地方結束，一樣沒有答案，還在努力做我不太擅長的事。就像高中時，我很不擅長但還是堅持跑下去的田徑賽，有時終點線和起跑線是一樣的。這一次的探尋，最後並沒有找到答案；而是讓我立志以某種方式立身處世。立志要誠實面對現實，無論是在線上還是線下，並在新的數位生活裡從錯中學。

伊麗莎白・羅許在《上升》中寫到，她在一篇探討阿茲海默症的文章看到這句話：「有時鑰匙會比鎖先出現。」羅許說，她認為這是「提醒我注意身邊的事物。我可能會找到就在眼前的鑰匙，只是還不知道自己需要那把鑰匙，但這把鑰匙會幫助我在日後跨過一個重要的門檻」。

對我來說，這個門檻是我的繼父——一個沒有Facebook帳號也沒有發過推文的人——確診得了阿茲海默症的時候。陪伴他的那段日子改變了我。我們在一起的時間放慢了我的生活步調，不上線的時間也更多了。我希望他能知道，我們在一起的時間明顯改變了我看世界的方式。而鑰匙幾年前就出現了，只是我當時不知道：那時的一連串變故，不僅促使我回到明尼蘇達，還給了我動機去尋找真實在數位時代的意涵。

不同於二十多歲時對我產生重大影響的大多數事情，我跟繼父在一起的時間，跟我的事業發展、地位、生產力或改變世界的企圖心，都沒有關係。重點在關注。因為他不能獨處，所以我需要花心力陪伴他，但是跟他在一起時，我不只更關注他，也更關注我自己及周遭的世界。我們在一起時，在步調變慢的時間裡，我的Twitter上吵雜的一切都消退了，而可以專注在眼前的人事物上。

對事物付出關注，讓我們跟它產生依附關係。我之所以開始尋找真實，是因為我感覺自己與生活脫節了，好像沒辦法投入身邊的事物，不管是線上還是線下。但是在陪伴繼父的那段時間裡，我發現自己又能建立依附關係了。要是當時我以為成就自己的一切沒有崩塌，我就不會回到明尼蘇達，那麼我也不會有時間陪伴繼父。有時鑰匙會比鎖先出現。

我在前面提到星座，還有自己為什麼喜歡星座；提到我們劃線把事物連接起來時，我從連結點上學到的事。但是學習不是只出現在生命的交會處，學習也發生在生命轉變時。這些過渡時期，像是我過去這幾年的人生，或是我繼父的人生，我們兩人在事業、人際關係和生活都歷經了重大的改變，也承受了成長的痛苦。

二〇一九年的夏天，我不得不動了幾次手術。在第三次、也是強度最大的手術後隔天，我坐在我媽家的客廳裡。我們兩個都在看書，她使用電子閱讀器，我身邊放了一疊裝訂的書，兩人有一搭沒一搭地講話，而我就在談話的空檔隨便拿起一本書翻翻再放下。窗戶開著，八月下旬的微風吹動天空中的雲朵，也讓屋內多了一點熱氣。我們相伴坐了一整天，斷斷續續談到這個新的過渡時期。雖然過去這幾年，因為繼父生病的事讓生活有很大的改變，但此時才是變動最大的時候。

在我手術的前幾天，我們協助他從媽媽家搬到同一條路上的失智症照護中心。我們已經不可能獨力照顧他了，而幸運的是，保險公司同意負擔大部分的特別照護費用。我們聊到了他和我們會因為這樣的改變失去什麼，又會得到什麼。這種轉變令人傷感，但也會有新的收穫。特別是我媽，她已經照顧繼父好幾年，所以這段過渡期會成為她學習再次獨居的機會。這是一個變化劇烈的時期，充滿各種困難與可能性，可以跟我自己過去那幾年的經歷相提並論。

我們所有人，都正處在重大的過渡時期。這是一個舊時代的結束，也是一個新時代的開端（這個新時代會持續多久，由我們決定），前數位時代和數位時代在此重疊。這種時候就是非常好的學習機會，我們可以用新的方式處理自己是誰這個老問題。但新時代也會帶來很多痛苦。改變很難。充滿不確定性。舊的不去，新的不來。

這種改變會帶來很多挑戰和機會。因為不只是世界從前數位時代轉變為愈來愈數位化的時代，網路本身也成了界線模糊的過渡空間。批評數位化的人有一部分是對的：數位生活與離線生活並不完全相同。但是，網路的擁護者也有一部分是對的：這是個有可能出現全新事物的地方。既不如離線生活那麼真實，卻又比離線生活更真實。在網路上，真與假交會並融合在一起。

海洋中鹹水和淡水交會的地方，稱為鹽躍層（halocline），跟地球其他地方都不一樣。某些生命形式只可能生存在鹽躍層，因為這裡的環境獨一無二。而網路可以說就是這樣的環境。在這個陌生而獨特的空間裡，新的存在方式可以成形並成長茁壯。這種過渡的數位時刻——以及線上與線下交會的網路本身的過渡性質——或許就讓它成為非常適合培養絨毛兔習慣的時空。而所謂絨毛兔習慣，是一種以開放取代孤立的生活方式。

阿茲海默症感覺也像是處在一個交會地帶。我不是指某些人所說的生死之間，而是過去的這個人和另一個人、另一個新的狀態之間。某種我們尚未完全了解的狀態，就像我們剛開始燒煤炭時，並不了解這樣會傷害地球，或者像現在，我們對數位生活還是有很多不了解的地方。或者，更確切地說，阿茲海默症患者介於我們傳統上認為的人，以及涵蓋真正、全面的人之間。在網路上，我們也位於交會處。介於我們過去、現在和未來對於何以為人及真實的理解之間。當人脫離傳統體制、轉向外觀和感覺截然不同的數位體制時，我們會需要發揮想像力。但是，如果這樣做了，我們就可以發現成為人的新方式。因為我們現在養成的習慣，將決定自己成為什麼樣的人。

除非發生目前無法想像的全球性事件，否則網路不可能消失。但如果我們檢視自己如何使用網路，就可以更了解如何當個人。我們目前利用網路想達成的目的（意義、歸屬和追求真實）並非偶然。我們想知道的命運、創造的地圖、穿越和縮短的距離、在數位皮膚上刻畫的圖案、玩的遊戲，還有追求的確定性——這些事物都需要誠實與自覺、獨處的時間與跟他人相處的時間。光是誠實和覺察，不會讓我們朝著真實的方向前進，但是沒有這兩點，我們永遠到不了目的地。用美國作家詹姆斯・鮑德溫（James Baldwin）的話來說：「不是面對就能改變，但是不面對，就什麼也不能改變。」

我不能給你線上生活的真實密碼。沒有「十個簡單的步驟養成絨毛兔習慣」這種東西。就像那隻兔子一樣，你必須找到自己的方法。但我認為，第一步是把生活中的數位部分視為真實——那是我們可以愛與被愛、可以傷害別人與被傷害的空間。要先讓我們自己變得脆弱，對周遭世界產生感情與依賴，而不是認為數位生活就是我們可以因為不安而優化、設計自己的空間。如果玩具兔子可以感受到由連結和斷開連結帶來的真實感，那麼也許我們這些人也有希望。

夏季裡的某一天，我和繼父在露臺上閒坐，他說要介紹我認識「一個儀隊的女孩子」（我以為這個女孩子是他隨意找的，後來我才發現，我幫他訂了一份雜誌，那個月的雜誌封面就是一張三個儀隊女郎的老照片）。我大笑，但我的心卻沉了下去。我很早就跟他坦承自己是同性戀，那時我們認識還沒有幾年。事實上，他是我最早出櫃的其中一個對象。現在他不記得我是酷兒了。

我們之間的關係因阿茲海默症而轉變，這自有它的好處。但也失去很多。然而，這種失去也是讓我們兩個真實的一部分。不在乎，就不會受傷。但是我在乎。我已經產生了依戀。

我的繼父沒那麼真實了嗎？不是的。但是他不一樣了。他改變了。

雖然網路會把我們捲入充滿變化與得失的漩渦中，但仍然是一個我們應該關注發展的空間。一個我們應該視為真實的空間，即使我們會受傷。要成為這樣的空間，就需要密切關注數位生活如何改變我們，並養成絨毛兔習慣——幫助我們建立連結，但也容許我們獨處，調適在寂靜和孤獨中浮現的疑慮與問題。只有這樣，我們才會像我繼父教我認識的兔寶寶，或者像故事中那隻最早教會我真實是什麼意思、又需要付出什麼的玩具兔子那樣柔弱。

謝辭

要感謝的人太多了，我會盡量不在這裡遺漏任何一個，但我想一定會有疏漏。如果你的名字應該出現在下面卻沒有出現，請知道這與你無關。我很健忘，也很抱歉。

我超優秀的經紀人艾瑞克・翰（Erik Hane），沒有他就沒有這本書：感謝你在我剛開始構思這本書時便看見其價值。我無法想像，如果沒有你的智慧、幽默或盡心盡力走好每一步，這條路要怎麼走完。在經紀人、朋友、人類，還有身兼朋友的經紀人這些領域，你的表現無懈可擊。

我的編輯里爾・柯潘（Lil Copan），跟她一起工作非常愉快：感謝你不可或缺的見解、敏銳的眼光以及對這個計畫的信念。Broadleaf 及 Fortress 的眾人（過去、現在及約聘人員）都非常努力做這本書，包括但當然不限於 Jill Braithwaite、Andrew DeYoung、Silas Morgan、Claire Vanden Branden、Madeleine Vasaly、Emily Benz、Mallory Hayes、

Annette Hughes、Alison Vandenberg 和其他數十人：感謝各位的投入、支持和努力。也感謝慷慨支持我的優秀作家們。我對各位的才華和善意深感敬仰。

對各版草稿提供寶貴意見的重要讀者：Kelly Lundquist、Evan Stewart、Carrie Poppy、Nathan Goldman、Ryan Berg、Lia Siewert 和 James Croft。謝謝你們幫助我把這本書寫完；你們的問題都問對了，各種建議也完全到位。還要感謝ＪＰ・布拉莫、Jacob Erickson、Timothy Otte、Nico Lang、Alison Dotson、Douglas Green 和他的二〇一九年秋季班創意非小說類課程，以及其他任何讀了本書並在某個時候提供意見的人。

我非常感謝其他許多提供寶貴意見或為我指明資源方向的人：艾芮卡・史東史崔特、蓉達・法拉、克絲汀・德勒加、萊恩・麥基、雍・歐札蘇特、傑夫・提博、崔維斯・溫特、凱姆・班克斯、Michael Lansing、賈姬・佛斯特、Matt Croasmun、凱雅・奧克斯、Jared Beverly、Laurie Santos、Mark Hanson、Liza Veale、Tyler Hower、Rachel Kambury、Alana Massey、Lia Bengston、Monica Miller、Jason Mahn、Brian Wagner、ＲＣＣ校牧專案人員、所有在我撰寫本書期間邀請我演講的學校和團體等等。深深感謝為本書接受採訪的每一個人，將你們的生活和故事託付給我，尤其是贊恩、梅麗莎、奧麗薇亞和史蒂夫（還有 Mars 和 Barking Points 的工作人員）。還要感謝為短暫閉關寫作提供空間和支持的人：

Ben 和 Kelly Lundquist、IFYC，以及 Mangy Moose 的 Danielle 和 Billy。

　感謝在我撰寫本書的這些年裡，以其他各種方式支持我的所有人，包括我已經提到的人，還有很多我一定會漏掉的人：Erik Roldan 和 Andrew Leon、Shelby Lano 和 Ollie Moltaji、Safy-Hallan Farah、洛莉・布朗特・海爾、Ony Obiocha、賴家人、Jena Roth Falconi 和 Cara Falconi、Kate 和 Nate Wells、Kaitlin 和 John Sobieck、Raymond Thomas 和 Paul Fosaaen、Noah Barth、亞歷克斯・迪米特羅夫、Patrick Comerford、Oliver Goodrich 和 Will Schultze、Fernando Giron、Malena Thoson、Elliott Powell、Michelle Ishikawa、Seth Kaempfer、Nathan Erisman、Julie Maxwell、Drew Spears、Zack Rosen、Craig Gronowski、Vlad Chituc、Chelsea和Sean Blink、James Croft、Bruce Johansen、Jacqueline Bussie、Nick Jordan、Sharon Kugler、Ryan Khosravi、Natalie Roman和Josh Lindgren、Kenny Morford、Grace Patterson、Sadeeq Ali、Maytal Saltiel、Anthony Driscoll、Sharon Welch、Donovan Schaefer、Tony Pinn、A. Andrews、Archie Bongiovanni、Brian Konkol、Anthony Smith、Joan Wasser、Katie Heaney、Andreas Rekdal 和 Kristi Del Vecchio、Jessica 和 David Stearns Guerette、Aliyya Swaby、Joan Linley、Chris Bogen、Kari Henkelmann Keyl、Jeff Chu、Jason Weidemann、Michael

Bourret、Sarah Jones 和 Ed Beck、Simran Jeet Singh、Nat DeLuca、Cody Nielsen、Tom Krattenmaker、Mary Dansinghani、Derek Kiewatt、Olga Verbeek、Ellen Koneck、Bradley Sterrenberg、Kristin Wintermute、Nick Hayden、Brenna Horn、Emilie Tomas、Emanuel Aguilar、Elaine Eschenbacher、Rita Allen、Brandon Musser 和 Alexandra Bodnarchuk，明尼亞波利斯第一一神論協會（First Unitarian Society of Minneapolis）和明尼蘇達人道主義者（Humanists of Minnesota），金菲爾德（Kingfield）的五瓦咖啡館（Five Watt）員工、Twin Cities DSA、奧格斯堡大學（Augsburg University）Christensen及Sabo兩中心及宗教與哲學系（及許多其他單位）的每一個人、Beacon和其他出版社的朋友、IFYC及耶魯大學和哈佛大學的同事、本書的開發團隊，以及其他數百人。特別感謝數個親愛的Twitter私訊聊天室，尤其是我參與最久的那一個。

還有 Derek Weber，感謝你在撰寫本書的最後一年的支持。我很感激我們在互相需要時找到了彼此。

Alex Dakoulas：在上次發生的事情過後及此後至今，在另一本書的謝辭感謝你，感覺有點怪，但我真的非常感謝你。感謝你在我們的關係改變後繼續支持我，感謝你是這樣的你，也感謝你無條件支持這本書。

我心愛的亞歷克斯・斯莫，我希望我能對你說：你是我能完好無缺度過二〇一六年的重要原因，沒有你，就不會有這本書。你教會我理解的真實意涵，勝過任何人，我會一直懷念你。致亞歷克斯的親朋好友——Shoshi Small、Lexie Newman、Beth Stelling、Duje Bezina、James Lock 以及他所愛和愛他的其他美好的人——感謝你們的友誼，讓我能夠像跟亞歷克斯在一起時那樣做我自己。

我那奇妙又奇怪的家庭充滿了真實（而且很奇怪）的家人：媽媽、Casi、Colton、Cahlor、哈爾登、亨里克、海索、爸爸和 Sherry，還有延伸出去的大家庭。我很幸運能生長在這樣的家庭裡，不僅接納原本的我，還積極鼓勵我做自己。謝謝你們為我指路。

查理：我知道你看不到這些話，但是感謝你幫助我完成這本書。我永遠不會忘記那天，在我們去博物館的路上，你問我書寫得怎麼樣了。這是我們幾個月來最清晰明亮的談話。我跟你說快完成了，你微笑著說：「很好，我知道你很努力。」我是很努力，但我希望你知道，有很大一部分是因為你。

最後，Matt Roberts：剛開始計畫這本書時，我們就認識了，但直到書快完成了，我才**真正**認識你。很難不覺得這不是意外，就像塑造這本書的歲月也在塑造接下來的我。你知道的，鑰匙和鎖。謝謝你在門的另一邊等我。你是真實樣貌最極致的範例，而認識你也是我冒險追求真實的最大收穫。

注釋

1 業餘者

①編注：魯保羅（RuPaul），本名魯保羅・安德爾・查爾斯（RuPaul Andre Charles），是一位美國男演員、歌手及變裝皇后。自二〇〇九年以來，他製作並主持了實境節目系列《魯保羅的變裝皇后秀》（*RuPaul's Drag Race*），這個節目在二〇一六年為他贏得艾美獎。二〇一九年，他於Netflix的《AJ與皇后》（*AJ And The Queen*）中擔任主角，飾演一位變裝皇后。

②編注：鈴木俊隆（一九〇五年五月十八日～一九七一年十二月四日），法號祥岳俊隆。一九五九年到達美國舊金山，擔任曹洞宗桑港寺住持；一九六七年，與魏茨曼（Mel Weitsman）在加州柏克萊共同成立柏克萊禪修中心（Berkeley Zen Center）。是將禪宗思想介紹到西方世界、極具影響力的禪宗大師。

③編注：山姆・哈里斯（一九六七年四月九日生），是美國著名作家、哲學家、神經科學家，和無神論者／反神論者。被稱為新無神論的四騎士之一。PZ・邁爾斯（一九五七年三月九日生），美國生物學家、知名部落客，對智慧設計與神創論運動多有批判，也是一名無神論者。

④編注：順性別（cisgender）是指性別認同與出生時性別相同的術語。例如：一個人的性別認同是女性並且出生時為女性，這個人就是順性別女性。順性別一詞與跨性別剛好相反。以順性別為標準看待社會的世界觀被稱作「順性別主義」。

⑤「IRL」也是本書的原書名。

2 焦慮推文

⑥譯注：內文中的「推文」（tweet），專指在Twitter發表的文字。

⑦編注：《智人》雜誌為獨立出版物，致力於推廣人類學知識。

3 群星之中

⑧編注：基要派又可稱之為「基本教義派」、「原教旨主義」，是指某些宗教群體試圖回歸其原始信仰的運動，或指嚴格遵守基本原理的立場。他們認為這些宗教內部在近代出現的自由主義神學使其信仰世俗化、偏離了其信仰的本質。

⑨編注：亞歷克斯・哈利（一九二一年八月十一日～一九九二年二月十日），美國作家，其最知名的作品《根源》不僅讓哈利於一九七七年獲得普立茲獎（Pulitzer Prize），更在同年被改編成同名電視劇集，破記錄獲得一・三億觀眾收看。該書及電視劇於美國提升了公眾對美國黑人歷史的意識，並引發對系譜學的廣泛興趣。

⑩編注：約翰・赫西（一九一四年六月十七日～一九九三年三月二十四日），美國作家、記者，被認為是新新聞主義（New Journalism）最早的實踐者之一，將文學寫作的手法應用於新聞報導。他敘述日本廣島原子彈爆炸後果的著作《記原子彈下的廣島》，被譽為是二十世紀美國最好的新聞作品。

⑪編注：安妮・法蘭克（一九二九年六月十二日～一九四五年二或三月），二戰猶太人大屠殺中最著名的受害者之一，《安妮日記》記錄她在一九四二年六月十二日至一九四四年八月一日期間，親身經歷德國占領荷蘭的生活。此書成為二戰期間納粹德國滅絕猶太人的著名見證，亦成為不少戲劇與電影的基礎。

⑫編注：理查・道金斯（一九四一年三月二十六日生），英國演化生物學家、動物行為學家、科學傳播者、作家，被稱為新無神論的四騎士之一。

⑬編注：克里斯多福・希鈞斯（一九四九年四月十三日～二〇一一年十二月十五日），猶太裔美國人，是無神論者、反宗教者，社會主義者、馬克思主義者、反極權活動人士，被稱為新無神論的四騎士之一。

⑭編注：美國上中西部雖未明確界定範圍，但普遍認知為愛荷華州，密西根州，明尼蘇達州和威斯康辛州；一些定義裡會包括北達科他州和南達科他州。

⑮編注：《啟示者》是一本線上刊物，除了探索宗教本身，也討論其在社會與人們生活中扮演的諸多角色。

⑯譯注：#ThrowbackThursday 是在社群媒體貼出舊照片時會加上的主題標籤，不限定必須在星期四貼出。

⑰泛指所有非異性戀者，LGBTQ是女同性戀（Lesbian）、男同性戀（Gay）、雙性戀（Bisexual）、跨性別（Transgender）與酷兒（Queer）的英文首字母縮寫。

⑱編注：宗教新聞社是一個獨立的非營利組織，專門報導宗教、靈性、文化、道德倫理相關的新聞。

⑲編注：《雅各賓》雜誌是美國領導左翼思想的發聲筒，在政治、經濟、文化等領域提供了社會主義觀點。

⑳編注：丹尼爾・丹尼特（一九四二年三月二十八日生），美國哲學家、作家及認知科學家。其研究集中於科學哲學、生物學哲學，特別是與演化生物學及認知科學有關的課題。被稱為新無神論的四騎士之一。

㉑編注：「阿拉伯之春」是西方主流媒體所稱、阿拉伯世界的一次革命浪潮，各國民眾走上街頭，要求推翻專制政體，熱切期盼迎來新中東的誕生，更認為這個革命運動屬於「諳熟網際網路、要求和世界其他大部分地區一樣享有基本民主權利的年輕一代」。

㉒編注：Reddit 是一個娛樂、社交及新聞網站，註冊使用者可以將文字或連結在網站上發布，類似於台灣的電子布告欄 PTT。

㉓譯注：此處的 nuance，意思類似「因地制宜」、「因人而異」，由於社群媒體已經把人簡化、扁平化，所以忽略了各種事物的細微差異。

㉔編注：Tinder 是一款二〇一二年推出的手機社交應用程式，常用於約會與一夜情。使用時，雙方只有互相表示感興趣才能開始聊天。

4 繪製領土

㉕編注：《告示牌》雜誌是美國知名娛樂雜誌和媒體品牌，內容包括娛樂圈新聞、影片、觀點、評論、活動和流行風格，其中特別以該刊獨家製作的音樂排行榜聞名。

㉖編注：「戰國風雲」是一款棋盤遊戲，以占領對手領地為遊戲目標。

㉗編注：Global South and Global North 又稱「南北分歧」（North-south Divide），指已開發國家（北方世界）與開發中國家（南方世界）在社會、經濟和政治上的分歧。不過地理位置並非劃分的標準，僅是代表兩者的相對位置多為如此。

㉘編注：「黑人的命也是命」是一場始於二〇一三年的國際維權運動，起源於非裔美國人社群，發起針對黑人的暴力和系統性歧視的事件。這項運動也反對如種族歸納、暴力執法和美國刑事司法系統中的種族不平等這類更為廣泛的問題。

㉙編注：Fyre 音樂節是由 Fyre 媒體公司執行長比利・麥克法蘭（Billy McFarland）與說唱歌手傑・魯（Ja Rule）共同創辦的音樂節，其目的在於宣傳該公司的應用程式 Fyre，但因無力解決活動各方面的問題而最終取消，音樂節參與者更因為拿不回付出的高額門票錢，憤而提出集體訴訟。

5 勾勒距離

㉚編注：蘇揚・史蒂文斯（一九七五年七月一日生），美國民謠歌手兼作曲家，以詩意的曲風及優美嗓音聞名，樂風含括獨立民謠、另類搖滾等，作品以探索愛、宗教和悲傷等主題著稱。曾獲葛萊美獎（Grammy）與奧斯卡金像獎（Academy Award）提名。

㉛編注：什葉派是伊斯蘭教的教派，與遜尼派（Sunni）並列為伊斯蘭教兩大主要教派之一，什葉派與其他門派中的不同之處不在於教義問題，主要在於誰是穆罕默德「真正接班人」。

㉜編注：「女性主義者瓊斯」本名蜜雪兒・泰勒（Michelle Taylor），是一位美國社會工作者、作家。她活躍於專門討論非裔美國人議題的 Twitter 社群「Black Twitter」，寫作主題聚焦在黑人女性主義。

㉝編注：「多數無知」又稱為「人眾無知」，此概念在一九三一年由心理學家丹尼爾・卡茲（Daniel Katz）和弗洛伊德・奧爾波特（Floyd H. Allport）創造，指人們私底下不接受一些規則，卻跟著這些規則行事，因為他們以為大家都同意。

㉞譯注：NOH8 代表 No Hate，停止仇恨。

㉟編注：崔文・馬丁是一位十七歲的高中生，非裔美國人。某個雨夜中，因被當地社區保全人員認為「行蹤可疑」，在爭執過程中被槍擊身亡。此案件被認為是美國種族歧視仍未消弭的證明。

㊱編注：「奧弗頓之窗」是指在一段時間內，多數人在政治上可以接受的政策範圍。此理論是以發現者約瑟夫・奧弗頓（Joseph Paul Overton）而命名，他最早的想法是「政策的政治可行性主要取決於其是否在此範圍內，而非政客的個人偏好」。他認為這個窗口構成了政客在不走極端且考慮輿論情形下可以推行的政策其大致範圍。此理論是一種識別政府政策可行程度的方法。如果想要讓奧弗頓之窗向內或向外移動，則需要在大眾中形成對應的新共識。

6 留下印記

㊲編注：Yelp 是一個能對餐館等場所進行評價的網站。

㊳編注：「體面政治」意指一種道德論述形式，常被各種邊緣群體的一些知名人物、領導人或學者所使用。

㊴編注：維多・麥爾－荀伯格（一九六六年生），牛津大學網路研究院網路監督及管理學教授，早年曾任哈佛大學約翰・

F・甘迺迪政府學院教授長達十年。他是《大數據：看龐大資料如何靠分析顛覆一切》（*Big Data: A Revolution That Will Transform How We Live, Work, and Think*）一書的共同作者，也是《刪除：數位時代被遺忘的美德》（*Delete: The Virtue of Forgetting in the Digital Age*）的作者。

㊵編注：約德爾調是一種伴隨快速、重複地進行胸聲—頭聲間轉換的大跨度音階歌唱形式。

㊶編注：「取消文化」指一種抵制行為，特別發生在網路上，目的在於看見某人發表（或某節目內容）不符自己認同，便意圖以檢舉機制或發動輿論討伐將其驅逐出所屬的社交圈或專業領域交流之線上活動、社群媒體或是現實中的活動，讓對方失去原有社會關係平台的公開支持而無法繼續存在，最終「被取消」（cancelled）。我們常在社群媒體見某人（通常是知名人物）或某家（知名）企業因為有讓人反感或不被接受的言行而被抵制，中文同意詞也常被用做「封殺」。

㊷編注：「政治敘事」是一個人文與政治科學術語，意指政治人物透過敘事來塑造事實，並改變社會群體觀點與關係。

7 我們扮演的角色

㊸編注：「預兆式政治」意指，為了達到所追求的最終願景，當下的社運、行為與政治決策等必須具體呈現出希望創造出的理想社會。

㊹編注：「獸迷」（furry fandom）是指喜好擬人化虛構動物角色的次文化群體，這些擬人化動物的特徵常包括有人類智慧、有面部表情、有溝通能力、以雙足行走、會穿著衣物等。獸迷一詞也可用於指稱在網路或獸迷聚會活動上集結的群體。

㊺編注：「退修會」是指，基督徒面對俗世價值觀或事物（庶務）時，其信仰產生衝擊、混淆，而需要在寧靜平和的環境，重新調整身、心、靈的一種方式。

8 不確定的推文

㊻譯注：「情感化真實」指不同的人對同一件事會有不同的觀點，與事實無關。

㊼編注：playbor 是結合「play」和「labor」的混成詞，意指休閒時間從事有創造力、有益於公司的活動。

㊽編注：格溫多林·布魯克斯（一九一七年六月七日～二〇〇〇年十二月三日），曾於一九五〇年獲普立茲詩歌獎，成為第一位獲得此獎的非洲裔美國女性。文中提及「我們是彼此的事」一句原文為 we are each other's business，引用自她的詩作〈PAUL ROBESON〉。

尾聲：絨毛兔習慣

㊾編注：Tiffer 為作者的兒時暱稱。

國家圖書館出版品預行編目（CIP）資料

數位世紀的真實告白：如何從網路生活尋找回意義及歸屬感？一個千禧世代作家探索自我與未知的旅程
克里斯．史特曼 (Chris Stedman) 著；鄭淑芬譯. -- 新北市：遠足文化事業股份有限公司 / 潮浪文化，2022.01
面；　公分　譯自：IRL : finding realness, meaning, and belonging in our digital lives.
ISBN 978-986-06480-7-2(平裝)　1. 文化人類學 2. 網路文化 3. 網路社會

541.3　　110017780

現場 Come 002

數位世紀的真實告白

如何從網路生活尋找意義及歸屬感？一個千禧世代作家探索自我與未知的旅程

IRL: Finding Realness, Meaning, and Belonging in Our Digital Lives

作者	克里斯．史特曼（Chris Stedman）
譯者	鄭淑芬
主編	楊雅惠
特約編輯	C. Liu
校對	C. Liu、楊雅惠
社長	郭重興
發行人兼出版總監	曾大福
出版發行	遠足文化事業股份有限公司　潮浪文化
電子信箱	wavesbooks2020@gmail.com
粉絲團	www.facebook.com/wavesbooks
地址	23141 新北市新店區民權路 108-2 號 8 樓
電話	02-22181417
傳真	02-22180727
法律顧問	華洋法律事務所　蘇文生律師
印刷	中原造像股份有限公司
出版日期	2022 年 1 月
定價	550 元
ISBN	978-986-06480-7-2、9789860648089（PDF）、9789860648096（EPUB）

ONE
WAY

ONE
WAY

ONE
WAY

ONE
WAY